FRIDA
KAHLO

RAUDA JAMIS

FRIDA
KAHLO

Tradução de
Luiz Claudio de Castro e Costa

Revisão da tradução
Regina Schöpke

martins fontes
selo martins

© 2015 Martins Editora Livraria Ltda., São Paulo, para a presente edição.
© 1985 por Rauda Jamis.

Esta obra foi originalmente publicada em francês sob o título
Frida Kahlo – Autoportrait d'une femme

Publisher *Evandro Mendonça Martins Fontes*
Coordenação editorial *Vanessa Faleck*
Produção editorial *Susana Leal*
Capa *Paula de Melo*
Preparação *Luciana Lima*
Revisão *Ubiratan Bueno*
Renata Sangeon
Diagramação *Megaarte Design*

Imagem de capa: Quadro, com figura de Frida Kahlo, com a técnica ¨Assemblage", que é a colagem de tecidos, rendas e outros adornos.
Autoria: Rose Figueiredo

3ª edição agosto 2015 | **1ª reimpressão** janeiro 2016
Papel Avena 70g | **Impressão e acabamento** Imprensa da Fé

Dados Internacionais de Catalogação na Publicação (CIP)
(Câmara Brasileira do Livro, SP, Brasil)

Jamis, Rauda
 Frida Kahlo / Rauda Jamis ; tradução de Luiz Claudio de Castro e Costa. – 3. ed. – São Paulo : Martins Fontes - selo Martins, 2015.

 Título original: Frida Kahlo – Autoportrait d'une femme
 ISBN 978-85-8063-240-8

 1. Kahlo, Frida, 1907-1954 2. Pintores - México - Biografia I. Título.

15-06149   CDD-759.972

Índices para catálogo sistemático:
1. Pintores mexicanos : Biografia   759.972

Todos os direitos desta edição reservados à
Martins Editora Livraria Ltda.
Av. Dr. Arnaldo, 2076 01255-000
São Paulo SP Brasil Tel.: (11) 3116 0000
info@emartinsfontes.com.br
www.emartinsfontes.com.br

Sumário

De onde? Wilhelm Kahlo	17
De onde? Matilde Calderón	22
Uma união	26
Uma casa	30
Frida Kahlo quando pequena	36
Infâncias	42
Algumas notícias de dez anos de revoltas e revolução	51
Pancho Villa e Emiliano Zapata	55
Liebe Frida	61
Ingresso na Escola Preparatória Nacional	66
Zócalo, escola, Cachuchas	73
Um pintor	79
Quinze, dezesseis, dezessete anos...	89
Acidente	97

A imagem no espelho	108
Europa, sonho distante	126
Vinte anos, fora do tempo	137
Começo de uma nova vida	145
Rivera	158
Um casamento	164
Os Estados Unidos	176
Na fronteira do México com os Estados Unidos	187
Da morte de um bebê, da morte de uma mãe	197
Leon Davidovitch Trotski: o hóspede	212
Um sexteto	221
Nova York – Paris	235
As duas Fridas	247
O apego	258
Diego sempre	276
Frida, por Diego	291
Árvore da esperança, seja firme	293
Conversa imaginária de testemunhas reais	300
À beira do abismo	307
"Esperarei um pouco mais"	308
A última palavra	320

Post-scriptum	332
Anexo – Frida Kahlo vista por André Breton	335
Principais obras consultadas	341

Calorosos agradecimentos aos que ajudaram a autora a levar a bom termo este trabalho. Particularmente:

Elena Poniatowska, Tony Cartano, Gisèle Freund, Carmen Giménez, Alejandro Gómez Arias, Jean van Heijenoort, Maurice Nadeau, Hubert Nyssen, Dolores Olmedo, Emmanuel Pernoud, Cristina Rubalcava, Juan Soriano, Georgette Soustelle, Bernard Tournois e Jean-François Vilar.

Para Jean-Paul Chambas

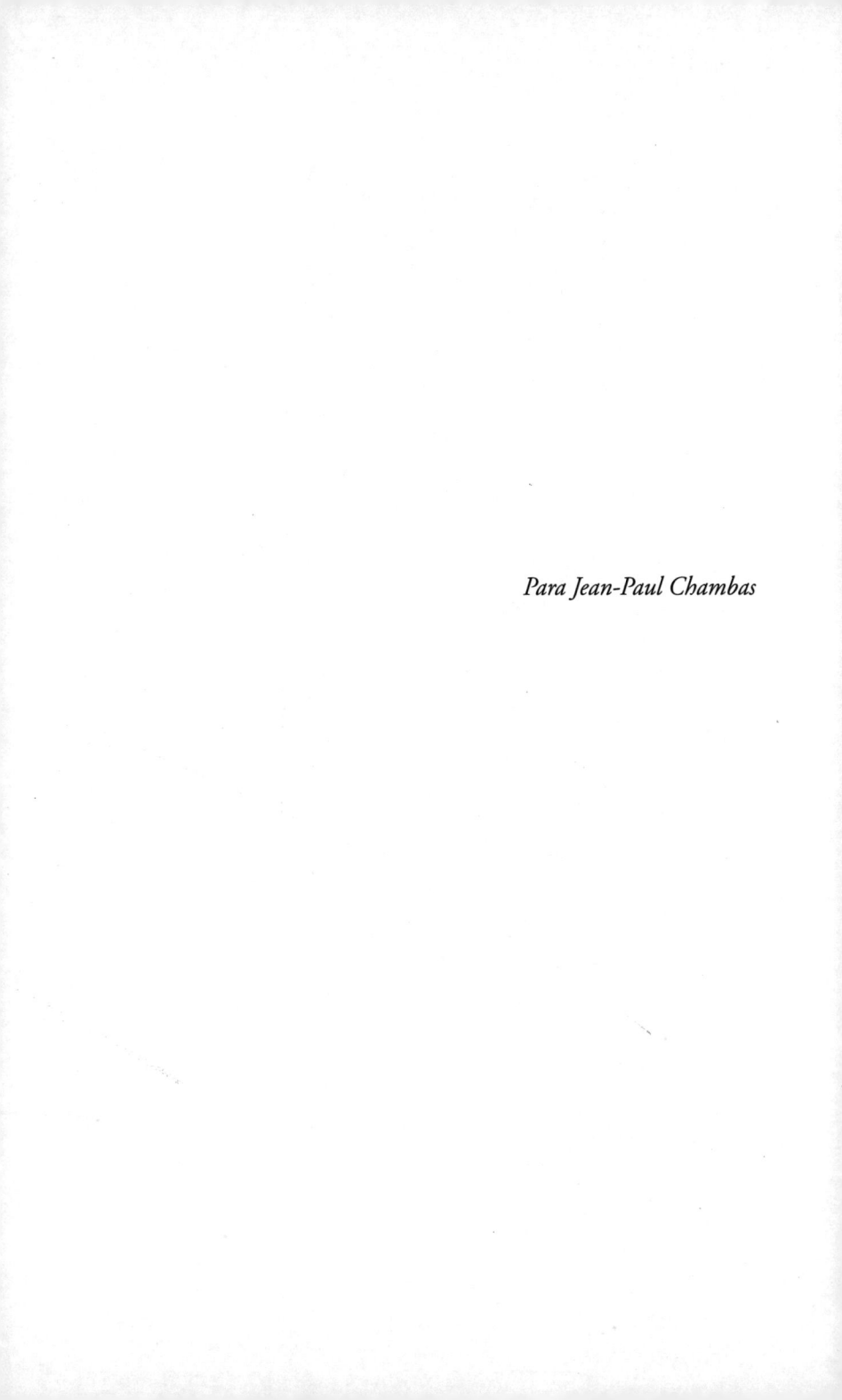

E, no entanto, embora cada um tente fugir de si mesmo como de uma prisão que o enclausura em seu ódio, faz parte do mundo um grande milagre. Eu o sinto: toda vida é vivida.

Rainer Maria Rilke,
O livro da peregrinação

Meu corpo é um marasmo. E eu não posso mais escapar dele. Tal como o animal sentindo sua morte, eu sinto a minha tomar lugar em minha vida e, com tanta força, que me tira qualquer possibilidade de combater. Não me acreditam, de tanto que me viram lutar. Não ouso mais acreditar que eu poderia estar enganada, esse tipo de lampejo está se tornando raro.

Meu corpo vai me soltar, a mim, que sempre fui sua presa. Presa rebelde, mas presa. Eu sei que nós vamos, um ao outro, nos aniquilar, a luta não terá, portanto, apresentado nenhum vencedor. Vã e permanente ilusão a de crer que o pensamento, intacto, pode se desprender dessa outra matéria feita carne.

Ironia da sorte, eu desejaria ainda ter a capacidade de me debater, de dar pontapés, neste cheiro de éter, no meu cheiro de álcool, em todos esses remédios, inertes partículas que se amontoam em suas caixas – ah! assepsia até em seus grafismos, e por quê? –, nos meus pensamentos em desordem, na ordem que se esforçam por colocar neste quarto. Nos cinzeiros. Nas estrelas.

As noites são longas. Cada minuto amedronta-me e eu sinto dores por toda parte, por toda parte. Os outros se preocupam e eu gostaria de poupá-los disso. Mas o que é que alguém pode evitar para os outros quando a si mesmo em nada conseguiu poupar da própria sina? A aurora está sempre distante demais. Já não sei se a desejo ou se o que eu quero mesmo é penetrar mais fundo dentro da noite. Sim, talvez seja melhor acabar com tudo. A vida é cruel por se ter enfurecido tanto contra mim. Ela deveria ter distribuído melhor suas cartas. Recebi um péssimo jogo. Um tarô negro no corpo.

A vida é cruel por ter inventado a memória. Como os velhos que recobram em matizes suas lembranças mais antigas, à beira da morte minha memória gravita em torno do sol e, como ele, clareia tudo! Tudo é presente, nada está perdido. É como uma força oculta que nos impele para nos estimular de novo: diante da evidência de que não mais haverá futuro, o passado se amplifica, suas raízes engrossam, tudo em mim é rizosfera, as cores se cristalizam sobre cada estrato, a mais insignificante imagem toca o seu absoluto, o coração bate em crescendo.

Mas pintar, pintar tudo isso está agora além de qualquer alcance. Oh! doña Magdalena Carmen Frida Kahlo de Rivera, Sua Majestade a coxa, quarenta e sete anos de idade neste pleno verão mexicano, gasta até o osso, a dor mais aterradora do que nunca, aí está a senhora, mergulhada no irreparável!

Velho Mictlantecuhtli[1], deus, liberta-me!

---

1 Deus asteca da morte.

De onde?
Wilhelm Kahlo

A América já é grande. De uma grandeza anônima, de uma imensidão sideral.

PAUL MORAND

Meu pai, Guillermo Kahlo, era muito interessante, seus gestos, seu andar, eram bem elegantes. Ele era tranquilo, trabalhador, valente (...).

FRIDA KAHLO

Chamava-se Wilhelm. Nascera em Baden-Baden em 1872, filho de Jakob Heinrich Kahlo e de Henriette Kaufmann Kahlo, judeus da Hungria.

Quando começa esta história, ele tinha dezoito anos. Um rapazinho, não muito grande, magricela, de caráter mais para o reservado, porém incontestavelmente sensível e inteligente; aliás, gostava de música e de leitura. Tinha a fronte alta e imensos olhos claros, desses olhos que nunca se chega a saber se estão mergulhados na melancolia ou no sonho, presentes ou ausentes, distantes.

Naquele final de adolescência que o deixava entregue à indecisão de uma encruzilhada onde ele não sabia que direção tomar, um acontecimento decidiu por ele: sua mãe morreu. Um ano se passou, no curso do qual Jakob Heinrich Kahlo casou-se novamente. Mas Wilhelm não suportou sua madrasta. História banal.

Em silêncio, um cordão estava se rompendo: o laço que o ligava à sua família se esfiapava lentamente na dor daquela morte. Na bruma da linha do horizonte, havia um ponto bem pequenino, de outra cor, o ponto de fuga. Era preciso agarrá-lo.

O carrilhão do relógio de pêndulo acabava de soar sete horas da noite quando Wilhelm entrou na sala onde estava seu pai. Uma sala de proporções íntimas, com muita madeira, veludos e toalhinhas. Cumprimentou e andou alguns passos e parou ao lado do pequeno piano de cauda perto da janela. Sem olhar para o pai, Wilhelm começou:

– Quero ir embora daqui.

– Ir embora, ir embora...

– É. Meus estudos em Nurembergue não me valeram de nada, você bem sabe. Só serviram para fazer você perder esperança e dinheiro...

Jakob Kahlo ficou em silêncio. Com o dedo, Wilhelm desenhava figuras imaginárias no verniz do piano.

– ... Como a epilepsia, continuou Wilhelm. Não se resolveu nada... E esse desaparecimento... Quero dizer, a minha mãe.

– E você iria para onde?

– Oh! para longe da Alemanha.

– Ah, então você quer deixar o país também... Quer dizer, então, que você vai escolher outro.

– A América.

– Lá já existe gente demais, meu filho. Um sonho sem esperança é um sonho que mata.

Os olhos de Wilhelm Kahlo se abriram ainda mais, como se neles de repente se refletisse toda a distância entre a Europa e o além-mar.

Ficaram mais sombrios, como se as ondas do oceano impregnassem sua íris da cor ultramarina.

– A América é grande – disse Wilhelm –, eu não sou obrigado a ir para o norte. Olhei o mapa-múndi. Posso muito bem ir para o sul. Para o México.

Jakob Kahlo escutava com atenção.

– Vou refletir – disse por fim. – A joalheria não é uma mina de ouro. Vou fazer minhas contas e ver o que posso fazer.

Levantou-se da poltrona onde estava sentado, avançou para a porta, voltou para trás, na direção do filho.

– Wilhelm, olhe para mim.

Na penumbra, lentamente, a jovem silhueta voltou-se para o pai.

– Veja bem, partir para muito longe é correr o risco de nunca mais voltar. Procure ter certeza do que você quer. Certeza.

– Sim.

Dezenove anos de idade, em Baden-Baden.

Wilhelm Kahlo saiu para andar um pouco pelas ruas, para se convencer, se ainda necessário fosse, de que Baden-Baden era apenas isso: uma estação de águas tranquila e bem comportada, inerte, a não ser para as pessoas de passagem, para quem tudo eram passeios, prazeres de temporada, e cujas preocupações eram apenas o descanso, a saúde, as conversas leves. Aliás, em todos os livros que ele tinha lido, nunca encontrara qualquer alusão a Baden-Baden. Em alguma canção, podia até ser, mas não tinha lembrança.

Ouvia-se contar tanta coisa a respeito da América. A colônia judia que se amontoava na Hester Street, em Nova York, a colônia italiana que não sabia o que fazer de terras a se perderem de vista na Argentina... O que era verdade? O que não era? Como saber?

No fundo, pouco importava para Wilhelm. Se as ruas de Baden-Baden, qualquer que fosse o itinerário, pareciam levar apenas a uma porta fechada, aquelas terras longínquas abriam em seu espírito janelas por onde jorrava luz. Por essa luz ele se sentia atraído, embora naquele momento ela não o iluminasse, mas o cegasse. Nesse deslumbramento, destacava-se o nome "México", mágico e libertário como uma senha. Percebia cores, imaginava peles morenas, plantações de cactos, roupas e músicas inverossímeis, matas inexploradas. Mas era só isso. Seu entusiasmo para ir embora não lhe permitia ordenar as ideias, os poucos conhecimentos adquiridos, e depois ele tinha consciência de estar impregnado demais de cultura alemã para poder ainda se imiscuir com segurança nessa confusão cintilante que devia aguardá-lo do lado de lá.

Passaram-se alguns dias, em que Jakob Kahlo olhava o filho com um misto de circunspecção e admiração. Havia sempre um silêncio tácito entre eles. Uma noite, bem tarde, ele o chamou para anunciar que lhe daria o dinheiro necessário para a partida.

Passaram-se algumas semanas de preparativos, durante as quais Wilhelm se sentia ora angustiado com a menor providência a tomar, ora subjugado pela aventura de que seria protagonista. Jamais duvidou da decisão tomada, mas, de repente, teve a impressão de que estava andando às apalpadelas. Até o dia da partida.

Hamburgo. A agitação da cidade. O cheiro do porto. As malas. Alguns pedaços de papel nos bolsos, onde estavam rabiscados nomes, endereços: os do amigo de um vizinho, os do sobrinho de uma professora de música... A confusão no cais. A excitação. O amontoado das bagagens entre cordames e ferragens, caixas e sacos de mercadorias. Os trabalhadores das docas. Os gritos.

Largar.

Quando pisou no convés do navio, Wilhelm sentiu-se vacilar.

Sob hurras, soluços, mãos e lenços agitados, o barco finalmente se afastou do cais. No convés, no meio da balbúrdia, Wilhelm de repente não pensava em nada, toda a tensão anterior à partida desapareceu subitamente. Tal como um estandarte, somente a última frase que o pai lhe dissera tremulava no nevoeiro da sua cabeça vazia:

Ich bin bei dir[2].

---
2 "Estou com você."

De onde?
Matilde Calderón

> Eu, em teu lugar, me voltaria para Deus; dirigiria minha prece ao Todo-Poderoso. Ele faz grandes coisas que não se podem sondar. Coisas maravilhosas que não se podem contar.
>
> A Bíblia, O Livro de Jó, V

Os astecas tinham-no chamado Huaxyacac, "lugar onde cresce a cabaça". Os espanhóis o rebatizaram com o nome de Oaxaca. É uma província, no sudoeste do México, onde as montanhas vão rumo ao mar, o verde toca o róseo, que toca o malva, que alcança o azul do Pacífico. Encostas áridas se acercam de uma flora encantadora. Por vezes, o sol é tão forte que chega a queimar o coração.
    Dizem que as mulheres de Oaxaca são belas.
    Capital da província, a cidade de mesmo nome onde nascia, em 1876, Matilde Calderón y González, filha de Isabel González y González, de origem espanhola, e de Antonio Calderón, de origem índia.
    Oaxaca está semeada de igrejas, sobretudo verdes, mas também brancas, ocres e douradas, com relevos excessivamente trabalhados, cujas paredes encerram baldaquinos, virgens, capitéis, nichos, santos, cristos, relíquias, ex-votos, círios e preces. A embriaguez do barroco. Os instrumentos do culto. A pureza da fé.

A Virgem da Soledad³ protege a cidade. Oaxaca, no entanto, não é uma cidade deserta, é antes animada. E a própria casa dos Calderón nunca foi um santuário de solidão: Matilde era a mais velha de doze filhos. Esse lugar na família deu-lhe uma certa força de caráter e lhe ensinou a se desdobrar em todos os trabalhos domésticos. Era inteligente, mas quase não dispunha de tempo para se instruir. Recebeu a formação de que precisava uma jovem mexicana para arranjar casamento no devido tempo.

Talvez para compensar sua falta de cultura ou, simplesmente, por herança da mãe, educada em um convento, Matilde viveu a vida toda em grande fervor religioso. Quanto ao código moral então vigente, ela tinha a quem puxar para aplicá-lo: o avô materno tinha sido um general espanhol.

Matilde era correta, quanto às ideias e quanto ao porte.

Era uma mulher pequena, morena, tinha olhos muito bonitos e uma boca muito delicada. Parecia uma campânula de Oaxaca, onde nascera. Quando ia ao mercado, apertava bem a cintura e carregava elegantemente sua cestinha. Muito simpática, ativa, inteligente. Não sabia ler nem escrever; sabia apenas contar dinheiro.

Frida Kahlo

Seu pai, Antonio Calderón, fotógrafo de daguerreótipos, teve que partir, por motivos profissionais, para se instalar na capital. Toda a família para lá se mudou.

Uma tal mudança não era coisa de somenos importância, parecia quase uma expedição. Mas uma família grande, para poder funcionar,

---

3 Solidão.

tem uma regra de ouro: organização. Graças a isso, tudo se torna possível. Para os Calderón, a regra foi, mais do que nunca, aplicada ao pé da letra. Tudo pôde, assim, ser feito a tempo e a hora. Durante um mês, não faltaram as ocupações, mas não houve ocasião para afobação nem mau humor, o que evitou complicações.

Na véspera da partida, acompanhada de sua mãe, Matilde foi orar, uma vez mais, à Virgem da Soledad.

Entraram na igreja. Aqui e ali, pessoas ajoelhadas confiavam à Virgem seus tormentos e suas esperanças. Matilde separou-se da mãe e se aproximou da grande Virgem que ficava por cima do altar em uma vitrina dourada. Aquela Virgem sombria é Maria após a morte do filho, sozinha e enlutada. Toda vestida de negro, o veludo bordado de flores de lírio e de volutas de ouro, coroada, emocionante.

O rosto da Virgem pareceu a Matilde mais puro do que nunca, e seus olhos abaixados a deixaram impressionada diante daquela resignação à dor.

Matilde orou pelos seus, orou por si mesma, pediu à Dama de negro que lhe concedesse aquele rosto digno na tristeza que lhe causava a ideia de ter de deixar Oaxaca. Que não a deixasse chorar.

Fechou firmemente os olhos; quando tornou a abri-los, teve a impressão de que a Virgem havia se mexido ligeiramente, de que a pérola engastada no meio da sua fronte balançava imperceptivelmente, de que emitia um brilho dirigido para ela, e somente para ela, Matilde, para que o guardasse no fundo do coração como uma luzinha que a guiasse pelos caminhos desconhecidos da sua nova vida.

Matilde procurou com os olhos a mãe, ajoelhou-se perto dela, as mãos juntas contra o peito. E ambas oraram, lado a lado, num silêncio cúmplice.

Levantando-se com um frufru de saias, a mãe deu-lhe um tapinha no ombro.

– Muito bem, vamos embora.

Fizeram o sinal da cruz e saíram, abrindo caminho, no adro, entre os mendigos, os vendedores de berloques, as crianças sempre a esperar. O ar estava carregado de um cheiro de incenso e de especiarias. Ao caminharem, a mãe disse-lhe:

– Espero que você nunca esqueça Nossa Senhora da Soledad.

– Não.

– Quando você for mais velha, verá o quanto a gente se sente só. Então se lembrará dela e, dentro de si mesma, você falará com ela, e ela irá ajudá-la.

– Sim.

– E dizem também que quanto maiores e mais cheias de gente são as cidades, mais é perigoso, não só da gente se perder, mas também sentir solidão, ao contrário do que se poderia imaginar...

Matilde não estava com vontade de ouvir falar dessas coisas. Sentia uma espécie de medo, contra o qual não podia fazer nada.

– ... E um dia, quando eu não estiver mais aqui, ela continuará a ser a sua mãe. É bom ter sempre alguém a quem se dirigir.

Matilde esboçou um grande sorriso. Sentia-se reconfortada.

Uma união

A tristeza que existe no coração do homem o oprime;
Mas uma boa palavra o rejubila.

A Bíblia, Provérbios, 12

Foi na véspera do novo século que Wilhelm Kahlo chegou ao México e se instalou na Cidade do México. Não sabia que estava entrando em um mundo que, desde as suas origens, sempre tinha sido profundamente violento. E continuaria sendo. O país acabava de viver decênios de lutas de libertação nacional:

> *Guerra sem trégua nem repouso, guerra*
> *aos nossos inimigos, até o dia em que*
> *sua raça detestável, ímpia,*
> *não encontrar sequer túmulo*
> *sobre a terra indignada.*
>
> Ignacio Ramírez

Às primeiras sucederam, logicamente, lutas pelo poder, das quais saiu finalmente vencedor Porfirio Díaz. Tendo como lema "Pouca política, muita administração", o ditador conseguiu dar ao México um período de paz e de prosperidade.

Em uma estrutura favorável, pelo menos para os emigrantes, Wilhelm logo encontrou trabalho. Como caixa, primeiramente, na *cristaleria*[4] Loeb, em seguida como vendedor em uma livraria.

---
4 Vidraria.

Passo a passo, ocorria a integração. Os costumes, o idioma, foram sendo adquiridos. A vida se organizava, o tempo passava.

Uns sete anos se tinham passado desde que Wilhelm, então transformado em Guillermo, havia posto os pés naquela parte do continente americano, quando encontrou Matilde Calderón na joalheria La Perla, onde ambos eram empregados.

Guillermo, que se casara em 1894 com uma mexicana, vira-se de repente viúvo: sua jovem esposa morrera de parto, ao dar à luz sua segunda filha.

Na noite em que sua mulher morreu, meu pai chamou minha avó Isabel, que veio com a minha mãe. (...) Ele estava muito apaixonado por ela e eles se casaram pouco depois.

Frida Kahlo

Se Guillermo estava em luto recente, Matilde também estava: um noivo alemão, que ela tivera, suicidara-se diante dela, deixando-lhe uma marca ardente como uma tatuagem. E quase indecente.

É provável que seu encontro com Guillermo Kahlo, outro alemão, fosse, inconscientemente, se não substituir, pelo menos minorar aquela perda sentida. Além do mais, Guillermo Kahlo era um bom partido: tinha um emprego conveniente e a seu favor o sinete, a pátina que a Europa dava aos seus filhos; uma superioridade inegável na escala de valores mexicana. Mas Matilde o amaria um dia? Será que poderia? O primeiro homem nunca morreu nela, e a violência do seu desaparecimento acentuou ainda mais a sua lembrança. Durante toda a vida, ela conservou preciosamente, em uma bolsinha de couro fino, as cartas que ele lhe escrevera.

Mas eram coisas de que não era correto falar. Uma lembrança amarga. Quanto a Guillermo, amava sinceramente Matilde. Gostava do seu porte, sua graça, seus olhos negros tão vivos e aquela pele que a terra e o sol mexicanos tinham tingido para sempre. Por outro lado, era uma mulher correta, sólida, ele sentia isso em cada um dos seus gestos. Gostava daquela mistura de sensualidade e de rigor que emanava dela. Sabia da ferida que ela conservava, contraposta por uma força natural. Ele queria aquela mulher.

– Você não vai mais voltar para o seu país? – perguntou-lhe ela uma noite em que ele viera buscá-la para um passeio nos bosques de Chapultepec.

– Oh! não. Agora a minha vida é aqui. Mudei de país, definitivamente.

– E você nunca sente saudades da Alemanha?

– Nem penso nisso. Dela me restou o melhor: sua música, seus livros.

– E a sua língua? Você não estranha não falar mais?

– Eu a leio, sobretudo. Mas, de vez em quando, eu falo com amigos alemães.

– Sua língua soa tão duro.

– Às vezes... Mas sabe dizer muito bem as coisas belas e graves:

Weh spricht vergeh
Doch alle Lust will Ewigkeit
Will tiefe, tiefe Ewigkeit.

Friedrich Nietzsche

Guillermo parou de caminhar, fechou os olhos, esboçou um movimento com as mãos, como se fosse ainda recitar, ou apenas falar, mas as palavras não lhe vieram.

— É claro que eu não compreendo nada, disse Matilde com um ar desolado. E balançou a cabeça, exalando um perfume de violeta. Enquanto ela ajeitava uma mecha do seu coque, Guillermo continuou:

— Escute bem, são versos escritos para você e para mim:

Toda dor é passageira
Mas todo gozo requer a eternidade
A profunda, profunda eternidade.

"Para você e para mim." Matilde ficou pensativa. Ele fazia, sem dúvida, alusão à sua esposa morta, ao seu noivo morto. Tentou repetir para si mesma os versos: "Toda dor é passageira..." A continuação lhe escapou.

— Desculpe, você é crente? — perguntou ela à queima-roupa.

— Eu sou judeu de nascimento, como você já sabe. Mas ateu por convicção. E romântico por vezes...

Ele tomou um ar divertido, sorridente.

— Mas não se preocupe — acabou dizendo. — Respeito a sua religião.

— É o que eu espero!

E Matilde Calderón casou-se com Guillermo Kahlo. Isso acontecia em 1898.

Uma casa

Os laços que nos unem a uma casa, a um jardim, são da mesma espécie que os do amor.

FRANÇOIS MAURIAC

Quando se casou pela segunda vez, Guillermo Kahlo internou num convento suas duas filhas do primeiro casamento, Maria Luisa e Margarita, que tinham respectivamente sete e três anos. E o novo casal Kahlo teve uma filha, duas, três, quatro. O único menino que lhes foi concedido pelo Céu morreu ao nascer.

Pouco depois do seu novo casamento, Guillermo Kahlo, ao mudar de vida, mudou também de profissão. Sob a influência da mulher e do sogro, Antonio Calderón, passou a aprender fotografia e tornou-se também fotógrafo profissional.

Adquiriu sem esforço a técnica do daguerreótipo. Guillermo sabia aprender e adaptar-se, aquele não era seu primeiro ofício. Possuía por outro lado uma faculdade de observação exacerbada por sua curiosidade de estrangeiro, pelo fascínio que o México exercia sobre ele. Essa nova ocupação lhe permitiria satisfazer a sede de novidade que, de início, já o levara para tão longe do lar. Passo a passo, descobriria lugares pouco comuns, facetas dessa cultura para ele sempre desconcertante.

É por isso que, naturalmente, Guillermo não pôde fechar-se nesses estúdios que se encontram em todas as capitais e que constituem o orgulho dos fotógrafos convencionais e a alegria das famílias.

Aquelas pequenas cavernas de Ali Babá em *trompe l'oeil*, com paisagens e trajes que levam as pessoas em sonho até o Extremo Oriente, nuvens amovíveis e sombrinhas de papel de seda, carruagens de mentira, baldaquins, tronos de gesso, animais artificiais, flores de pano, poses de teatro e esfuminhos generosos. Não que lhe faltasse imaginação, mas Guillermo a colocava a serviço de um outro registro de detalhes, captados pelos jogos de sombra e luz, descobertos pela justeza de um enquadramento.

Seu sogro emprestou-lhe uma máquina fotográfica e a primeira coisa que eles fizeram foi percorrer a República. Reuniram uma coleção de fotos de arquitetura indígena e colonial e, ao voltarem, instalaram o primeiro escritório na avenida 16 de Setembro, o que não é pouca coisa!

Frida Kahlo

A sorte sorria para Guillermo. Em 1904, com efeito, preparava-se a festa do centenário da Independência do México. O Governo de Porfirio Díaz confiou a Guillermo Kahlo, então com trinta e dois anos de idade, o trabalho de reunir uma série de documentos que seriam publicados em diversas obras, em comemoração do acontecimento.

O homem tinha uma boa reputação, como comprova um jornalista com quem se encontrou na ocasião: "(...) sóbrio, moderado, possuía essa qualidade tão rara de saber ouvir, compreender o que se esperava dele e responder com eficácia, fazendo fotografias executadas com arte".

Na mesma época, crescendo a família, foi preciso pensar em uma nova casa.

Entre duas viagens de Guillermo, entre as horas que ele passava ao ar livre, em pleno sol, e as que passava no quarto escuro, entre as mil e uma tarefas caseiras de Matilde, o casal conseguia se reencontrar por alguns curtos momentos de intimidade. Nenhum dos dois era de temperamento tagarela, mas, à sua maneira, o que tinha que ser comunicado entre eles sempre o era.

– Sabe, Matilde, que eu estou me tornando o fotógrafo oficial do patrimônio cultural mexicano? Vou acabar conhecendo este país melhor do que um mexicano.

– É isso que os estrangeiros fazem com frequência: viajar. Foi para isso que eles saíram da terra deles, não é mesmo?

Guillermo sentiu uma ponta de ironia no que sua mulher dizia, mas não deu atenção; não era do seu feitio ser polêmico nem se mostrar belicoso.

– Talvez você tenha razão – disse ele. Da mesma maneira como você acertou quando sugeriu que eu me tornasse fotógrafo...

Não havia na voz do marido um tom de zombaria? Matilde quis certificar-se e olhou para ele rapidamente, de esguelha. Não, o rosto estava sério, como de costume.

– Quando vamos achar tempo para mudar de casa?

– Tempo e local. Precisamos mesmo.

– Posso dizer uma coisa, Guillermo?

– Você pode dizer tudo o que quiser, Matilde. Desde quando é proibido falar?

– Eu não quero morar em Tlalpan.

– É verdade? Mas é mais agradável morar fora da cidade.

– Prefiro morar mais perto do centro.

– É menos tranquilo.

– Justamente.

A palavra soou como um argumento incontestável. Guillermo olhou para Matilde, que lhe voltava as costas, cuidando dos fogareiros, meio de cócoras, um pano na mão esquerda e a direita abanando a chama para atiçá-la.

Ele compreendia muito bem que ela pudesse sentir-se um pouco só quando ele estava fora de casa, e preferisse viver em bairros mais animados. Mas, embora confusamente, compreendia sobretudo o quanto a casa é um espaço que pertence mais às mulheres do que aos homens. A casa era o domínio de Matilde, pelo simples fato de que se ocupava dela, virtualmente, mais do que ele próprio jamais o faria. A causa foi ganha por ela, sem qualquer discussão.

A hacienda chamava-se El Carmen. Propriedade das carmelitas, estava situada na esquina do que são agora as ruas Londres e Allende, no bairro de Coyoacán.

Foi demolida e seu terreno vendido. Por ocasião da venda, Guillermo Kahlo conseguiu adquirir um lote, de oitocentos metros quadrados. E mandou construir uma casa cuja planta inicial era retangular, incluindo alguns espaços interiores a céu aberto. Era a "casa azul", um nome, mas sobretudo uma realidade: foi pintada toda de azul, por fora e por dentro. Quase um sonho. Apenas duas décadas mais tarde, uma de suas moradoras iria torná-la célebre, assim como muitos dos seus hóspedes e visitantes. Meio século depois da sua construção – com algumas modificações de arquitetura – ela se tornaria até mesmo um museu.

Mas ainda não chegamos lá.

Como já me diverti com isso! Nunca souberam o que fazer com o dia do meu nascimento. Ela nasceu a 6 de julho de 1907? Ou foi a 7 de julho de 1910? Já me diverti muito com essas discussões. Todos eles, pretensos biógrafos, universitários, jornalistas, estudantes, amigos, se confundiam, sentiam-se obrigados a justificar. Ora gostavam de imaginar que a minha vida, contada ou não por mim, só podia ser fábula ou mito. Tinham necessidade de se persuadir a todo instante de que cada ato meu, cada acontecimento sobrevindo, devia participar da "personagem Frida Kahlo". Outros, espicaçada a sua necessidade de honestidade, ficavam angustiados por não poderem saber a "verdade". Estes precisavam da *data exata*, sem o que sua consciência sofria incômodos de almanaque, curiosa vertigem! Ou concordavam – um modo de resolver a questão – em me taxar de um pouco louca, o que tinha a vantagem de não prejudicar ninguém e de tranquilizar todo mundo.

    E eu era a travessa. A levada. A brincalhona.

    Como todos eles vivem esquecendo que, neste país, mais da metade da população não sabe o dia em que nasceu, por pura ignorância ou porque todo mundo faz malabarismos alegremente ao sabor dos interesses administrativos... E que eu sou deste país de anarquistas circunstanciais, de enigmáticos, de feiticeiros, de iluminados, de escroques violentos. Descendentes de mexicanos, de *tonalpuhques*[5], para quem o dia e a hora do nascimento eram função dos augúrios que se tramavam entre astros e deuses, forças lá de cima, forças cá de baixo, pontos cardeais, malignidades, sacrifícios e rituais.

Assim como ignoram, bizarramente, que a maioria das pessoas sonha mudar de nome, de cabeça, quando não de pele, de vida. Então eu, sim, troquei minha data de nascimento (mas nunca, isto não, meu nome, minha pele, minha vida; quero dizer: com tudo isso nunca fiz trapaça, embora algumas vezes eu bem que gostaria de ter trocado minha pele por qualquer coisa, oh! sim, inclusive por uma espiga de milho).

Nasci com uma revolução. É preciso pensar nisso. Foi nesse fogo que eu nasci, levada pelo impulso da revolta até o momento de vir ao mundo. Era um dia ardente. Ele me abrasou para o resto da vida. Criança, eu crepitava. Adulta, fiquei toda em chamas. Sou mesmo filha de uma revolução, não há dúvida nenhuma, e de um velho deus do fogo que meus antepassados adoravam.

Nasci em 1910. Era verão. Logo, Emiliano Zapata, el *Gran Insurrecto*[6], iria sublevar o Sul.

Tive essa sorte: 1910 é a minha data.

---

5 Especialistas, entre os antigos mexicanos, das sortes que cada dia reservava.
6 O Grande Rebelde.

Frida Kahlo quando pequena

> Frieda tem o mesmo número de letras que F. e a mesma inicial.
>
> Franz Kafka

Quando Magdalena Carmen Frida Kahlo y Calderón nasceu na casa azul de Coyoacán, numa manhã de julho (dia 6) de 1907, seus avós paternos e seu avô materno não existiam mais.

O parto foi o mais normal possível para a mãe, o bebê era belo e sadio, e nada lhe faltava para ser a terceira filha de Matilde e Guillermo, depois de Matilde Junior e Adriana, mais velhas que ela.

Nada, a priori, levava a prever que Frida teria, mais tarde, uma vida extraordinária. A única coisa que ela teve de particular, então, foi seu nome.

Guillermo fazia questão que a criança tivesse um nome alemão. Mas, no momento do batismo, o padre se confundiu.

– Vocês querem chamá-la Fri... Como é que vocês dizem?

– Frieda.

O padre franziu a testa e tomou um ar absorto. Refletia na melhor resposta a dar. Finalmente, falou:

– Esse nome não consta no calendário dos santos, sinto muito.

Matilde tremia com a ideia de que sua filha não fosse batizada. Aí está uma coisa na qual ela não podia nem pensar: os demônios povoariam a vida da criança e ela não poderia escapar ao inferno. Não, não era possível.

Houve discussão, concessão, conciliação. Guillermo tinha insistido:

– Quero que ela se chame Frieda. Escrevam à maneira espanhola se quiserem, anteponham cinco nomes de santos se precisarem, senhor vigário... *Friede*, em alemão, é a paz. É um nome muito bonito, sabe. Há uma força em sua fonética e qualquer pessoa sonharia com o seu conteúdo. É bom ter um nome que encerre algum significado. Há países – e também está escrito em alguns livros – em que se diz que o nome determina a personalidade. Se não temos aqui os meios de verificar a exatidão dessas considerações, nada nos impede de pensar que podem ser verdadeiras.

– Nada os impede, então, de chamá-la Maria Paz, por exemplo, disse o vigário. Não é desagradável.

A avó Isabel, que também estava presente na igreja e segurava o bebê nos braços, tentou amenizar as paixões.

A menina teria o nome Magdalena Carmen Frida. Os dois primeiros nomes para satisfazer as exigências batismais, o terceiro para a vida.

Frida tinha apenas dois meses quando a mãe tornou a engravidar. Onze meses após o nascimento dela, Cristina vinha ao mundo.

Pobre Frida! Não teve tempo para aproveitar o seu status de filha mais nova. Nada de muitas efusões de mimos para ela, efusões de cuidados, de carinhos e regalias, nada de grandes admirações supérfluas dos pais diante da sua caçula, nada de criancices exacerbadas por parte desta última.

Nem por isso Frida foi infeliz. Confiaram-na a uma ama de leite índia, que cheirava a pão de milho e sabão, não falava muito, mas cantava canções da sua terra, do Yucatan. Sua pele era tão morena quanto a de Frida era branca, ela era tão tranquila quanto a criança se mostrava impetuosa.

E depois, é sabido que, quando a pessoa não é muito mimada, logo se torna independente. A criança era independente, no sentido de que era viva, esperta, levada, autônoma e, mais tarde, por momentos, quase solitária – tanto quanto se pode ser numa família de quatro filhos.

Cristina era relativamente menos esperta. Mas Frida se encarregava de o ser pelas duas. Ajudava a irmãzinha, a protegia, a carregava, às vezes um pouco desajeitada, ria dela, brincava com ela, adorava-a.

Cristina falava por onomatopeias, o que irritava Frida, mas ao mesmo tempo lhe permitia ser um elemento indispensável na comunicação entre Cristina e os pais. Ela ouvia atentamente os balbucios articulados e deles se fazia a grande intérprete.

Estavam quase sempre juntas, no pátio, durante o banho, durante o jantar. Frida inculcava em Cristina todo tipo de coisas, Cristina imitava Frida com felicidade. Quando Frida corria pela casa, Cristina ia atrás, dando gritos. A primeira se escondia, a segunda se escondia também e era preciso recomeçar a brincadeira...

– O nome de Frida não combina muito bem com ela – observou Matilde para Guillermo.

Guillermo, sentado numa cadeira na cozinha, levantou lentamente os olhos para a mulher.

– Eu tinha dito que na minha opinião era um nome que implicava força. Paz não quer dizer tranquilidade vegetativa. Talvez seja uma capacidade de se concentrar. Um refúgio, afinal, para uma excessiva vitalidade.

Matilde ergueu as sobrancelhas. Um pouco por incompreensão, um pouco por desafio.

– Frida vai ser muito inteligente, você vai ver. Ela já é.
– É preciso evitar favoritismo, Guillermo. Perante Deus, nós somos todos iguais.
– Tenho a mesma afeição pelas minhas filhas. E Deus também, espero. Mas é preciso dizer a verdade, e eu me sinto muito objetivo ao dizer: Frida é mais inteligente do que as outras, e será ainda mais.
– Não é pelo fato de uma criança ser mais agitada...
– De fato. Depende de como ela irá empregar seus movimentos, em que sentido irá canalizar sua energia.
– Está vendo...
– Frida utiliza muito bem seu potencial.

Matilde ergueu os ombros. Não era por maldade. Porque esse homem, decididamente, falava bem demais para ela. Suas afirmações davam sempre a impressão de serem pertinentes, ao passo que as frases dela pareciam sempre inacabadas. Contanto que sua autonomia doméstica não fosse prejudicada nem contestada...

Ela servia seu marido. Enquanto ele desfazia as folhas que envolviam as *tamales*[7] fumegantes de frango, Matilde o olhava, apoiada na beira da pia. Os gestos de Guillermo, inclusive quando ele comia, eram incrivelmente sérios. Era um costume na casa: Guillermo jantava sempre só, enquanto a mulher o olhava em silêncio. Matilde já havia jantado junto com as crianças, ou jantava depois dele. Logo que acabava o jantar, o homem se fechava no salão e tocava piano por muito tempo, um velho piano de fabricação alemã. Algumas vezes, afundava numa poltrona, com um livro na mão, e ficava horas lendo. Às vezes também recebia um ou dois amigos, com quem jogava partidas de dominó intermináveis. Tarde da noite, ouvia-se o barulho dos dominós de marfim a se chocarem uns com os outros.

---

7   Pasta de milho condimentada, misturada com carne, tudo enrolado em uma folha de milho.

Dessa agonia sem fim que foi a minha vida, eu diria: fui como um pássaro que gostaria de voar e que não podia. E que não pode aceitar seu distúrbio. Tanto que, instintivamente, por um reflexo incontrolável que parte do plexo solar e se irradia por seu sistema muscular e nervoso, ele tenta levantar a ponta da asa, abrir o leque de sua plumagem. O impulso vital existe. O corpo não responde. Com as asas fremindo, sem poderem abrir-se, ele torna a cair pesadamente no chão.

Nada mais triste de se ver do que um pássaro caído na terra, cujas asas (então anormalmente desproporcionadas em comparação com as patas pequeninas) não mais lhe servem para alçar voo, mas apenas para ele se apoiar dolorosamente para caminhar. Asas tão leves, confundindo-se por um instante mais com as nuvens baixas que, de repente, se tornaram tão pesadas e que são atraídas impiedosamente pelo grés de uma rua cinza-chumbo ou pelo fundo pedregoso de um pátio.

Quando criança, pedi um dia o modelo reduzido de um avião. Vi-me com um disfarce de anjo, não sei por que encantamento (sem dúvida uma ideia da minha mãe: transformar um avião em anjo, é mais católico). Enfiei o longo vestido branco, de corte sumário (provavelmente costurado pela mamãe, não me lembro mais), salpicado

de estrelas de ouro. Nas costas, grandes asas de palha trançada, vocês sabem, como tantos objetos utilitários e brinquedos fabricados por toda a parte no México, em todos os países pobres.
Que felicidade, eu ia voar! Mas não foi possível. Fiquei desesperadamente colada ao solo, sem compreender. Minhas asas não me erguiam no ar, pesavam terrivelmente. Não havia nada a fazer para me erguer, contra toda a esperança do meu coração de menina.
Eu olhava ao redor de mim, meus olhos interrogavam. Respondiam-me com meias palavras ao meu interrogatório, à minha angústia. Riam um pouco, também. Logo não compreendi mais o que diziam. Os adultos ficaram então maiores do que eram na verdade (e eu que tanto queria por um momento, com minhas asas, por meu voo, vê-los abaixo de mim). Pareceram-me todos incoerentes, como seres de pesadelo. Seus rostos, suas mímicas, farrapos de suas afirmações misturavam-se na minha cabeça. Eu própria não sabia mais o que eu era, o que estava fazendo ali. O que me cercava perturbava-me. De qualquer modo, comecei a derramar uma torrente de lágrimas e, por trás delas, soltei todas as pragas que uma menininha pode inventar sobre as pessoas que se encontravam do outro lado do espelho, na sua realidade, e que não tinham entendido nada.

(Pintei este episódio da minha vida, em 1938, no quadro intitulado *Pedimos um avião e nos dão asas de palha*, em que eu me represento, com expressão de decepção no rosto, trazendo nas mãos o avião com que sonhara, as asas nas minhas costas atadas por cordões ao céu, meu corpo preso, ligado por laços pregados no solo.)

Como as asas derretidas de Ícaro, as minhas eram fogo de palha. Umas e outras eram apenas ilusão.

Era sem dúvida um sinal do destino. Uma reprodução das cenas que o futuro, meu rosário de deficiências, reservava-me.

Infâncias

(...) o que me fez ir em frente, é que não me podiam acalmar. Vocês sabem muito bem, pode-se ver que algumas crianças são calmas, ganham bombons e ficam satisfeitas. Alguns de nós, em compensação, mesmo na infância, sempre quiseram outra coisa: o que a vida oferece de fato.

Louise Nevelson

Frida e Cristina foram juntas à escola maternal. Já não eram tão pequenas, naquele ano preparavam-se para a escola primária.

Por muito tempo, as irmãs Kahlo se lembraram da sua primeira professora. Tinha uma maneira de se vestir, um penteado, uns modos tão antiquados, que as crianças não paravam de encará-la, intrigadas. Achavam-na "esquisita".

– Ela tem cabelos postiços, dizia Frida a Cristina.
– Por que postiços?
– Porque dá para ver.
– Tem certeza?
– Claro.
– ...
– É isso mesmo. Olha que cor engraçada.
– É amarelo ou marrom?
– Marrom e branco... As tranças não parecem de verdade.
– O terno que ela usa é engraçado.

– Não é terno, Cristi. É um vestido e um casaco.
– De que cor você acha que é?
– Mmmmm... preto bem claro.
– A gente vai ter que perguntar à mamãe – disse Cristina, preocupada.
– Talvez ela não seja uma professora de verdade.

"No começo, Deus criou os céus e a Terra. Ora a Terra era informe e vazia. E as trevas estavam na superfície do abismo, e o Espírito de Deus flutuava sobre as águas. E Deus disse: Faça-se a luz; e a luz se fez. Deus viu que a luz era boa; e Deus separou a luz das trevas. E Deus chamou a luz, dia; e chamou as trevas, noite. E houve uma tarde, e houve uma manhã..."

Aquilo parecia durar horas. A professora contava histórias que não acabavam de se desenrolar, como uma meada de linha. Assumia um tom sério e as crianças sentiam que o que ela dizia devia ser muito importante, mesmo que não conseguissem compreender tudo. O silêncio na classe era carregado de perguntas não formuladas, os olhos se arregalavam, as boquinhas se abriam de espanto.

– Deus criou a Terra. A Terra é um planeta. É na Terra que nós vivemos. A Terra é redonda como um balão, ou como uma laranja...

A professora tinha coberto pela metade as vidraças das janelas com folhas de jornal para que a classe ficasse mergulhada na penumbra.

– Vocês vão compreender – disse ela.

Ela enrolou um pequeno cilindro de papel de jornal e pôs fogo nele. Com a mão esquerda, segurava uma laranja que ela fazia girar em torno da chama. E continuava a explicar. Mas sua voz ficara muito baixa e misteriosa. Decerto, ela estava contando coisas que seria preciso não esquecer.

O dia, a noite, o sol, as trevas, a terra, o céu e a lua. E uma multidão de estrelas. De repente, Frida empalideceu. Ficou com medo. Sua calça ficou toda molhada e na mesma hora debaixo da carteira dela se formou uma poça, que não podia passar despercebida.

Com grande dificuldade, tiraram-lhe a calça para enfiar uma outra, limpa, que era de uma menina que morava na rua Allende. Frida resistia, com os punhos fechados e a boca cerrada. Estava com tanta vergonha que a cólera a enrijecia para dissimular sua humilhação. Não que a tivessem repreendido, mas era insuportável ser exibida daquela maneira, na frente de suas coleguinhas.

A partir desse dia, Frida alimentou um ódio selvagem contra a menina da rua Allende. Uma tarde, Frida a viu na calçada, na frente dela. Não conseguiu controlar-se: correu, avançou na pequena e começou a estrangulá-la. A menina berrou, debateu-se, ficou vermelha, de língua para fora como se fosse vomitar. Por sorte, o padeiro do bairro estava passando por lá e separou a atacante da sua vítima.

Matilde foi pedir desculpas aos vizinhos e tudo voltou à calma.

– Você percebe o que fez, Frida? – disse ela à filha.

– Eu-não-gosto-dela.

– Não é motivo.

– É-mo-ti-vo.

– Ela podia ter morrido e você podia ir para o inferno. Seus pais e suas irmãs iam morrer de tristeza. Que catástrofe!

Frida levantava a cabeça para o teto, de olhos fechados. Fingia que não estava escutando.

– Frida, você está percebendo? Se você não quiser ser castigada, vai ter que ser muito boazinha e rezar muito para ser perdoada...

– Eu-não-gos-to-de-la.

– Não é assim que se fala com sua mãe. Que menina insuportável. Se continuar assim, vou dar você de presente para alguém.

Frida abriu lentamente as pálpebras e tomou o seu ar mais sério para fitar a mãe bem dentro dos olhos.

Bobagens, haveria outras.

Um dia, minha meia-irmã Maria Luisa estava sentada num penico. Eu a empurrei e ela caiu para trás, com penico e tudo. Furiosa, ela me disse: "Você não é filha da sua mãe e do meu pai. Você foi achada numa lata de lixo". Essa afirmação fez um tal efeito que me tornei uma criatura completamente introvertida.

Frida Kahlo

"Introvertida" talvez fosse um pouco de exagero. Da mesma forma que é difícil determinar a causa e o efeito. O certo é que, por volta dessa época, Frida começou a apreciar os longos momentos de solidão. Mesmo quando não estava fisicamente só, era capaz de se abstrair do que a rodeava, para mergulhar em histórias que ela inventava, em um mundo imaginário que ela criava para si mesma, a cada dia.

Assim, inventara uma amiga. Para chegar até ela, o caminho era longo.

Um sonho longo, palpitante. Primeiro, era preciso, como Alice, passar "para o outro lado do espelho". Bastava bafejar sobre uma das vidraças do quarto e, no embaçado que se formava, desenhar uma portinha ora retangular, ora meio oval. Era por essa porta que Frida – ou o seu espírito – fugia. Ela tinha asas nos pés quando corria pela rua até chegar a uma mercearia que afixava num cartaz em letras grandes o nome PINZÓN. Com as mãos, afastava um pouco o *O* de PINZÓN e se enfiava para dentro do que era o começo de um longo poço que ia dar no centro da terra. Bastava deixar-se deslizar, levada pelo medo e pela vertigem que faziam bater-lhe o coração com toda a força.

Bem embaixo, no escuro e no calor que tornavam mais foscos os contornos das coisas, onde se caía como num filme em câmera lenta, era a morada da amiga que a esperava. Ela era muda, mas muito solícita, silenciosamente alegre. Todos os dias Frida lhe contava detalhadamente sua vida e seus tormentos: suas histórias de sala de aula, de suas irmãs e de seus pais, do sarampo e da varicela, suas travessuras, seus devaneios, suas dúvidas. A amiga a escutava com toda a atenção, seus olhos, na sombra, brilhavam como estrelas, e seus gestos a reconfortavam... depois, elas dançavam uma com a outra até o êxtase, naquele lugar fora do tempo. A amiga era leve, imaterial. Evaporava-se logo que Frida, revigorada e exaltada, fortalecida por possuir um segredo imenso que só ela conhecia, resolvia voltar à superfície, mais leve também ela, por ter podido esvaziar o coração e dar asas à sua fantasia.

Tornava a passar pelo *O* de PINZÓN e de novo transpunha a porta desenhada no bafo da vidraça, apagada em seguida com as costas da mão.

Eu corria com o meu segredo até o lugar mais recuado do pátio da minha casa e, num canto, sempre o mesmo, ao pé de um cedro, eu gritava e ria, espantada por me achar só com a minha felicidade e a lembrança tão viva da menininha.

Frida Kahlo

E a vida retomava seu curso como se nada tivesse acontecido. E, com ela, as preces que Matilde exigia que seus filhos recitassem antes de cada refeição, os frouxos de riso incontroláveis de Frida e de Cristina à mesa, fingindo rezar mas articulando coisas completamente diferentes, as escapadas durante as horas de catecismo, que elas prefeririam trocar pelas frutas roubadas em um pomar de Coyoacán; o mundo intrigante dos insetos, as quedas rolando na grama.

Contra qualquer expectativa, o primeiro drama que sobreveio na família Kahlo não foi causado por uma das mais novas, mas, sim, pela mais velha, Matilde, ainda por cima a preferida da mãe.

Apaixonada, mas tendo apenas quinze anos, ela se abriu com Frida.

– Você seria capaz de segurar sua língua, Friduchita?

– Eu não sou boba!

– Não é isso. Eu tenho um namorado e quero fugir com ele. Mas nossos pais não devem saber.

– Como é possível? Como é que você vai fazer?

– Vou embora no meio da noite. Vou pular o parapeito da janela. Você só vai ter que fechar a janela depois, sem fazer barulho.

– Você vai fazer como as moças más das histórias...

– É isso mesmo. E como as heroínas de todos os contos... Frida, você compreendeu bem?

– Não é difícil.

– E se perguntarem alguma coisa, não diga nada, nem por todo o ouro do mundo. Você jura?

– Você não é feliz aqui, Matita? Onde é que você vai morar?

– Não é isso. Eu estou apaixonada e não dá para fazer diferente. Vou para Veracruz.

– Você é louca! É longe.

– Quando você crescer eu explico.

Assim foi feito. Quando a fuga ficou evidente, Guillermo não disse uma palavra e se fechou na sala, Matilde passou por todos os estados da cólera e do desespero.

Matita não apareceu durante quatro anos.

Quando torno a pensar nisso, foi uma tarde carregada de horror. Meu pai me havia levado para caminhar com ele nas matas de Chapultepec, um lugar de que ele gostava especialmente, por causa dos velhos cedros. Como tantas outras vezes, íamos de braços dados, ele me fazia observar certos recantos, as pessoas, situações inusitadas, as cores. Pouca coisa escapava ao seu olhar. Aprendi muito da maneira como ele observava. Aquele homem de aparência tão plácida, assim que se via fora de casa parecia ter todos os sentidos em alerta, quase em guarda.

De repente, ele cai com todo o peso, o corpo em convulsões, o rosto congestionado, arroxeando, os olhos fixos e a baba nas comissuras dos lábios. Não era a primeira crise de epilepsia que eu estava vendo. Estava habituada (se é que se pode chamar hábito a repetição de uma coisa cada vez mais inquietante). Felizmente, porque era preciso coordenar todos os movimentos sem perder um minuto. Abrir depressa o frasquinho de éter que ele levava sempre consigo e fazê-lo respirar o conteúdo; tirar-lhe a máquina fotográfica das mãos e enrolar a correia em volta do meu pulso livre para que, no meio da confusão, não a roubassem; dizer alguma coisa ao amontoado de gente que se formava inevitavelmente em torno de nós.

Depois, ajudá-lo a levantar-se lentamente, sustentá-lo, reconfortá-lo como eu podia, pois o homem parecia sempre sair daquelas crises muito maltratado, esgotado. Pálido como uma alma do outro mundo. Sim, acredito que é isso. Ele devia se sentir como uma alma do outro mundo.

Um momento depois, no mesmo passeio, que azar, enganchei os pés nas grossas raízes salientes de uma árvore e me machuquei muito ao cair.

No dia seguinte de manhã, quando quis me levantar, tive a impressão de que flechas atravessavam minha coxa e minha perna direitas. Era uma dor terrível, eu não conseguia apoiar-me na perna. O medo de nunca mais poder andar logo assaltou-me, minhas emoções muitas vezes me venceram. Dei um berro e minha mãe acorreu. Um médico diagnosticou "tumor benigno". Um outro foi categórico: poliomielite. Tive que enfrentar vários meses de cama, banhos de água de nogueira e compressas quentes, um pé ligeiramente atrofiado, uma perna mais magra e mais curta do que a outra, botas ortopédicas. Não faltou nada.

Algum tempo depois (um ano, dois anos?), não ouso precisar uma data – sempre me dizem que tenho o dom de confundi-las – mas tenho a impressão de que isso aconteceu por ocasião da Década Trágica (que alguns chamaram a Década Mágica), pela janela que dá para a rua Allende, vi um rebelde cair de joelhos no meio da calçada, com uma perna atingida por uma bala. Era muito impressionante. A noite estava caindo, o homem estava vestido de branco e se destacava nitidamente no escuro. Olhou em volta, desesperado, mas não tinha escapatória. As pessoas corriam em todas as direções. O sangue parecia esguichar do tecido branco e corria até o chão. Sua sandália estava empapada. Era um homem pobre. Minha mãe conseguiu socorrê-lo, depois de passada a agitação. Não foi, aliás, o único que ela socorreu naquela época.

O fato é que só de olhar o seu ferimento cheguei a sentir de novo a mesma dor que tinha sentido na minha perna na ocasião da minha doença. A perna dele tornava-se a minha. Ou a minha era a dele. Eu sabia exatamente o que ele devia estar sentindo. Para mim, tinha sido violento. Para ele também era.

Não sei que relação pode ser estabelecida entre a minha queda em Chapultepec e o que vivi em seguida. O que é certo é que, naquele dia, a dor entrou pela primeira vez no meu corpo.

Algumas notícias de dez anos de revoltas e revolução

El Diario, sexta-feira, 18 de novembro de 1910.

MANIFESTO (excertos)
de Francisco I. Madero ao povo americano

"Anteontem pus os pés em vosso solo livre. Estou fugindo do meu país, governado por um déspota que não conhece outra lei que não a do seu capricho. Venho de um país que é vosso irmão pelas instituições republicanas e pelos ideais democráticos, mas que, neste momento, se levanta contra um governo tirânico e luta para reconquistar seus direitos e suas liberdades pagas a um preço tão alto. Se estou fugindo do meu país é porque, na minha qualidade de chefe do movimento de libertação e de candidato do povo à presidência da República, atraí contra mim o ódio e as perseguições do meu rival, o déspota mexicano, o general Porfirio Díaz. (...)"

El Diario, sábado, 19 de novembro de 1910

PUEBLA FOI O PALCO DE CENAS SANGRENTAS PROVOCADAS POR UM GRUPO DE PARTIDÁRIOS DE DON FRANCISCO I. MADERO

El Diario, sexta-feira, 25 de novembro de 1910
REVOLUÇÕES E MOTINS

El Imparcial, quinta-feira, 11 de maio de 1911
CIDADE JUÁREZ CAIU NAS MÃOS DOS REBELDES
DEPOIS DE TER RESISTIDO HEROICAMENTE

El Diario, terça-feira, 16 de maio de 1911
PACHUCA CAIU ONTEM À NOITE NAS
MÃOS DOS REVOLUCIONÁRIOS

El Imparcial, quinta-feira, 18 de maio de 1911
ASSINATURA HOJE DE UM ARMISTÍCIO
GERAL POR CINCO DIAS

"A demissão dos srs. Presidente e Vice-Presidente da República será apresentada à Câmara dos Deputados antes do fim do mês."

El Diario, segunda-feira, 22 de maio de 1911
OS GRUPOS REBELDES FIZERAM SUA ENTRADA
NA CIDADE DE CUERNAVACA EM MEIO AO
ENTUSIASMO GERAL

"As tropas federais evacuaram os locais às cinco horas da manhã."
"A população ficou mais de doze horas sem polícia e a ordem reinou."
"Os prisioneiros todos se evadiram."

El Tiempo, sexta-feira, 26 de maio de 1911
A DEMISSÃO DO GENERAL DÍAZ

El Imparcial, quinta-feira, 8 de junho de 1911

> A CAPITAL VIVEU ONTEM UM DIA DE GRANDE FELICIDADE PATRIÓTICA
>
> "Por toda parte, bandeiras e bandeirolas eram desfraldadas, dando as boas-vindas a Francisco I. Madero."

A 16 de outubro de 1912, o general Felix Díaz se subleva em Veracruz. No dia 23, é preso.

A 9 *de fevereiro de 1913 começa a Década Trágica.*

Nueva Era, segunda-feira, 10 de fevereiro de 1913

> SOB OS APLAUSOS DOS LEGALISTAS E UMA CHUVA DE BALAS TRAIÇOEIRAS, O PRESIDENTE MADERO, COM UMA BANDEIRA NA MÃO, ATRAVESSOU A CIDADE PARA SE DIRIGIR AO PALÁCIO NACIONAL

El País, quinta-feira, 20 de fevereiro de 1913

> O EX-PRESIDENTE F. MADERO DEIXARÁ A CAPITAL DE UM MOMENTO PARA OUTRO
>
> "Depois que o Congresso aceitou a demissão de don Francisco Madero, presidente da República, ficou combinado que o ex-magistrado supremo da nação deveria abandonar o país."

El Diario, 23 de fevereiro de 1913

> OS SENHORES MADERO E PINO SUÁREZ FORAM ASSASSINADOS NA NOITE PASSADA PERTO DA ESCOLA MILITAR

Victoriano Huerta toma o poder... e foge em junho de 1914, depois de ter desgovernado o país. Venustiano Carranza é o seu sucessor. Após muitas lutas internas, este último é assassinado em 1920 ao tentar fugir.

Em 1920, Alvaro Obregón é eleito presidente da República.

Pancho Villa e Emiliano Zapata

Os chefes mais importantes eram Carranza, Villa e Obregón, no norte; e Zapata, no sul. Carranza queria comandá-los todos, Villa não se deixou comandar, tampouco Zapata. Em seguida, os quatro chefes bateram-se entre si, não sem antes terem liquidado Victoriano Huerta. Obregón acabou depois com Villa, por ocasião de terríveis combates. Zapata continuava invencível, embora escondido em suas montanhas.

José Clemente Orozco

Quando a nova República for estabelecida, não haverá mais exército no México. O exército é o maior apoio da tirania. Sem exército, não há ditador. Poremos o exército para trabalhar. Criaremos em toda a República colônias militares, formadas por veteranos da revolução. Eles trabalharão três dias por semana, e duramente, pois o trabalho honesto é muito mais importante do que a guerra, e só ele pode formar bons cidadãos. Nos outros dias, receberão instrução militar que difundirão por sua vez no seio do povo, para ensinar-lhe a combater. Assim, em caso de invasão, um telefonema dado do Palácio Nacional do México colocará em meio dia o povo mexicano inteiro em pé de guerra, nos campos e nas fábricas, bem armado, bem equipado, bem organizado para defender suas mulheres e seus filhos. Minha ambição é terminar minha vida em uma dessas colônias militares, no meio dos camaradas de quem gosto e que, como eu, têm sofrido tanto. Creio que gostaria de que o governo criasse uma fábrica para curtir couro; poderíamos fazer boas selas, é um trabalho que conheço bem. O restante do tempo, gostaria de trabalhar na minha pequena fazenda, criar gado, plantar milho. Sim, creio que seria magnífico ajudar o México a se tornar um país feliz.

Pancho Villa, citado por John Reed

Emiliano Zapata foi um dos homens mais contestados da sua época.

Ora chamado o "homem-fera", ora o "chacal", o "Átila do Sul", o "homem libertador", o "Novo Spartacus", Zapata representara, desde 1909, o grupo de defesa de Anenecuilco, sua aldeia.

Essa causa o levou a defender a proteção dos direitos dos camponeses da província de Morelos, em seguida de outras províncias.

As lutas dos camponeses que procuravam recuperar suas terras remontavam, de fato, à época colonial.

O zapatismo opôs-se a todos os governos que não cumpriam suas promessas em assuntos agrícolas.

Assim Zapata e os seus, aos quais se juntaram alguns intelectuais, insurgiram-se sucessivamente contra os governos de Porfirio Díaz, Francisco León de la Barra, Madero, Victoriano Huerta, Francisco Carbajal e Venustiano Carranza.

Vítima de uma traição, Emiliano Zapata foi assassinado no dia 10 de abril de 1919 pelo coronel Jesús Guajardo.

El Universal, sexta-feira, 11 de abril de 1919

DERROTA E MORTE DE EMILIANO ZAPATA, ASSASSINADO PELAS TROPAS DO GENERAL PABLO GONZÁLEZ

"As tropas do general Pablo González obtiveram êxito em sua campanha contra Zapata. Os soldados do coronel Jesús Guajardo, fazendo o inimigo acreditar que eles se revoltavam contra o governo, conseguiram chegar até o acampamento de Emiliano Zapata, que surpreenderam, derrotaram e mataram."

El Democrata, sexta-feira, 11 de abril de 1919

EMILIANO ZAPATA MORREU EM COMBATE

"Emiliano Zapata, 'Átila do Sul', semelhante, por seus crimes, ao rei dos hunos que saqueou Roma; Zapata, o vagabundo gatuno que desde 1910 atentava contra a República em suas montanhas de Morelos, levando o luto a tantos lares; Emiliano Zapata, por seus atentados, superior ao Átila legendário; Zapata, o destruidor de Morelos, o assaltante de trens, o sanguinário que bebia em taças de ouro. (...)"

El Pueblo, sábado, 12 de abril de 1919

COMO MORREU O CHEFE E. ZAPATA

"O tronco de Zapata apresentava sete perfurações, correspondentes às sete balas que provocaram a sua morte quase instantânea.

"Não encontraram nenhum ferimento no rosto nem em outro lugar qualquer do corpo, o que indica que as balas foram disparadas com uma calma espantosa da parte dos oficiais."

Excelsior, domingo, 13 de abril de 1919

UMA MULHER QUASE DESTRUIU OS PLANOS PARA MATAR ZAPATA

"Ela havia informado o Átila do Sul de que uma emboscada ia ser armada e que ele devia desconfiar do coronel Guajardo, que queria matá-lo."

Correu o boato de que "Miliano" não estava morto. "Zapata fugiu no seu cavalo branco e foi viver na Arábia."

Era um tempo de loucura.

Assassinatos em todas as esquinas, à luz do dia, no coração da noite. Pilhagens em todos os lugares, saques, atentados a mão armada e desarmada. Chacinas nas estradas, nos campos. As estações ferroviárias eram chagas abertas onde agonizavam os sobreviventes de algum comboio militar ou paramilitar.

Fuzilava-se até nas igrejas, a moral estava crivada de balas, não se reconhecia mais o vizinho. Diz-se que o homem é o lobo do homem: no México, era o caso, sem tirar nem pôr.

Intrigas, ajustes de contas se generalizavam, nada era perdoado, ninguém estava a salvo. "Se eu sei como Huerta manda fazer a barba? – escrevia Jack London. – Muito simples: ele fica de pé com a mão no revólver que tem no bolso a fim de liquidar o barbeiro se este resolver lhe cortar a garganta." O mundo político era um vasto campo de batalha, onde se pisoteavam uns aos outros, sem discernimento, sem escrúpulos, onde se matavam uns aos outros selvagemente, sem pestanejar. Sem fé nem lei.

(...) Tiros de fuzil nas ruas escuras, de noite, seguidos de gritos, de blasfêmias e de injúrias imperdoáveis. Quebra-quebra de vitrines, tiros secos, lamentos de dor, novos tiros.

José Clemente Orozco

Liebe Frida

O preceito de Freud é que o homem só pode dar um sentido à sua existência se lutar corajosamente contra o que lhe parecem desigualdades esmagadoras.

BRUNO BETTELHEIM

"*Liebe* Frida, *liebe* Frida, venha cá. Você não deve se preocupar com isso – dizia Guillermo à filha, tentando acalmá-la. – Você tem tantos outros recursos, e você sabe disso. Quando você estava de cama, eu contava histórias para distraí-la – lembra ele. – Agora, vou ensinar você a fazer fotografia, quer? Ou será que você prefere vir pintar aquarelas comigo, no campo?"

Guillermo era muito atencioso com Frida, muito bom, como jamais seria com nenhuma das suas outras filhas.

Frida tinha agora um ar selvagem.

"Um jeito de menino frustrado!", dizia sua mãe em desespero. "É mesmo uma menina muito feia!", exclamavam as comadres do bairro. E a viam passar, sem dissimular seu desprezo.

Depois da sua doença, Frida ficara sendo motivo de zombaria das outras crianças. "*Frida pata de palo*[8]!", gritavam para ela; depois se olhavam, coniventes, e começavam a rir, encolhendo a cabeça entre os ombros.

Todas as vezes, ela se virava e mostrava o punho fechado. "Vocês vão ver! – ameaçava ela. – Cambada de nojentos, miseráveis, vocês

---
8 Frida perna de pau.

já nasceram cretinos, é isso mesmo!..." Imbecis..." A raiva a sufocava; ela mordia os lábios até sair sangue, tentando conter a onda de injúrias que tinha vontade de lhes despejar na cara. "Um dia, eu pego vocês. Podem ter certeza: eu ainda vou acertar vocês. Bando de..." Todos os seus membros se crispavam. Seus olhos lançavam chispas sobre o grupo rebelde. Sua cólera não fazia as crianças fugirem, mas fazia com que calassem.

O médico prescrevera: "Muito esporte, todo tipo de esporte".

Era preciso ter coragem para forçar o corpo, para enfrentar os outros nas competições. Em tudo, Frida decidira redobrar seus esforços para ser a melhor. Ela correria mais rápido custasse o que custasse, conseguiria ser campeã de natação, andaria de bicicleta até não aguentar mais...

E que paciência ela tinha de ter, todos os dias, para fazer e desfazer laços que não acabavam mais de tão compridos! "O pé precisa ficar bem firme", dissera o médico. Sem esquecer a superposição de meias para disfarçar a magreza anormal da barriga da perna, sem esquecer o calor que elas lhe davam.

No entanto, a princípio Frida imaginara que nenhum sarcasmo a abalaria. Mas logo teve que se render aos fatos: muitas vezes as lambadas a atingiam em cheio; muitas vezes, achava-se a um palmo do desânimo. Como conseguir esquecer, como acostumar-se com uma enfermidade que observações grosseiras, cruéis, teimam em lembrar? Não basta sermos nós mesmos nossos próprios algozes?

Frida erguia os ombros.

Além do mais, tudo custava dinheiro, particularmente a reeducação intensiva a que Frida era submetida. Acontece que as preocupações materiais tinham entrado na casa azul com os gritos das primeiras rebeliões do país. Guillermo já não era o fotógrafo oficial do patrimônio nacional mexicano. Não podia mais, daí em diante, escapar daquelas fotos comerciais de estúdio, trabalho que teria preferido deixar para os outros. E a concorrência nesse campo, com as técnicas se aperfeiçoando a cada dia, era inevitavelmente dura. Toda a engenhosidade de um cenário não bastava para um fotógrafo fazer fortuna.

Guillermo tornara-se mais preocupado, Matilde mais nervosa. Frida achava que a mãe se vingava da insatisfação da sua vida cometendo excessos. Assim, com as dificuldades nascentes, com as quais não estava habituada, Matilde pôs na cabeça que tinha que organizar detalhadamente cada acontecimento, cada episódio da vida dos habitantes da casa. Chegava às raias da obsessão. Desde então, Frida decidiu chamar a mãe de "o Chefe". Guillermo, entretanto, mais cansado, embora sempre sereno, não deixara de lado suas horas de piano diárias.

A animação das valsas de Strauss flutuava no ar, como um desafio lançado à cara do mundo. Depois ele amainava e, docemente, era Beethoven que se derramava em todas as coisas, em todo o mundo.

Frida, apoiada na parede, pálpebras semicerradas, escutava, atrás da porta, o pai tocar. Indistintamente os sons lhe chegavam como as cores: preto, azul, amarelo... Ou elementos em desordem: árvore, estrada, fogo, rede. Havia também transparências, da água de um regato até as cascatas, das ondas, da chuva. Uma nota isolada podia ter a consistência de uma lágrima ou se desdobrar como um sorriso. Às vezes, os acordes se tornavam carícias que Frida recebia na penumbra, diante do salão, em meio às mesinhas de alturas diferentes sobre as quais se amontoavam vasos de plantas verdes, espessas e verdejantes, e um buquê de grandes margaridas ou de cravos de Espanha. Frida deixava-se ir para longe, bem longe.

Um dia, quando estávamos num bonde, meu pai disse-me: "Nós não vamos mais tornar a encontrá-la!". Eu o consolei e, na verdade, minhas esperanças eram sinceras. Eu tinha doze anos quando uma colega de liceu me disse: 'Lá pela rua dos Doutores mora uma mulher que se parece muito contigo. Ela se chama Matilde Kahlo'. No fundo de um pátio, no quarto cômodo que dava para um longo corredor, eu a encontrei.

Frida Kahlo

Frida voltou para casa, cheia de excitação.

– Mamãe, mamãe, encontrei a Matita! Papai já voltou?

– Ainda não. Você não viu seus sapatos, Frida? Onde foi que você os enfiou?

Frida olhou para a mãe, sem acreditar. Ela estava fazendo como se nada tivesse acontecido, e arrumava as pregas da saia comprida.

– Você ouviu o que eu disse, mamãe? Estou dizendo que encontrei a Matita. Ela vem nos ver. Está morando com um homem chamado Paco Hernández, na rua...

– Isso não me interessa, Frida, e eu não quero vê-la. Diga isso a ela. Agora, vá fazer a sua lição e ande logo, para tomar banho antes do jantar.

– Mas, mamãe..., protestou Frida.

– Boca calada, eu disse que não quero ouvir falar nisso.

Frida se deixou cair sobre um velho tamborete da cozinha, os braços pendentes. A mãe saiu para o pátio, com o regador na mão.

No dia seguinte, Frida voltou à casa de Matita para contar o que tinha acontecido. Vendo o ar abatido de Frida, Matita compreendeu logo.

– Ora, não ligue, Friduchita! – exclamou Matilde, assanhando os cabelos da sua irmã com a ponta dos dedos. – Você vai ver, ela vai mudar de ideia e tudo ficará bem... E o papai, que foi que ele disse?

– Ele disse: "Devemos ficar felizes por saber que ela está viva. É a única coisa que importa". Não pulou de alegria, mas acho que estava contente. Mamãe também, acho que, no fundo, ela está contente.

– Tome, querida, coma um pouco de goiabada. Eu preparei uma caixinha de doces para vocês todos. Leve-a com você.

Depois disso, e durante alguns anos ainda em que não viu seus pais, Matilde criou o hábito de colocar regularmente, na escadaria da casa azul, cestas de frutas, bolos enrolados em guardanapos, presentinhos para a sua família.

Ingresso na Escola Preparatória Nacional

> Frida era uma moça extremamente inquieta e de uma raríssima inteligência, muito especial nos meios de então.
>
> ALEJANDRO GÓMEZ ARIAS

Da mesma maneira como Guillermo não hesitara em proporcionar a Frida os melhores centros esportivos para a sua reabilitação, não queria ser mesquinho quanto à escolha da escola preparatória para a universidade, que vinha depois do colégio. Frida continuava sendo para ele a filha mais inteligente, aquela a quem, como acontece com um filho em qualquer outra família, era preciso dar todos os meios para vencer na vida.

Matilde, pouco habituada com ideias que julgava muito europeias, mostrara-se pelo menos reticente.

– Uma escola tão longe de casa, Guillermo? Será que é necessário?

– É a única de qualidade.

– Mas é mista!

– Isso não tem a menor importância. Eu até diria que tanto melhor. Mais tarde Frida saberá se defender na sociedade.

– Disseram-me que há uma proporção de cinco moças para trezentos rapazes.

– Isso não a impedirá de vencer. Do que você tem medo?

– Não é conveniente, todos aqueles rapazes...
– Frida não é cabeça de vento. Você não vai querer proibi-la de falar com os rapazes, não é?
– É o que as mães aconselham às filhas que vão para aquela escola...
– Absurdo. Não é impedindo o diálogo que o progresso se realiza.
– Guillermo, você sabe o que representa uma hora de trajeto para chegar lá?
– A uma escola dessa qualidade vale a pena ir a pé, a cavalo ou de carro, leve o tempo que levar.

Matilde suspirou.

– Escute, Matilde, em pouco tempo Frida fará o exame de admissão. Se ela não passar, voltaremos a falar de tudo isso. Se ela passar, deveremos ficar orgulhosos.

Matilde juntou as mãos e exclamou, enrolando-se num xale para sair:
– Ela vai voltar para nós completamente ateia!

Guillermo sorriu.

Em 1922, Frida passou no exame para entrar na Escola Preparatória Nacional, antecâmara obrigatória de estudos universitários sérios. E ela conseguiu.

Antiga e respeitável escola jesuíta, berço de algumas gerações de cientistas, acadêmicos e intelectuais responsáveis pela nação, a Escola Preparatória Nacional tinha sofrido algumas modificações desde 1910.

Sob influência europeia durante o governo de Porfirio Díaz, ela havia, desde então, entrado na onda de nacionalismo provocada pelas revoluções.

A escola tornara-se um dos focos do ressurgimento do sentimento patriótico mexicano. A volta às origens era exaltada, toda e qualquer proveniência de raízes indígenas valorizada. Paralelamente, havia uma incitação a inspirar-se na herança ocidental, graças a uma política cuja ambição em matéria de cultura era colocar os clássicos, de todos os domínios, ao alcance de todo mundo. Assim, abriram-se bibliotecas por toda parte, surgiram edições populares dos grandes autores, foram organizados concertos gratuitos, ou a preços módicos, ginásios eram abertos ao público. Foi também a época do surgimento dos primeiros muralistas mexicanos, José Clemente Orozco, Diego Rivera, David Alfaro Siqueiros, que contribuiriam para colocar a arte, meio de transmissão de ideais e testemunho da história, a serviço das massas. Os próprios fotógrafos obrigaram-se a introduzir em seus estúdios cenários compostos de paisagens, trajes e acessórios tipicamente mexicanos...

Época de vitalidade, os anos vinte no México consideraram a arte corno uma dinâmica essencial do progresso, no mesmo nível da ciência.

Eles [os artistas] estavam plenamente conscientes do momento histórico em que eram levados a agir, das relações entre a sua arte e o mundo e a sociedade que os cercavam. Por uma feliz coincidência, achavam-se reunidos, no mesmo campo de ação, um grupo de artistas experimentados e governantes revolucionários que compreendiam qual era a parte que lhes cabia.

José Clemente Orozco

Foi nesse contexto de efervescência que Frida Kahlo, adolescente, entrou na Escola Preparatória Nacional.

Frida era ainda uma jovem esbelta e fina, cuja graça todo mundo admirava. Já não usava sua franjinha de criança; seus cabelos eram cortados em quadrado, partidos ao meio, destacando um rosto que, com isso, parecia ainda mais sério. Ela era bela, de uma beleza ao mesmo tempo selvagem e sóbria, longe do coquetismo que muitas moças da sua idade já exibiam.

No estabelecimento que ela ia frequentar, não vigorava o uso de uniforme. Ficou decidido que Frida se vestiria à maneira das estudantes de liceu alemãs: uma saia plissada azul-marinho, uma blusa branca e uma gravata, meias de cano e botinas, um pequeno chapéu com fitas.

Matilde se acostumara finalmente com a ideia de que a filha seria aluna dessa escola considerada de vanguarda, e participara de boa vontade nos últimos preparativos.

De joelhos diante de um tamborete no qual Frida estava empoleirada, ela marcava com alfinetes a barra da saia azul.

– Vá virando devagar, para eu ver se todas as pregas estão na mesma altura... devagarinho...

– Diga uma coisa, o que eu estou parecendo?

– Uma boa aluna. Uma moça certinha.

– Céus! Vai ser difícil fazer besteiras, então!

– Frida! Quando é que você vai deixar de ser levada!

– Mmmm... Acho que nunca. Que drama, mamãe.

Frida olhava sua mãe com um misto de divertimento e de ternura.

– Numa escola onde há rapazes, você vai precisar ter muito cuidado.

– Cuidado com o quê?

– Há coisas que uma moça da sua idade deve procurar não fazer. Deve ser uma jovem de respeito... e nunca esquecer os ensinamentos de Nosso Senhor...

– Que nem o vigário: terei sempre a minha bíblia na minha pasta... "Havia em Ramataim-Sofim um homem das montanhas de Efraim, chamado Elcana, filho de Jeroão, filho de Eliu, filho de Tolu, filho de Suf, efraimita..."

Matilde a viu recitar de cor a passagem da Bíblia, pensando que seu marido tinha razão: aquela menina era inteligente, e especial. Depois, ela se recompôs:

– Não zombe da sua mãe...

– Esse é o meu trecho preferido. Já viu todos esses nomes? É bonito como uma genealogia asteca!... Mamãe, mamãe, não me olhe assim, você sabe que eu adoro você!

– Vá, desça daí e tire a saia... Cuidado com os alfinetes!

No dia da partida de Frida para sua nova escola, seu mundo se transtornaria. Uma ruptura inevitável iria ocorrer com relação a seu universo familiar, doce e protegido.

Uma ruptura geográfica provocando o despertar de uma consciência, de múltiplos aspectos insuspeitados de uma cultura.

Uma ruptura de formação. A infância seria deixada para trás.

A palavra-chave da minha adolescência foi: euforia.

Vejam só: o contexto histórico no qual evoluíamos nos envolvia, dava um sentido à energia da nossa juventude. Havia causas justas pelas quais devíamos lutar e que forjavam o nosso caráter.

Tínhamos extrema curiosidade por tudo, éramos ávidos de compreender, de saber. Queríamos sempre aprender, nossa sede era inesgotável. E isso era bom.

Todos nós sentíamos, no mais alto grau, o quanto fazíamos parte integrante de uma sociedade. Crescíamos individualmente, mas cada uma das nossas riquezas era compartilhada, a serviço de um futuro melhor, se não para a humanidade toda, pelo menos para o nosso país.

Éramos filhos de uma revolução e algo dela repousava sobre nossos ombros. Ela era nossa mãe carinhosa, nossa mãe dadivosa. Um sentido histórico incontestável vibrava em nosso cérebro, anterior, médio e posterior, de que tínhamos plena consciência e de que nos orgulhávamos.

Tínhamos a espontaneidade da juventude, com sua ingenuidade às vezes – a receptividade imediata –, conjugada a uma certa maturidade. (Porque, indiscutivelmente, nossa reflexão sobre o mundo, a cada instante, fazia-nos amadurecer.)

Avaliávamos o que tinha sido o conjunto dos fatores culturais que nos tinham precedido, e remontávamos longe no tempo. Sabendo que éramos a consequência de indivíduos e de acontecimentos, seu peso era uma força de atração. Era difícil contorná-los.

Era de fato uma época bonita. Também meus amigos eram bonitos (e o são ainda: prova de que o que vivemos não nos largou uns e outros ao acaso). Achando-nos todos em um estado de permanente ebulição, parecia-nos que tudo o que tocávamos ficava logo impregnado dela.

Não tive que sofrer questionamentos do tipo "quem sou eu?" de certos adolescentes. Cada passo *era*. E eu *era* com.

Sendo a minha vida decididamente voltada para o universal, eu acabava até esquecendo a minha perna. Nunca mais ouvi o barulho surdo de um pedregulho lançado contra o couro rígido da minha botina, em sinal de desprezo inútil. Essas farpas lançadas por pessoas que não têm o que fazer da sua própria vida e se tornam ainda menores procurando atingir a nossa, por crianças carentes de imaginação e de folguedos, a quem ensinaram que a força de si mesmo se conquista com a humilhação dos outros... Ao passo que toda a verdadeira força usa a máscara da vulnerabilidade; um bem-estar, quase um luxo.

Eu estava cercada de gente que tinha aspirações superiores, generosas, e isso me ajudava também, não tenho dúvida. Minha perna não interessava a ninguém, tanto melhor.

Tínhamos fé e esperança. Acreditávamos em nossas forças para mudar o que devia ser mudado nesta terra, e tínhamos razão: nossas forças quase nos superavam.

E, sobretudo, nosso entusiasmo era vital. Éramos puros, ainda não estávamos contaminados.

Zócalo, escola, "Cachuchas"

> Vive, e que na tua idade
> o sol que a ela assiste
> não a contabilize
> mas a ilumine, tão somente.
>
> SOROR JUANA INÉS DE LA CRUZ

A escola estava situada no bairro de Zócalo. No coração da cidade.

Centro também do que tinha sido a antiga cidade asteca de Tenochtitlan, cujas línguas de terra invadiam as águas lacustres e sustentavam numerosas pirâmides e templos, o nome Zócalo foi dado à Plaza Mayor (praça principal) hispânica quando, em 1843, quiseram levantar ali um monumento à Independência.

Começaram erigindo, no meio da praça, o pedestal (*zócalo*) destinado a sustentar o referido monumento. O pedestal brilhava, imponente, com todo o esplendor da grandeza a que ia ser associado... O pedestal se tornou uma estrutura de brincadeiras para as crianças, um tablado propício aos curiosos, um "descanso" ocasional para os caminhantes. O pedestal começou a achar longo o tempo e a ficar cansado de nunca passar de pedestal sem honrarias. A espera deu início ao seu trabalho de desgaste. O pedestal foi perdendo o brilho. Esperou muito tempo... De certa forma, acabou por se confundir com as coisas que o rodeavam. O humor mexicano o engoliu de uma só vez, passando a chamar a praça, e depois o bairro todo, de Zócalo.

A denominação foi logo estendida, aliás, a cada praça central, ou simplesmente ao centro, de todas as cidades mexicanas, quer fossem importantes ou modestas.

Em torno da praça do Zócalo, a catedral, o antigo palácio do governo onde em seu tempo tinham vivido alguns vice-reis, alguns prédios senão ricos, pelo menos robustos, o montepio, depois as ruas do comércio em volta, animadas e barulhentas.

Arquiteturas, trânsito, barulho com que Frida não estava acostumada. Longe da "aldeia" de Coyoacán. Frida aprendia a ver uma sociedade, a se movimentar dentro dela.

Só o adro da catedral já reunia uma multidão heterogênea: homens de negócios vestidos de ternos escuros, um ar de dignidade muitas vezes forçado, uma preocupação constante com a hora, empregados de todas as condições aproveitando alguns minutos de distensão, estudantes demonstrando seu saber pelo número de livros que carregavam, escolares de aspecto cansado ou deslumbrado; engraxates e jornaleiros, verdadeiros homenzinhos de pés descalços e caras sujas, pequeninos, alertas ao máximo; os mendigos que não tinham mais forças para ficar em pé, que levantavam a cabeça para os passantes com a mão na frente dos olhos para protegê-los do sol, pedindo "uma esmolinha pelo amor de Deus, por Nossa Senhora de Guadalupe"; mulheres indígenas ajoelhadas diante de três ou quatro limões, um pimentão ou um tomate, um punhado de sementes de girassol, um carretel de linha, uma imagem de santo, tudo isso colocado sobre um pedaço de pano esmolambado, acalentando, colado ao seio, um bebê enrolado num xale, ao mesmo tempo que chamavam os fregueses para apreciarem suas mercadorias; camelôs vendendo toda espécie de unguentos e emplastros, ferros de frisar cabelos, pentes inquebráveis...

Aqui e ali, barracas improvisadas apresentavam aos transeuntes bolinhos de milho vendidos às dezenas, ainda quentes no fundo dos cestinhos, enrolados num guardanapo. Ou, mais completos, os *tacos*[9]. O cheiro forte de óleo fervente reutilizado, no qual tinham sido mergulhados pedacinhos de carne de porco ou de frango, às vezes de boi, e rodelas de cebolas, elevava-se no ar, misturado com as espirais de fumaça.

Os *braseros* eram pontos de reunião preciosos para quem frequentasse o bairro. Exatamente como os vendedores de sorvete ambulantes, de fato sempre postados cada qual em seu ponto de venda. E os realejos.

Não longe do Zócalo, o grande mercado da Cidade do México, a Merced, lugar privilegiado de todas as vendas, de todos os tráficos, de todas as trocas; quartel-general de uma multidão de pequenos ladrões que se insinuavam com prazer na multidão, compacta, e na agitação que ela imprimia às alamedas. A Merced dos aproveitadores, dos pequenos perigos, dos vigaristas de olho vivo, do espertalhão, do minuto de distração, do porta-moedas, das mãos ágeis.

Frida descobria um mundo até então praticamente insuspeitado. Dele, o que ela iria preferir seriam os *mariachis*[10] da Alameda, aqueles músicos encantadores com seus trajes festonados, agaloados, o supercílio malicioso, enganador, sugestivo, e a voz abusando do trêmulo sob os bigodes espessos, pretos e brilhantes. E suas guitarras, ah, suas guitarras! de todos os feitios mesmo, com sua caixa de ressonância muitas vezes inversamente proporcional à pança de quem tocava o instrumento.

---

9 Bolinho de milho recheado.
10 Músicos tradicionais mexicanos.

Não é preciso dizer que, quando Frida chegou à Escola Preparatória Nacional, só por sua roupa já contrastava com as outras alunas, vestidas já como mocinhas enfeitadas. Logo, Frida as achou ridículas e nunca deixou de julgá-las assim.

Bem depressa ela compreendeu como se estabelecia a rede das relações entre os estudantes. A escola era dividida em grupos, tão numerosos quanto suas aspirações eram diferentes, e até mesmo divergentes.

Certos grupos dedicavam-se exclusivamente às atividades esportivas, tendo à sua disposição na escola um bom material para satisfazê-los. Outros concentravam-se nas questões religiosas. Outros rejeitavam inexoravelmente estas questões. Outros formavam um grupo de trabalho jornalístico e imprimiam seu jornalzinho. Outros voltavam sua reflexão exclusivamente para a filosofia. Outros debatiam sobre a arte e seus bolsos estavam cheios de esboços, lápis, borrachas, pincéis, folhas manuscritas dobradas em quatro, manchadas de tinta. Alguns preconizavam um ativismo político-social e se organizavam nesse sentido.

Frida hesitou algum tempo entre os "Contemporâneos" e os "Mestres", dois grupos literários que deram, mais tarde, alguns nomes célebres. Mas, finalmente, tornou-se membro integral e sem reservas dos "Cachuchas" – do nome dos seus bonés, sinal de reconhecimento –, um grupo mais heterogêneo, ao mesmo tempo mais criativo e mais aberto, mais original, provocador, insolente, audacioso, semeador de tumultos... anarquista até a alma.

Eles eram nove, entre os quais duas moças. Alejandro Gómez Arias, José Gómez Robleda, Manuel González Ramírez, Carmen Jaime, Frida Kahlo, Agustín Lira, Miguel N. Lira, Jesús Ríos y Valles e Alfonso Villa. A maioria deles alcançaria na idade adulta o topo da escala intelectual e acadêmica mexicana. Enquanto esperavam, a glória era conquistada por força de trocadilhos e besteiras, uma maior do que a outra. Frida era mestra nisso. Travessa por natureza (sua "maldade", segundo a mãe) desde a infância, qualidade tida como coisa indevida, encontrou naquele lugar seu terreno propício. Aprendeu feliz que, na amizade, existia cumplicidade.

Se as travessuras iam bem e "pregar peças" era de longe a atividade preferida do grupo, se ele não podia conceber a possibilidade de se fechar em dogmas, daí o afastamento de uma certa militância política julgada "estreiteza de espírito", não era menos verdade que ele não desejava de maneira alguma ser tido como apolítico. Os "Cachuchas" reivindicavam um socialismo que se pretendia fazer valer passando pela famosa volta às origens. E eles se ilustravam, lendo de tudo, sem distinção: filosofia, literatura e poesia estrangeiras ou hispano-americanas, jornais, manifestos contemporâneos.

Contavam uns aos outros o que tinham lido e cada história rivalizava com a anterior ou a seguinte em detalhes, amplificações, mímicas, profundidade, zombaria. E as discussões estouravam para saber quem em uma semana tinha lido mais rápido e em maior quantidade do que os outros, se Bartolomeu de Las Casas tinha sido um progressista ou um humanista, talvez as duas coisas, um antropólogo precursor ou simplesmente um homem que tinha apreendido corretamente, ao analisar a "destruição das Índias", a mensagem do cristianismo... Os "Cachuchas" soltavam gritos de indignação, aprovavam com o chapéu, brigavam uns com os outros para não falarem todos ao mesmo tempo (sem o conseguirem), davam pontapés ou socos uns nos outros, rindo quando a excitação chegava ao auge. Falavam de Hegel ou de Engels como se os tivessem conhecido no berço, de Dumas, Hugo ou Dostoievski como se tivessem sido velhos colegas, faziam uns aos outros mil perguntas (e davam algumas respostas, evidentemente) sobre todos os países que formam a superfície da terra, que eles conheceriam talvez um dia, ou talvez nunca. Inventavam, também, aumentavam, pressentiam.

Frida também aprendeu a disputar tudo no cara ou coroa, e a ganhar (sem trapaça, mas não temos prova disso). E, na mesma ocasião, toda ouvidos ao passear no Zócalo ou nos raros parques ou pracinhas das vizinhanças, ela se deixou impregnar das delícias do linguajar de gíria que lhe acontecia ouvir. Além disso, como nunca há palavras suficientes ou suficientemente adequadas para exprimir o que se tem a dizer, ela inventou um vocabulário próprio para uso "fridesco".

Um pintor

El Tiempo, terça-feira, 22 de novembro de 1910

A EXPOSIÇÃO DE QUADROS
DE DIEGO RIVERA

"Domingo passado, na Academia de San Carlos, foi inaugurada a exposição de quadros do pintor mexicano Diego Rivera, o qual, bolsista do nosso governo, viveu vários anos nos principais centros de arte da Europa, dedicando-se inteiramente ao estudo. (...) Diego Rivera não é mais uma esperança; é um artista já formado e possuindo inspiração própria.

Os quadros merecem ser vistos e nenhum apreciador de arte deveria deixar de fazer uma visita à Academia de Belas-Artes. (...)"

Em 1922, Diego Rivera era um pintor célebre em seu país – onde, já havia muito tempo, se impusera – e mundialmente conhecido. Foi designado pelo ministro da Cultura para pintar um mural no anfiteatro Bolivar da Escola Preparatória Nacional.

Fazendo jus à sua reputação, os "Cachuchas" não podiam deixar de aprontar alguma. Sonhavam queimar o madeiramento que servira para a construção dos andaimes, para que tudo, inclusive afrescos e pintor, ardesse em chamas. Ou então imaginavam planos para fazer o artista cair da construção, e os potes de pintura por cima da cabeça dele. A mais eficaz, mais uma vez, foi Frida, à frente de todas as travessuras; certa manhã, roubou sub-repticiamente de Diego Rivera a cesta que continha o seu almoço...

O pintor fazia amizades facilmente. Era exuberante e de boa conversa. Qualquer um podia ir vê-lo enquanto executava o seu trabalho: ele tagarelava com prazer, comentava, fazia piadas, contava histórias apaixonantes sobre os primeiros mexicanos, sobre as extravagâncias dos conquistadores, sobre a Europa onde ele tinha residido por muito tempo: a França e a sua guerra suja, Paris e o cinzento de seu céu, a ponto de se acreditar que o próprio coração passaria do vermelho ao cinzento por mimetismo, Montparnasse e seus cafés de gênios (na maioria estrangeiros), todos loucos e brilhantes (daí o cognome "Cidade Luz" para Paris, é evidente), o Louvre, uma das maravilhas do mundo, a Espanha de *sol y sombra*, a pintura italiana, beleza absoluta. Era inesgotável quanto às mulheres, todas irresistíveis e intrigantes... e quanto a ele mesmo, uma história em episódios, fabulosa.

Seu porte já era por si só um poema. Um homem imenso e muito gordo, os olhos globulosos, uma boca grande de sonoras gargalhadas, comunicativo ao extremo. Sua roupa estava sempre amarrotada como se ele nunca a trocasse, nem de dia nem de noite; um chapéu muito alto e de abas largas, do qual jamais se separava, aumentava seu tamanho.

> Eu te revejo com teu porte monumental, tua barriga sempre te ultrapassando, teus sapatos sujos, teu velho chapéu deformado, tuas calças amarfanhadas, e penso que ninguém poderia usar com tal nobreza roupas tão desleixadas.
>
> Elena Poniatowska

Que fazia ele do dinheiro? Esbanjava-o alegremente e sem remorsos, com os amigos. Um falso mendigo sob o sol mexicano.

Frida, não satisfeita em lhe ter subtraído a refeição, combinou uma travessura maior. Sem ser vista, ensaboou escrupulosamente uma parte do chão e os degraus de uma escada. Diego Rivera não poderia deixar de se esborrachar numa pista de patinação como aquela.

A moça se escondeu atrás de uma coluna, na hora em que Rivera chegava, para assistir ao resultado da sua diabrura. Mas o pintor era muito pesado e seu passo, por isso mesmo, especialmente lento e cuidadoso. Passou pela emboscada com um sorriso nos lábios, sem sequer piscar: não notou nada. Pôs-se a trabalhar como de costume, depois de ter tirado o chapéu e colocado o casaco sobre potes de pintura fechados, subindo então ao andaime com toda a precaução. Dois ou três curiosos vieram logo sentar-se por perto, para apreciá-lo no trabalho. Frida o injuriou em silêncio e foi embora cheia de raiva.

No dia seguinte, um professor, menos gordo, escorregou nos degraus ensaboados.

Uma noite, após as aulas, também Frida foi tomada pela curiosidade de olhar o pintor em ação.

O anfiteatro estava silencioso e vazio, exceto quanto à presença de Diego Rivera empoleirado e de uma mulher que lhe fazia companhia. Frida perguntou ao pintor se podia ficar um pouco. Tendo obtido seu consentimento, sentou-se a um canto sem mais aquela.

Com o rosto apoiado na mão, muito séria, ela observava os traços evoluindo na parede, as cores sendo integradas ao movimento do conjunto. Esqueceu o relógio. Passou-se uma hora, e a mulher que lá estava, que outra não era senão a esposa de Diego Rivera, Lupe Marin, não suportando mais a intrusa, aproximou-se da jovem, convidando-a a sair. Como Frida não se mexesse, não se dignando a responder e nem mesmo a olhar para sua interlocutora, Lupe Marin ficou muito agastada. "Ora vejam só, pensou, não faz caso do que lhe dizem. Que insolência na sua idade!" Frida acompanhava atentamente o pincel de Diego Rivera. Lupe Marin se aborrecia. O pintor só se interessava pelo que acontecia diante dos seus olhos. Lupe Marin continuava a insistir. Frida ficou obstinadamente imóvel e em silêncio.

Quando, por fim, ela resolveu ir embora, levantou-se sem fazer barulho, alisou a saia, esticou os braços e apanhou sua pasta colocada a seus pés, contendo os últimos vestígios da sua infância e alguns traços da sua adolescência: boneca de trapo, berloques, ossinhos, folhas secas, desenhinhos, lápis de cera esfarelados, cadernetinhas, livros, recortes de poemas. Pasta de estudante, bolsa de segredos, pesando no braço, Frida nunca deixava suas coisas.

A moça ficou cerca de três horas. Quando foi embora, disse apenas: "Boa noite".

Diego Rivera

Nas ruas de Coyoacán, que pareciam arder ao sol, Frida e suas amigas procuravam um sorveteiro.

– Estão ouvindo o sininho dele? Não está longe.

– Aqui!

Aproximaram-se do carrinho branco de duas rodas. Acima se destacavam em cores os letreiros: "abacaxi", "pêssego", "manga", "limão verde", "banana", "coco"...

Escolheram e pagaram, e, tomando seus sorvetes, tornaram a caminhar descontraídas, passeando ao acaso.

De repente, Frida disse:

— Sabem, eu teria um filho de Diego Rivera. (Disse isso com um ar desligado, inconsequente, saboreando o sorvete, sem nem olhar para as amigas. As outras se viraram para ela, assombradas.)
— Você ficou louca, coitada.
— Você está falando de um príncipe encantado!
— Um gênio vale mais do que um príncipe encantado... E quem disse que não é um príncipe encantado *e* um gênio?
— É um gigante, você quer dizer!
— Não há muita diferença entre um gigante e um príncipe encantado. Tudo depende do sentido que se dá às palavras.
— Diego Rivera? É um excêntrico. Além do mais, dizem que ele adora mulheres.
— Tanto melhor — replicou Frida.
— Não se faça de idiota: ele ama *demais* as mulheres. Tem todas as que deseja.
— Além do mais, você sempre disse que queria ser médica, Kahlo. Os artistas amam somente os artistas... Parece que você não vai ser do ramo.
— Ora, isso não quer dizer nada. Quanto ao filho, é só eu conseguir convencê-lo a cooperar. Quanto ao resto... Amor? Essas coisas vão e vêm, todo mundo sabe disso... Hoje, ele não liga para mim. Mas um dia, vocês vão ver...
— No fundo, se isso que você disse é verdade, não é lá muito de admirar. Você é capaz de qualquer coisa, todo mundo sabe. Não há motivo para você mudar...

As moças deram risada. Frida acabou de tomar seu sorvete, imperturbável, reta como uma estaca.

Provavelmente não foi para Diego Rivera, nem para qualquer outro, que Frida escreveu o poema publicado, alguns meses depois, no *El Universal Ilustrado*, em 30 de novembro de 1922. Sem dúvida o escreveu como um sonho, pelo "amor do amor", um pressentimento de adolescente:

Eu sorria. Nada mais. Porém a claridade se fez em mim, e no mais profundo do meu silêncio.
Ele, ele me seguia. Como minha sombra irrepreensível e leve.
Dentro da noite, um canto soluçou...
Os índios pareciam alongar-se, sinuosos, nas ruelas da aldeia.
Iam ao baile, envolvidos em sarapes[11], *depois de beberem mezcal.*
Uma harpa e uma jarana[12] *por toda música, e por toda alegria, as morenas sorridentes.*
Ao longe, por trás do Zócalo, o rio cintilava. E ele se escoava, como os minutos da minha vida.
Ele, ele me seguia.
Acabei chorando. Encolhida a um canto do pórtico da igreja, protegida por meu rebozo[13] *de* bolita[14], *alagada em lágrimas.*

Frida não era o que se chama de uma aluna excelente. Sua sede de ler, de aprender, permitia-lhe ser boa em todas as matérias sem ter de estudar demais. Mais do que tudo, inclusive passando pelos livros, Frida se interessava pelas pessoas em geral, e por seus amigos em particular.

Seu preferido? Alejandro Gómez Arias. Esse jovem, pouco mais velho do que ela, burguês, inteligente e culto, gozava além do mais da fama de orador; era admirado e respeitado. Tornou-se pouco a pouco o melhor amigo de Frida. Estavam quase sempre juntos e tinham

---

11 Espécie de poncho.
12 Guitarra pequena.
13 Estola.
14 Fio de algodão.

orgulho de uma amizade que espantava seus colegas, mais levados por sua idade a "se amarem por amor" do que a "se amarem por amizade", segundo as expressões consagradas.

Qualquer insinuação sobre outra coisa que não a sua amizade "pura" era suficiente para Frida estourar de ódio, como se tivessem atentado contra o que ela possuía de mais profundo.

No entanto, talvez contra sua vontade, o amor sobreveio... com Alejandro.

O primeiro amor chegou de mansinho. Não o ouvi e nem o vi chegar. Invadiu-me aos poucos, instalou-se em mim um momento antes de lançar sua flecha de Cupido na minha consciência. Antes que eu tivesse tempo de perceber sua presença. Antes de identificá-la, antes de confessá-la a mim mesma. Ele era meu melhor amigo.

A passagem para o amor se operou à minha revelia. Como a superposição acidental de dois negativos fotográficos.

De repente comecei a pensar só nele, cada vez que meu espírito se libertava de suas pequenas preocupações cotidianas.

Ele era, antes de tudo, extremamente belo. Concordo em que a aparência não é o que existe de mais importante num indivíduo. Mas não posso negar que sua imagem, seu rosto, suas expressões, seus gestos eram o que me vinha primeiro à mente. E é ainda hoje, quando penso nele. Ninguém me contradirá: a imagem precede o pensamento.

Na Idade Média, admitiam sem discussão que "um fogo emanava dos olhos, se comunicava pelo olhar e descia até o coração". Li isso em algum lugar. E acredito. Seus olhos eram pretos, muito bonitos.

Seu ser respirava um certo romantismo, muita sensibilidade e sensualidade. Falava extraordinariamente bem: dizia coisas apaixonantes e sabia comunicá-las. Com brio. Tinha todo um público, ao qual fazia jus, que ele sabia também maltratar com mordacidade, conforme a ocasião.

Além disso, era muito refinado e elegante. Um pouco altivo, decerto, mas isso lhe assentava tão bem, que ninguém poderia reprovar, muito menos eu. Um lado um pouco espanhol, *caballero*[15].

Eu só pensava nele.

Tinha a impressão de que o coração ia me sair do peito quando olhava para ele, e mais ainda quando seus belos olhos pousavam em mim. Eu tentava decifrar algum código amoroso no menor lampejo de sua íris, no mais insignificante piscar de seus cílios.

O que acabo de dizer não é totalmente verdade. O ritmo cardíaco se acelerava, mesmo quando ele não estava presente: logo que sua imagem me enchia a cabeça, que o desejo de vê-lo se movia, como ondas, dentro do meu corpo, quando lhe escrevia uma carta ou esperava uma palavra sua, quando lia um livro que ele havia me recomendado ou olhava a reprodução de um quadro de que me havia falado, quando tentava me aprofundar na reflexão sobre os temas que ele tinha desenvolvido uma hora antes, quando alguém simplesmente pronunciava o seu nome.

Acredito que foi com a descoberta dos batimentos do coração, essas pulsações tão fortes, carnalmente reais, que eu reconheci o amor.

Primeiro me defendi. Sentia-me tola, pois já não existia por mim mesma. Ao mesmo tempo acompanhada e desarmada. Uma inverossimilhança para o meu orgulho. Expulsava-o do meu espírito por mil meios, percorria labirintos interiores abarrotados de entraves, de malefícios e de preces para evitar sua companhia. Voltava a

---

15 Cavaleiro. Hoje diríamos um "cavalheiro".

ser criança ou me projetava na minha vida de adulta com um ar desligado. Tratava-se, nem mais nem menos, de fugir do momento presente. Sem êxito. Ele não deixava de estar em mim, fundido a toda a minha pessoa, a todos os meus atos, a todas as minhas palavras. O que eu era na minha entidade parecia não existir mais senão para ele, dirigir-se somente a ele; quaisquer que fossem meus objetivos aparentes, eles se desviavam de mim. Eu me despersonificava e, por outro lado, uma força sobrenatural tomava conta de mim a cada passo. Uma verdadeira obsessão, um prazer irritante, excedendo as medidas. Uma muda de primavera, isso também, talvez. Era assim.

Quinze, dezesseis, dezessete anos...

> Mas que importa a eternidade da danação para quem encontrou em um segundo o infinito do gozo.
>
> CHARLES BAUDELAIRE

No verão, as coisas não têm o mesmo cheiro. Na Cidade do México, o calor, seco durante o dia, levanta um cheiro de poeira misturada com piche aquecido. Os vendedores ambulantes de alimentos desprendem bafos de frituras temperadas e de frutas que amadurecem ao sol. De tardinha, às cinco horas, chove e, debaixo d'água, tudo parece voltar à ordem, inclusive barulhos, cheiros, sentidos despertados desde a primavera.

Durante o verão de 1922, Frida completara quinze anos. Uma idade, na América Latina, considerada fundamental para as mulheres. As "festas de quinze anos" são muito difundidas, celebrando, tal como o batismo celebra a entrada na religião e na vida, a "entrada na sociedade como mulher".

Para Frida, os quinze anos foram marcados pela descoberta do amor. Paralelamente às primeiras emoções, e às primeiras cartas que se seguiram, ela foi perdendo aos poucos o seu ar de garoto frustrado.

Desde essa primeira experiência, Frida revela uma exigência amorosa que nunca mais deixará de lado. Longe dela as meias medidas. Em nada se parecia com as mocinhas ruborizadas que não sabem confessar seu amor quando ele transparece em cada um dos seus gestos. Logo que o fenômeno foi identificado, Frida não se muniu de nenhum ardil para expressar o que sentia e o que esperava.

Tinha fixado sua escolha em Alejandro Gómez Arias, o mais brilhante dos "Cachuchas", e nada do que pudesse constituir obstáculo a detinha no intercâmbio amoroso a que se inclinava.

Foi por essa época que ela começou a mentir sua data de nascimento. Como Alejandro tinha aproximadamente a mesma idade que ela, mas estava mais adiantado nos estudos, ela sentiu necessidade de rejuvenescer. Precaução intelectual, trunfo suplementar? Resolveu, na mesma ocasião, ortografar seu nome Frieda, e não mais Frida, afirmação adolescente de uma especificidade, de uma identidade. Consequência de seus amores, também, o jogo das mil e uma mentiras e trapaças a respeito da sua família, para viver com o mínimo de entraves a relação com Alejandro. Não que os pais Kahlo fossem intolerantes, isso não, mas os segredinhos permitiam uma proteção preventiva – nunca se sabe – contra eventuais crises familiares. E isso dava a sensação de viver mais protegida.

Seus encontros com Alejandro eram pois mantidos em segredo; ela esperava, igualmente, a sombra da noite, ou escolhia o anonimato de um lugar público para escrever suas cartas, sempre enfeitadas ou ilustradas com desenhos, impressões de beijos, sinais de reconhecimento, acompanhadas às vezes de fotografias – e para ler ou reler as respostas. Às vezes também usava Cristina como mensageira, mas esta nem sempre era confiável – pelo menos era o que Frida achava. Falta de confiança passageira em sua irmã, que o seu estado amoroso ampliava.

A correspondência ia muito bem e, aliás, durante toda a sua vida, Frida usava esse recurso para se comunicar com a família e os amigos.

As cartas para Alejandro contêm sinais desse amor absoluto ao qual ela aspira:

"(...) Bem, Alex, escreva-me muitas vezes e cartas mais longas, quanto mais longas melhor e, enquanto fico esperando, receba todo o amor de

Frieda."

"(...) Diga-me se não me ama mais, Alex, quanto a mim, eu o amo mesmo que você não me ame mais do que a uma pulga. (...)"

"(...) Mas mesmo quando vamos nos ver, não quero que você deixe de me escrever, e se você deixar não lhe escreverei mais, e se você não tiver nada para me dizer mande-me 2 páginas em branco ou repita a mesma coisa 50 vezes, isso me mostrará pelo menos que você pensa em mim...

Bem, receba muitos beijos e todo o meu amor.

Sua Frieda."

"(...) eu o saúdo e lhe mando 1000000000000 de beijos (com sua permissão) (...)"

Um dia, depois de ter comungado, Frida queixou-se de que estava crendo cada vez menos. De qualquer modo, confessou, os pecados que ela teria de contar eram tão enormes...

Passam o verão, o outono e o inverno. Passam dois anos. Os amores com Alejandro prosseguem.

1º de janeiro de 1925

responda-me responda-me responda-me responda-me responda-me
" " " " "
" " " " "
" " " " "
" " " " "

E se Alejandro manifesta ter tido ou ter uma ligação com qualquer outra pessoa, Frida logo declara que ama essa outra pessoa, pois ela ama tanto Alejandro que só pode amar da mesma forma quem quer que o ame também... Ela só lhe pede que não a esqueça.

Frida tem agora cabelos compridos presos num coque e usa meias e sapatos de salto alto, provas de uma feminilidade assumida. Ela tem caráter, é muito engraçada e expansiva. Não passa despercebida.

Seus pais lhe proíbem algumas saídas, mas a incentivam a ganhar dinheiro ao mesmo tempo que continua os estudos. Cheia de boa vontade, ela atende aos seus desejos, enquanto planeja partir para os Estados Unidos com Alejandro.

Como meus pais não eram ricos, tive que trabalhar em uma marcenaria. Meu trabalho consistia em controlar quantas vigas saíam a cada dia, quantas entravam, de que cor e qualidade. Eu trabalhava depois do meio-dia, e pela manhã ia à escola. Pagavam-me sessenta e cinco pesos por mês, dos quais eu não via nem um centavo.

Frida Kahlo

Às vezes ajudava seu pai no estúdio fotográfico, onde ele lhe havia ensinado a tirar e a retocar as fotos. Mas não tinha paciência para esse tipo de trabalho, minucioso demais para o seu caráter de então. Pleiteou, portanto, um emprego na biblioteca do Ministério da Educação.

– É genial – correu a dizer a seus amigos. – Como os livros cheiram bem, há paredes inteiras deles, vou aprender um monte de coisas... E, depois, as pessoas que vão lá não são imbecis, o que é muito bom. Preciso aperfeiçoar meus conhecimentos de datilografia e aprender a jogar meu charme. Não deve ser difícil...

Retomou sem demora o curso de datilografia que tinha interrompido algum tempo antes, mas a questão do charme foi um desastre. Uma funcionária da biblioteca achou de seduzi-la, e a coisa chegou aos ouvidos da família, que fez um escândalo. Frida ficou mortificada com isso e passou um mau momento; sobretudo, o emprego se foi. Ela começou a procurar um outro trabalho. Nada prejudicou o seu amor por Alejandro.

Era verão de novo.

– Tenho a impressão de que o calor torna as coisas mais densas, mas os caminhos se confundem – confiou ela a Cristina.

– Não se mexa, vou procurar um leque. Você não quer beber alguma coisa?

– Não, tudo bem.

Cristina levantou-se enquanto Frida continuava a se balançar na sua cadeira de balanço. Pensava no rosto de Arthur Schopenhauer, que dominava o estúdio do seu pai, por cima da escrivaninha.

"Será sempre o meu mestre para pensar", lhe dizia Guillermo. "Schopenhauer, 'o grande', como dizia Nietzsche, acertadamente... Pode-se dizer que eu sou profundamente ateu, mas algumas obras são para mim quase uma Bíblia. Mostram caminhos, ajudam a viver e a aprender a morte, orientam certos atos. É preciso achar sempre meios de aprofundar seu próprio conhecimento e o dos outros. É uma chave para se compreender o mundo. Não se pode viver sem tentar compreender, sem se esforçar para encontrar uma resposta para certas perguntas."

Guillermo já tinha voltado para casa, tocava pela terceira vez o mesmo trecho ao piano. Não por ter errado, mas por amor à música. "Mestre para pensar... achar uma resposta..." As palavras lhe voltavam entre acordes e arpejos. O rosto de Alejandro também flutuava na sua cabeça, e o seu sorriso, uma frase de Oscar Wilde, lido recentemente, fragmentos do seu futuro de médica, Alejandro novamente, o desejo de vê-lo...

A cada balanço da cadeira e entre dois chiados, as linhas de um poema de Ramon Lopez Velarde que ela estava lendo tremiam, embaralhavam-se diante dos seus olhos:

> *Assim atravessas o mundo*
> *o pé leve, e em uma transparência*
> *de êxtase teu perfil se desenha,*
> *e dizes: Caminho na clemência,*
> *sou a virgindade da paisagem*
> *e a embriaguez clara da tua consciência.*

Cristina, na soleira da porta que dava para o pátio, chamou a irmã:
— Mas afinal, Frida, entre logo, você está querendo tomar um banho natural?... Frida! Não está sentindo a chuva?

Frida finalmente reagiu, mas já estava toda molhada. Enxugou seu livro com a saia.

O aguaceiro caía, violento e morno. O céu, cor de chumbo, também parecia querer cair.

Evidentemente, não gosto muito de relembrar o acidente. Talvez porque desde então ele sempre esteve tão presente que é como se um pouco da sua dor escorresse em cada dia que passa, até o infinito. Minha vida não deixa de ser o decalque translúcido que foi colocado sobre sua imagem crua.

Relembrar... Certas palavras perdem o sentido, sim. Sentimos a necessidade de repensar no que quase esquecemos. O que está em nós para toda a vida não procede mais da memória, mas sim da evidência cotidiana. A lembrança não me vem mais ao espírito como tentaríamos reencontrar, agarrar uma imagem passada, para torná-la mais precisa no tempo. Meu corpo é todos os tempos confundidos.

Não é menos verdade que houve um começo. O para-lama fragmentado. O pesadelo ultrapassando o sonho, acabando com todos os sonhos. A imaginação ou o inconsciente contam pouco ao lado dessas devastações causadas pela realidade. A realidade pode ir muito além de todos os nossos sonhos, de todos os nossos pesadelos. De todas as nossas bugigangas, de nossas grandezas, mesmo, que nadam cegas em nossa mente em cinemascope.

E o mundo em torno torna-se insignificância. E o mundo interior torna-se indizível. Um urro rachando a parede do corpo a cada instante. A vida, essa obra-prima, em perigo permanente. Frida esquartejada em todos os sentidos, entre a vida e a morte. Um suplício chinês sem premeditação; Quetzalcoatl[16] reclamando o que lhe é devido, uma vítima nunca completamente morta, sempre ainda um pouco viva. Esquartejada, dizia eu. Mártir do século XX com os instrumentos da sua época. E, como carpideiras, as sirenes de ambulância.

O acidente em si mesmo? Dados, coincidências, talvez equívocos, e um cortejo de consequências. Uma folha de ocorrência, categórica como é um relatório policial, seguida de um mergulho no extremo do contrassenso. (Tal prescrição, tal risco, teria podido diagnosticar a medicina com toda a seriedade. Mas é só. Sua prática: o salvamento. Imperiosamente, mesmo atolado até o pescoço: o salvamento; vingativo.)

A cabeça não podia mais, desde então, responsabilizar-se pelo corpo. O corpo me afogou, cada uma de suas fibras culminou no monstruoso, ultrapassando as fronteiras do funcionamento que lhe cabia.

E a sensação, que desde então nunca mais me deixou, de que meu corpo concentra em si todas as chagas do mundo.

---

16   Principal divindade asteca.

Acidente

> Tudo se resume talvez em um pedaço de pano vermelho pregado em um muro branco de cal: farrapo de sangue ardente contra a prisão dos ossos.
>
> MICHEL LEIRIS

Fim do verão. Uma quente luminosidade nas ruas, uma certa suavidade no ar, um sopro de brisa. Na tarde de 17 de setembro de 1925, alegre como de costume, feliz também por estar em companhia de Alejandro, Frida entrou com seu "noivo" em um desses ônibus postos em circulação na cidade, havia algum tempo. Um ônibus com bancos de madeira envernizada em todo o seu comprimento, piso, portas e um painel de instrumentos, tudo também de madeira. Imagens de santinhos, terços, um escapulário, uma coroazinha de dentes de alho enquadrando o rosto de uma virgem, presos ao retrovisor para proteger contra qualquer acidente os que ali estavam. Um ônibus bem lotado, na hora em que, antes do sol se pôr, todos voltam para casa. Via Coyoacán.

Sentados um perto do outro, Frida e Alejandro se acariciavam com ternura, aproveitando os últimos momentos juntos antes de cada um seguir para o seu próprio lar. O trenzinho de Xochimilco chegava devagar sobre os trilhos que o ônibus se preparava para atravessar. O trenzinho não ia depressa, o ônibus talvez tivesse tempo de passar.

Talvez não.

O trenzinho não ia depressa, mas não pôde frear. Como um touro, ele era carregado por seu peso e seu impulso. Bateu no meio do ônibus e, sempre devagar, começou a arrastá-lo. A lataria do ônibus se enrugava aos poucos, sem, no entanto, ceder. Os joelhos dos passageiros de um banco tocavam os joelhos dos passageiros do outro. Pelas janelas quebradas, gritos jorravam daquele ônibus, que tomava, aparentemente sem dificuldade, a forma de um arco de círculo. De repente, voou em estilhaços e passageiros foram lançados para fora. O trenzinho, embora entravado, continuava avançando.

Os ônibus do meu tempo não eram de se confiar; começavam a circular e faziam muito sucesso; os bondes andavam vazios. Entrei no ônibus com Alejandro Gómez Arias. (...) Pouco depois, o ônibus e um trem da linha de Xochimilco se chocaram. (...) Foi um choque esquisito; não foi violento, mas surdo, lento, e atingiu todo mundo. E a mim mais do que aos outros. (...) Tínhamos tomado um primeiro ônibus; mas eu tinha perdido um guarda-chuva; descemos para procurá-lo e foi, por isso, que tivemos de tomar esse outro ônibus que me destruiu. O acidente aconteceu num cruzamento, na frente do mercado San Juan, bem na frente. (...)
Não é verdade que nos demos conta do choque, não é verdade que choramos. Não me veio uma só lágrima. O choque nos impeliu para frente e o corrimão me atravessou como a espada atravessa o touro.

Frida Kahlo

Alejandro ficou embaixo do trem. Levantou-se como pôde e procurou Frida com os olhos. Ela jazia sobre o que restara da plataforma do ônibus. Nua, coberta de sangue e de ouro. Imagem alucinante que fez algumas pessoas exclamarem: "A bailarina, olhem a bailarina!".

Como o toureiro ferido coberto de sangue e do ouro do seu traje brilhante em farrapos, Frida tentava inutilmente levantar-se: ao mesmo tempo touro trespassado pela espada e toureiro apanhado por um chifre.

Não sentia nada, não via nada; só pensava em recuperar suas coisas jogadas um pouco mais longe. Um homem que a via vasculhar enquanto Alejandro acorria mancando gritou:

– Mas ela tem alguma coisa nas costas!
– Sim, é horrível, estou sentindo...
– Deite-a ali, depressa... Vamos tirar aquilo dela... Não podemos deixá-la assim... Depressa... Devagar, garoto, ali... ali...

Alejandro a carregara nos braços até uma mesa de bilhar, que tiraram às pressas de um botequim. Verde, vermelho, dourado. O homem, sem perder por um minuto o sangue-frio, em uma operação selvagem e rápida, arrancou do corpo de Frida o enorme pedaço de ferro que o atravessava de lado a lado.

Quando ele o retirou, Frida começou a gritar tão alto que, ao chegar a ambulância da Cruz Vermelha, seu grito conseguiu encobrir a sirene.

Alejandro Gómez Arias

Alejandro estava lívido e tremia todo. Em mangas de camisa, sozinho no meio dos gritos, dos destroços, do vaivém das macas transportando feridos, e talvez mortos, paralisado nesse segundo tempo pelo horror do espetáculo, ele só podia dizer consigo mesmo: "Ela vai morrer... Ela vai morrer...".

No hospital da Cruz Vermelha, Frida foi imediatamente transportada para a sala de cirurgia. Os médicos hesitavam em agir; não tinham nenhuma ilusão: ela morreria, sem dúvida, durante a intervenção. Seu estado era desesperador. Era preciso avisar a família o quanto antes.

Matilde soube da notícia pelos jornais e foi a primeira a chegar. Não me deixou durante três meses, dia e noite ao meu lado. O choque afetou minha mãe de mutismo durante um mês e ela não veio me ver. Ao saber da notícia, minha irmã Adriana desmaiou. Meu pai sentiu tamanha tristeza, que caiu doente e só pude vê-lo vinte dias depois.

Frida Kahlo

Depois de ter visitado sua jovem irmã, Matilde insistiu para falar com os médicos. Pediram-lhe que aguardasse um pouco, numa sala de espera cinzenta e barulhenta, onde cada pessoa presente era presa de inquietação. Bebês choravam, mulheres idosas oravam, homens ficavam sentados, de cabeça baixa, com o chapéu colocado sobre os joelhos. Uma mulher amamentava o filho, outras conversavam descrevendo os seus males ou os males de pessoas íntimas, enfermeiras iam e vinham, repreendendo de passagem alguma criança inconveniente que estivesse brincando no chão ou correndo por todo lado.

– Fizemos o possível, senhorita – disse o médico a Matilde, voltando a sentar-se atrás da mesa.

– Desculpe-me, doutor, gostaria de saber qual é o estado dela.

– Ela vai tão bem quanto seu estado lhe permite. Não podemos fazer mais.

– O que o senhor quer dizer com "tão bem"? Minha irmã vai se recuperar?

– Não posso adiantar mais do que isso, senhorita. Estamos na expectativa, como você.

– Desculpe minha ignorância, doutor, mas não sou médica e meus meios para julgar o estado dela são limitados. Peço-lhe que seja franco.

– Escute, considerando a quantidade de ferimentos que ela sofreu, sua sobrevivência seria um milagre. Da minha parte, estou pessimista. Estamos fazendo o necessário, mas não posso fazer nenhuma previsão.

– É a sua última palavra?

– É a minha última palavra, por enquanto.

Matilde saiu para comprar algumas frutas antes de voltar à cabeceira da irmã. Como os outros membros da família estavam impossibilitados de ficar ao lado de Frida, Matilde tomou a decisão de ficar com ela o tempo necessário; não lhe faltou paciência, nem bom senso, nem vitalidade. Sua presença nesses momentos tão difíceis seria para Frida um precioso apoio e um incentivo. Reconfortante, calorosa, jovial, Matilde aliviou indiscutivelmente, durante os meses que se seguiram, os sofrimentos da irmã mais nova.

Frida, que estava com o corpo quase todo enrolado em ataduras, não parava de repetir:

– Matita, vou morrer. Acho que vou morrer.

– Frida... É duro, eu sei, mas você vai sair dessa. Tenho mais do que certeza. Quando retirarem as ataduras da mão esquerda, vamos olhar de perto as linhas. Decerto a linha da vida não deve parar aqui!

Frida sorriu e murmurou:

– Mmmm... até sorrir me dói.

– Temos que admitir que você está um pouco machucada, minha coisa linda.

– E o Alejandro?

– Está na casa dele. Não pode andar por enquanto, mas vai ficar bom.

– Temos que devolver o casaco dele... a enfermeira o arrumou quando eu cheguei aqui... Sabe, ele me cobriu com o casaco dele quando a ambulância chegou...

– Psiu! Caladinha... Eu sei, eu sei tudo isso.

– Meu rosto deve ser a única coisa do meu corpo que não foi atingida.

– Ainda bem, eu me pergunto como você faria se tivesse que segurar a língua, disse Matilde sorrindo com vontade, inclinando-se sobre Frida para beijá-la.

– ... e minha mente: estou com a mente sadia – tornou Frida. Você dirá que não é grande coisa... "*Perna de pau!*" Sim, vou acabar toda de pau... E os outros loucos que gritavam: "A bailarina!"... Era mesmo um despropósito...

– Um pacote de ouro em pó se espalhou por cima de você.

– Mmmm... Um pacote de desgraça, sim, é o que você quer dizer... Matita, acho que vou morrer... Vou morrer! Vou morrer... Não me queira mal... Não vou aguentar...

E ela começou a chorar lágrimas amargas.

Matilde fazia idas e vindas entre o hospital, a casa dos pais, para levar as notícias, pegar coisas, livros para Frida, e sua casa, onde trocava de roupa depressa, preparava uma pequena marmita, um bolo que Frida e ela comeriam mais tarde – pois a comida do hospital era intragável e insuficiente.

Foi Matilde que me levantou o moral: ela me contava histórias engraçadas. Era gorda e feia, mas tinha um grande senso de humor, que fazia rir todos os que estavam no quarto. Ela tricotava e ajudava a enfermeira a cuidar dos doentes.

Frida Kahlo

Os "Cachuchas" vinham visitar Frida e lhe traziam pequenos presentes, jornais, desenhos, sinais de seu afeto. As comadres de Coyoacán, as mesmas que viviam falando mal dela anos antes, começaram a desfilar à sua cabeceira, trazendo flores e todo tipo de mimos. Rezavam por ela no hospital, em casa delas e, certamente, na igreja, onde acendiam velas e depunham ex-votos, imagens representando todas as partes do corpo atingidas.

Nunca na vida Frida tinha sido tão querida, tão mimada. Moralmente, isso a ajudava. Fisicamente, as semanas passavam sem trazerem quase nenhuma melhora. Ela se queixava muito, principalmente das costas,

– O que você quer que eu diga, Frida – suspirava Matilde –, os médicos garantem que você não tem nada nas costas. Eles me disseram que é reflexo das outras dores. Garantem que a coluna vertebral não tem nada.

– Será que tenho que fazer um desenho para eles? Eu bem que sinto *onde* está a dor. Tenho dor nas costas! Parece que vou morrer! Médicos, ora bolas! São uns pobres diabos, isso sim.... Não sabem nada. Nada de nada...

O primeiro diagnóstico sério veio somente um mês depois do acidente, através de um médico novo, no momento em que ela deixava o hospital da Cruz Vermelha:

"Fratura da terceira e quarta vértebras lombares, três fraturas na bacia, onze fraturas no pé direito, luxação do cotovelo esquerdo, ferimento profundo no abdome, produzido por uma barra de ferro que entrou pelo quadril esquerdo e saiu pelo sexo, rasgando o lábio esquerdo. Peritonite aguda. Cistite precisando de sonda durante muitos dias."

Prescreveram então à doente o uso de um colete de gesso durante nove meses e repouso total, na cama, durante pelo menos dois meses depois da sua internação no hospital.

"E eles se achavam no direito de me repetir que eu derramava lágrimas de crocodilo, soluçava Frida. Crocodilos são eles!... Jacarés... Bichos insensíveis, cascudos ambulantes, ignorantes!"

Seguiu-se um período de pesadelos. Pedaços de frases martelavam o meu sono.

Recuem... A bailarina... Não se aproximem... Cuidado com a moça... Rápido, rápido... Mexam-se... Rápido... A bailarina! A bailarina! Imagens lancinantes por trás das minhas pálpebras, como que se movendo em águas pantanosas. Pesadas, gordurosas, colando-se à minha pele.

Eu, levantando-me após o choque, como uma sonâmbula, e sendo logo sugada pelo solo, debatendo-me, tornando a cair, voltando-me, tornando a cair... Enrijecendo todos os meus músculos para me levantar de novo, tentando me agarrar a um ferido que me empurrava... Tornando a cair, revirando como um brinquedo de borracha e, cada vez que meu corpo batia no chão, como uma bola, uma dor surda que não poupava nenhuma das minhas células... Levantando-me, caindo de novo, de novo e de novo.

Minha voz chamava Alejandro. Repercutia pelo eco em uma passagem cheia de ravinas. E, de repente, ele aparecia, mantendo-se de pé, ali, na minha frente. Imóvel, mudo. "Alejandro!" Eu fazia um gesto de apelo que ficava suspenso no vazio: meu corpo, mesmo com infinitas precauções, não conseguia se mexer, cravado pela dor ao leito metálico da Cruz Vermelha de São Jerônimo.

No meu sonho, meus membros se paralisavam e, tentando escapar a essa dormência, e a esse frio, eu me chocava contra a parede, deixando a marca do meu corpo, vermelho e dourado.

Pesadelos e mais pesadelos. Muitas vezes, eu era perseguida. Corria mancando, fugia para longe... Do quê? Da dor, das injeções de Sedol ou de cocaína, de uma náusea indescritível... Em meio a uma tempestade de lágrimas que dava vontade de vomitar. Ânsia de vômito em um planeta branco, clorofórmio, grades brancas de um leito de hospital, corredores que só levavam ao acidente...

Eu, a me erguer e cair de novo, a me revirar e recair, agarrando-me ao vazio... Escorregando sobre a plataforma que se desprendera do ônibus... Bola de nervos, borracha, rolando, rolando, toda dores... Correndo, descabelada, correndo, pobre coxa, correndo loucamente. Correndo para escapar à espada que ia me transpassar, ao ferimento aberto. Metal e carne. Correndo para tentar escapar à morte, simplesmente.

A bailarina! Ah, sim, andei girando nessas horas de sono glauco. Não Nijinski girando, "Pássaro de Fogo" alçando voo, não Ana Pavlova em uma tarde de abril de 1919 no Teatro Granat, exibindo sua arte em arabescos e fantasias sublimes, dizendo adeus ao México como uma deusa, magnífica. Não, bailarina Frida Kahlo, para vos servir, tendo fracassado numa vertigem que não conhece a falta de gravidade. Entre clorofórmio e cocaína, sangue e sangue, lágrimas e lágrimas. Dançarina? é a morte em torno do meu leito.

Muitas vezes eu disse e até escrevi: "Por que haveria eu de querer pés para andar, se tenho asas para voar!". Zombaria absoluta, irmã do desespero. Não tenho nem asas nem pés.

Bailarina? Agora, seria capaz de rir disso. Um desses risos atrozes e estridentes que fazem calar os que me cercam ou os fazem sorrir constrangidos.

Mas não tenho mais vontade de falar desses pesadelos. Chega.

A imagem no espelho

"Terça-feira 13 de outubro de 1925
Alex da minha vida, você sabe melhor do que ninguém como me senti triste naquela porcaria de hospital, você pode imaginar, ainda mais que os colegas devem ter-lhe dito. Todos eles me dizem para não ficar tão desesperada; mas ignoram o que representam para mim três meses na cama – é o tempo que tenho que ficar assim –, enquanto que durante toda a minha vida tenho sido uma menina das ruas de marca maior. Mas, o que fazer, a megera da foice não me levou. O que você acha? (...)

Friducha
ADORO VOCÊ."

"5 de novembro de 1925
(...) ... se você não vem, é porque não me ama mais, não é? Enquanto espero, escreva-me e receba todo o amor da irmã que o adora.

Frieda."

"5 de dezembro de 1925
(...) A única coisa boa que me está acontecendo é que estou começando a me acostumar a sofrer."

No dia 17 de outubro de 1925, Frida foi transportada para casa. Condenada não somente a ficar na cama, mas também a manter a posição deitada quisesse ou não. Por momentos, com muitas precauções, conseguiam enfiar-lhe alguns travesseiros atrás das costas e ela se mantinha três quartos deitada. Fosse como fosse, a posição sentada lhe era terminantemente proibida. Instintivamente, tentava se endireitar, mas a dor logo se manifestava, e ela rompia em soluços. Disseram muitas vezes que ela tinha o choro fácil; as circunstâncias não o desmentiam.

Para Alejandro, ela escrevia ainda, no outono de 1925:

"Você não faz ideia do quanto estou sofrendo, cada pontada me arranca litros de lágrimas. (...)"

Os médicos continuavam a "dar versões diferentes" para um mesmo sintoma e os cuidados eram elementares: banhos, compressas, massagens, e algumas injeções para aliviar as dores violentas demais. Entre diagnósticos aproximativos e uma família, nessa época, necessitada, não se podiam esperar cuidados mais sofisticados. Combinavam para dizer que, mais ou menos e progressivamente, Frida "ia melhor".

Sua transferência do hospital da Cruz Vermelha para casa teve como consequência o fato de que seus amigos da Escola Preparatória Nacional quase não vinham mais vê-la. Coyoacán era longe demais da escola e, para a maioria deles, longe demais de seus lares. E, depois, ela estava num estado tão lamentável...

Um dia, um "Cachucha" veio visitá-la, mas a família, achando que Frida estava doente demais, não o deixou entrar. A mesma desventura aconteceu num outro dia, quando Alejandro, restabelecido, foi polidamente despachado com a desculpa absurda: "Frida não está aqui". Desta vez, foi de raiva que Frida chorou. Um dos médicos dissera aos pais: "Ela precisa de ar e de sol". Pregada ao leito como ela estava, era uma das coisas mais difíceis para lhe dar. Além disso, durante esse período, a casa azul, em parte por causa de Frida, que dava aos seus tanta preocupação (Matilde mãe vivia nos horrores da angústia e manifestava um nervosismo insensato, Guillermo estava mergulhado em um silêncio do qual não saía mais, as irmãs Kahlo agiam sob tensão), morria de tristeza. Ela era, segundo as palavras do escritor Henry James falando da sua própria casa familiar, "tão viva quanto o interior de um túmulo".

Na cama, Frida tentava, no meio dos sofrimentos, passar a limpo suas ideias. Com toda a certeza, a primeira coisa a riscar eram seus estudos de medicina – e, sem dúvida, seus estudos de modo geral. O dinheiro engolido pelos tratamentos – por mais modestos que fossem – não dava para pagar uma nova matrícula na Escola Preparatória Nacional, nem as despesas de estudos que isso implicava. E, depois, como saber o que nela restaria de válido quando saísse desses longos meses de imobilidade? Aventava-se já a hipótese de que ela não poderia mais estender um dos braços, pois o tendão se retraíra. Quanto à perna mais atingida, ao baixo-ventre, às costas, não se podiam fazer previsões. Frida contava as horas de incerteza, de tormentos, esses meses em que – e, em certa medida, ela tinha consciência disso – uma parte maior do seu destino estava sendo decidida. Por momentos, a iminência do seu desaparecimento ainda lhe parecia plausível.

Quando todas as tentativas para se tranquilizar, para tranquilizar os seus, para se interessar pelas novidades de fora, para ler um livro, fazer ou receber uma brincadeira se revelavam inúteis diante da dor que a afogava sem piedade. Quando sentia que Alejandro se afastava, sob pretexto, conforme lhe tinham dito, de que ela tivera meses antes uma ligação com um tal de Fernández... Como, à distância, explicar-se com ele, como desviar ou desdramatizar os boatos que corriam a respeito dela, como lhe expressar seu amor, como retê-lo?

Desesperadamente, continuava a escrever a Alejandro sua paixão, a garantir-lhe que duraria para sempre, contra ventos e marés, quisesse ele ou não, quer a desejasse ou a rejeitasse sem qualquer consideração. Que, se fosse preciso, ela estava até disposta a mudar, a remodelar seu caráter, para que ele a amasse novamente.

Silêncio de Alejandro, mais algum tempo. Tristeza de Frida.

Contra todas as esperanças, ela se restabeleceu. Ou talvez seja mais justo dizer: ela sobreviveu. Em meados de dezembro, Matilde publicou em um jornal os agradecimentos da família Kahlo à Cruz Vermelha, que salvara sua filha.

"Graças a Deus, passaremos um Natal feliz, dizia Matilde a Cristina. Nunca poderemos agradecer suficientemente a Ele por tê-la salvado. Toda uma vida não bastaria." E ela incitou suas filhas a orarem, orarem muito e por muito tempo.

No dia 18 do mês, mais exatamente, Frida deu o seu primeiro passeio. Com o corpo ainda com ataduras aqui e acolá, fraco apesar do seu lado atlético, ela se plantou no ponto de um ônibus que ia para o centro da cidade. Sentou-se na frente e, a cada freada que sacudia um pouco todo mundo, seu coração se acelerava e ela se sentia desfalecer. Tinha medo de desmaiar, mas esforçava-se por controlar seu excesso de emoção, porque pensava que o pior acabava de ser vencido, que reaprender a vida de cada dia devia ser apenas uma formalidade.

Caminhou um pouco pela praça do Zócalo e pelas ruas em torno. Caminhava devagar, como se temesse cair. Nos dias anteriores, ela tinha dado alguns passos em casa e no jardim, mas foi só lá, no coração da Cidade do México, que ela começou a sentir cada um dos seus membros com precisão. Sentia cada músculo se estender, cada articulação funcionar, percebia cada um dos seus gestos como resultado das engrenagens da mecânica que era o seu corpo. Seu corpo lhe aparecia como uma máquina mágica. Ela flutuava pensando que os agraciados pelo milagre deviam sentir exatamente aquela leveza, o renascimento após o apocalipse, ser de novo resgatado das ondas assassinas da tempestade.

Frida estava feliz. Aspirava os odores familiares do Zócalo, olhava se os vendedores ambulantes não tinham mudado de lugar, de cores. Tudo estava inalterado, inclusive a mulher cega de um olho que, diante do montepio, pedia esmola, com sua saia de cetim verde rasgada, o tocador de realejo e sua roupa três-peças, que rodava a manivela do instrumento fechando os olhos e balançando o rosto redondo, a vendedora de frutas já cortadas em quatro e salpicadas de *chili*[17] que sempre chamava Frida de "*bonita*" e mostrava com os dedos, e nunca com palavras, o preço a pagar.

O céu estava cinzento, deslavado, mas ela sentia, como jamais sentira até aquele dia, que era bom viver. No patamar da catedral, comprou um pequeno coração de lata, um pouco maior que uma lentilha. Lá dentro, espetou-o com um alfinete a uma espécie de almofada chata de veludo, colocada perto da Virgem de Guadalupe, fazendo um pedido por ela e por Alejandro. Depois, acendeu seis velas: por ela, suas irmãs e seus pais. Ao sair, comprou mais um coraçãozinho.

---

17 Pimenta.

"Vou mandá-lo com uma carta, pensou. Mas primeiro vou dar uma esticada até San Rafael para ver se ele está em casa... De qualquer modo, o Chefe sabe que não volto para almoçar... Almoçarei com Agustina Reyna..."

"19 de dezembro de 1925
Alex, ontem fui à Cidade do México sozinha para caminhar um pouco; a primeira coisa que fiz foi ir à sua casa (não sei se foi boa ou má ideia), e fui porque queria mesmo vê-lo, fui às dez horas e você não estava, esperei na biblioteca até uma hora e um quarto e voltei à sua casa de tarde, por volta de quatro horas, e você ainda não estava, não sei onde poderia encontrá-lo, seu tio ainda está doente? (...)"

Naquela tarde, sua amiga Agustina contou-lhe que andavam dizendo que ela, Frida, não valia um vintém, e que não era recomendável frequentá-la. Frida retrucou que valia infinitamente mais que um vintém e que, se seus antigos amigos, por motivos tão obscuros e injustificados, não se dignavam mais a lhe dar confiança, tudo bem, ela encontraria pessoas à sua altura.

Mas, no fundo, sentia-se ferida, mais ainda do que pelos boatos que corriam a seu respeito – dos quais provavelmente o próprio Alejandro era o principal instigador –, pelo fato de ele ter podido retirar dela completamente o seu amor.

Sucediam-se cartas e cartas, em que ela pedia-lhe que nunca a deixasse sob pretexto algum, em que ela lhe suplicava que acreditasse na sua sinceridade, em que ela lhe garantia um afeto que o tempo não desmentiria, em que ela marcava todos os dias encontros aos quais ele não ia. No dia 27 de dezembro, ela lhe escreveu:

"(...) Por nada no mundo poderia deixar de falar com você. Não serei mais sua noiva, mas sempre lhe falarei, mesmo que você não me responda (...). Porque agora que você está me deixando, eu o amo mais do que nunca (...)."

O novo ano chegou, e não fez voltar o ausente. A primavera chegou pé ante pé, sem que nenhuma brisa trouxesse Alejandro. Frida, ainda em convalescença de um acidente que seus pesadelos noturnos tornavam sempre presente, sofria o contragolpe da "doença de amor": a tristeza do mesmo nome. Ela porém não podia aceitar. Defendia o seu amor, o embelezava, agarrava-se a ele, derramava-o em cartas intermináveis, esperava, não abandonava nada e oferecia tudo.

Apesar da mágoa, apesar de seu corpo esfalfado, ela não era só lágrimas, mas só forças. De um lado mostrava tesouros de energia para recobrar o ânimo, do outro, tesouros de ternura pelo ser amado.

Guillermo não cessava de repetir em silêncio que, na verdade, sua filha possuía uma vitalidade fora do comum. Quando ela nascera, ele tinha dito isso mesmo ao lhe escolher um nome. Também o reafirmara mais tarde, quando a criança era considerada agitada demais pelos seus familiares, seus professores ou até pelos vizinhos. Ele observava e sentia-se confiante: essa força e essa inteligência conjugadas sempre a fariam sair das dificuldades. Mesmo assim, era preciso render-se à evidência de que não conseguiria encontrar dinheiro suficiente para o tratamento e para os estudos de Frida. A saúde, imperiosamente, estava antes de qualquer outra coisa. Ele não sabia como a filha resolveria seus problemas futuros, mas tinha certeza de que ela faria da vida alguma coisa de que ele poderia orgulhar-se. "Ela não é como os outros, esse é o seu trunfo. Saberá tirar partido disso."

Certa manhã bem cedinho, Frida despertou. Ninguém na casa havia ainda aberto os olhos. Frida não conseguia dormir, talvez tivesse tido um daqueles sonhos maus, cuja lembrança afastava com todas as forças, mas que deixavam em seu corpo uma sensação de fadiga incomum desde as primeiras horas do dia.

Desvencilhou-se dos lençóis e levantou-se, sem fazer barulho. Com a camisola toda amarrotada, pés descalços, passou por perto de Cristina, que dormia com os punhos cerrados, atravessou a casa, abriu a porta que dava para o pátio e respirou profundamente o ar ainda fresco. Desceu os poucos degraus e foi se sentar ao pé do cedro da sua infância.

A terra estava úmida, alguns passarinhos cantavam no silêncio do amanhecer, naquela luz de camafeu. Frida encostou-se ao tronco nodoso. Arrepiou-se, enroscou-se um pouco em si mesma. Estava com vontade de chorar. *Lagrimilla*[18], a chamava Alejandro. "Talvez eu tenha choro fácil", pensava ela, "mas, ora, justifica-se! Se eu não tivesse nem mais força para chorar, provavelmente estaria morta. É isso mesmo, ainda tenho vontade de chorar. De alegria, de tristeza, eu mesma nem sei..."

Uma angústia a invadia lentamente, irreprimivelmente. Frida desenhava, na terra seca, formas geométricas com o dedo indicador. Então a ideia lhe atravessou o espírito como uma flecha: "O filho!". Sem dúvida, ela não poderia ter filhos. Uma questão que ninguém jamais abordava. Pelo menos na sua presença. Falavam-lhe da sua perna, das suas costas, do seu braço. Dos dedos do seu pé. De um problema urinário. Do seu futuro de estudante daí para a frente comprometido. Útero rasgado? Bacia em pedaços? Coisas que não eram suficientemente importantes para serem mencionadas. Ou pelo contrário.

---

18 Lagriminha.

Certamente disseram-lhe que o acidente a tinha feito perder a virgindade. E se empenharam em certificá-la quanto à gravidade do fato. Mas um filho? Seria possível concebê-lo, conservá-lo? Com o baixo-ventre destroçado como tinha sido? Assunto tabu. Frida entregava-se a tristes ideias. Não, ela não teria filhos. *Lagrimilla*, com justa razão. Depois, ela se conteve pensando que, afinal, nada ainda estava comprovado, que os médicos nunca sabiam o que diziam, que de nada servia antecipar as coisas assim e que, de qualquer maneira, na pior das hipóteses, pois bem, ela adotaria indiozinhos desamparados. Iria buscá-los nos confins do Quintana Roo[19], em uma aldeia perdida na floresta, ou então na região de Oaxaca, à beira do Pacífico, crianças que cheirariam a sal, a ventos abertos, nativos de Paraiso Escondido, por exemplo – anjinhos.

Não havendo certeza de nada, precisava, então, encarar o pior, precaução elementar para evitar surpresas más. "Acostume-se com a ideia de nunca ter filhos, será bem melhor para você."

O sol aquecia agradavelmente seus membros, que o contato com a terra esfriara. Levantou-se e se espreguiçou, voltou para dentro de casa. No salão, encontrou um cartão de pergaminho creme e uma caneta de pena que pertenciam a Guillermo. Instalou-se à mesa da cozinha e escreveu, com caligrafia floreada e primorosa:

LEONARDO
NASCIDO NA CRUZ VERMELHA
NO ANO DA GRAÇA
DE 1925 NO MÊS DE SETEMBRO E BATIZADO
NA CIDADE DE COYOACÁN NO ANO SEGUINTE
TENDO POR MÃE
FRIDA KAHLO

---

19   Um dos estados mexicanos. (N. E.)

POR PADRINHOS
ISABEL CAMPOS
E ALEJANDRO GÓMEZ ARIAS

Pôs o cartão num envelope, sem saber exatamente por que o havia escrito nem se ia mandá-lo. Em sua cabeça, as imagens se embaralhavam: o hospital da Cruz Vermelha e o acidente, um parto fictício, o possível ou impossível bebê, a roupinha do batismo que Matilde teria costurado, os abraços depois da cerimônia, as felicitações dos amigos, a curiosidade deles para conhecerem o pai da criança. "Segredo", dizia Frida consigo mesma, "segredo".

Matilde encontrou a filha com os cotovelos fincados na mesa da cozinha perdida em pensamentos.

– O que você está fazendo aí? – perguntou-lhe.

– Nada, vim beber um copo d'água.

Matilde olhou para ela, cética.

– Você podia ter posto o roupão.

– Mmmmm... já vou... vou me vestir.

– Você está se sentindo mal? Está com dor em algum lugar?

– Para não esconder nada, estou com dor em todo lugar.

– Frida, pare com isso! Com coisa séria não se brinca. Você está sentindo dor em algum lugar definido?

– Definido? Vejamos... O mais definido que eu poderia achar... bem que pode ser o coração. O coração está com spleen... O corpo talvez também...

– O que você está dizendo aí?

– Está na poesia francesa.

– Estou falando de coisas sérias, e você me vem com poesia!

– Vou me vestir... Vou estudar um pouco de alemão... e ler os livros de Proust. Faz uma eternidade que Alejandro me emprestou.

Enquanto se vestia, Frida pensava em empreender, de fato, a leitura de Proust. Diria a Alejandro, não lhe falaria mais de amor, falaria do que ele gostava, da Renascença italiana, de todos esses franceses, e dos autores russos...
Aproximou-se de Cristina, ajoelhou-se diante da sua cama, perto da cabeça adormecida sobre o travesseiro, e começou a cantar para ela:

> *Una paloma cantando pasa*
> *Upa mi negro que el sol abrasa*
> *Una paloma cantando pasa*
> *Upa mi negro que el sol abrasa.*[20]..

Cristina entreabriu os olhos, esfregou-os sorrindo, tornou a fechá-los. Frida continuou:

> *Ya nadie duerme ni hasta en su casa*
> *Ni el cocodrilo ni la yaguasa*
> *Ni la culebra ni la torcaza*
> *Coco cacao*[21]...

Cristina acabou sentando na cama, completamente acordada. Frida abriu as venezianas e se pôs na frente do espelho.
— Acho que nunca vou conseguir fazer direito essa droga de nó de gravata — disse ela.
— Também... que ideia de se vestir como homem!
— É tão romântico... Não vá me dizer que esse conjunto não é lindo... Olhe essas calças, esse coletinho... Espere um pouco, falta o

---

20 "Uma pomba passa cantando,
 De pé, meu negro, o sol está queimando..."
21 "Ninguém mais dorme, nem mesmo em casa,
 Nem o crocodilo, nem o pato selvagem,
 Nem a cobra, nem a pomba.
 Coco cacau..."

bolsinho do paletó... Eu me penteio com um coque divino e pronto...
Escute, Cristina, não vá me dizer que não é bonito ou...

— Claro, fica muito bem para você... Você ainda vai dar o que falar. E você vai fazer a mamãe urrar.

— Escute, a filha dela já sofreu o suficiente para merecer algumas compensações... Você acha que eu posso mandar para o Alejandro a foto que o papai tirou de nós, em que estou vestida assim, com a bengala?

— Você me faz cada pergunta! Enquanto fazia seu coque, segurando os grampos com os dentes, Frida se aproximou da fotografia que estava em cima da cômoda.

— Por mim, gosto muito dessa foto. Adri, a filha perfeita; Cristi, a coquete com seus pega-rapazes e o seu olhar encantador; Frida, a terrível; a prima Carmen, sempre um pouco acuada; o Carlinhos, que não sabe o que está fazendo numa foto com tantas moças...

— Deixe-me ver — pediu Cristina. — Antes que você acabe chegando à conclusão de que você é a mais bonita.

Frida começou a rir.

— Bem que poderia ser — disse ela. Mas só na aparência.

Alguns dias depois, Frida teve uma recaída. Era no fim do verão. 1926. Quase exatamente um ano depois do acidente, ela estava novamente imobilizada no leito. Constataram que estava com três vértebras deslocadas e complicações na perna direita. Prescreveram-lhe um colete de gesso por vários meses e um aparelho de prótese na perna.

Recomeçaram as horas de prantos e de gemidos e, nas primeiras semanas, foi de novo aquela loucura geral. Matilde estava nervosa, Guillermo calado, Frida se queixava do seu isolamento, Cristina era muito solicitada, Adriana e Matilde faziam o que podiam. Mas as exigências da dor iam além da melhor das boas vontades.

Pouco a pouco Frida se acalmou e, embora acamada, tornou a sentir gosto pela vida. Lia, escrevia cartas a seus amigos, enchia páginas com pequenos desenhos representando cenas da sua vida; desejos, emoções que ela associava sempre à sua correspondência. Brincava com as irmãs, amaldiçoava os médicos, que ela chamava de ladrões.

Seus momentos de desespero, vertiginosos, eram tão fortes quanto a única coisa capaz de contrapor-se a eles, impulsos de vida que deixavam atônitos os que a cercavam.

Frida lia Proust, como prometera a si mesma. Com as costas protegidas por um colete, mais ou menos escoradas por dois ou três travesseiros, ela mergulhava na sua leitura, tentava concentrar-se no texto apesar de todos os incômodos que estava vivendo:

E mesmo que eu não tivesse tempo de preparar as cem máscaras que convém afivelar a um mesmo rosto... minha ligação com Albertina bastava para me mostrar que era preciso representarmos, não fora, mas dentro de nós mesmos.

Eu o olhava, com esse olhar que não é apenas o porta-voz dos olhos, mas à janela do qual se debruçam todos os sentidos, ansiosos e petrificados, o olhar que gostaria de tocar, capturar, trazer o corpo que ele olha e com esse corpo a alma também.

Entre as frases, as páginas, os volumes, Frida refletia, esforçava-se por compreender, aproximar essa literatura de algo que ela pudesse conhecer. Antes de tudo, esses livros lhe pareciam como uma fotografia panorâmica, precisa, interminável. Ela o escreveria a Alejandro. Ou o desenharia.

Num desses longos domingos em que toda a família se reunia, Matilde entrou no quarto de Frida, seguida de Guillermo, de seu tio, de Adriana, de uma caixa de ferramentas e de grandes pedaços de madeira. Matilde tivera a ideia de transformar a cama comum de

Frida em um leito muito mais sofisticado, real: um leito com dossel. Removeram a enferma, e todo mundo se pôs a trabalhar com afinco. No mesmo dia, a cama nova ficou pronta. Atração principal da construção? Um espelho colado ao teto da cama. "Assim, minha filha, pelo menos você poderá se olhar", tinha dito Matilde, satisfeita com a sua iniciativa.

Quando Frida viu sua imagem no espelho, fechou os olhos, apavorada, já que não podia se virar na cama e evitar o reflexo. Com que devia ela se defrontar? Apenas com a sua imagem, achatada, com a arrumação do seu coque todas as manhãs, a desordem do leito onde se amontoavam cadernos, folhas soltas, lápis, livros, cartas, uma boneca de pano querida? Ou com seu corpo acuado por um colete, com seu rosto sério mascarando a dor, o ricto imobilizado para não romper em soluços? Achavam que ela, em face do seu duplo, iria sentir-se menos só?

Parecia-lhe que estava de repente ainda mais entregue a si mesma. Nenhuma escapatória possível. Logo que levantava os olhos, Frida olhava Frida, observava seu silencioso desespero, desabava sobre ela mesma. Frida sorria, Frida-espelho sorria também, apaziguada. Frida odiava-se por estar assim aleijada, o olho de Frida-espelho endurecia sem complacência. Frida morria de saudade de Alejandro, Frida-espelho se entristecia e empalidecia. Frida rabiscava algumas palavras num papel, Frida-espelho lia tudo por cima do seu ombro. Espelho implacável, companheiro *voyeur*. Presente, inevitável. Única solução para viver com ele: adotá-lo, de uma maneira ou de outra, aliciá-lo, tirar dele o melhor proveito. Encontrar um meio de juntos coabitarem, quebrar a cabeça, mas encontrar.

O espelho! Carrasco dos meus dias, das minhas noites. Imagem tão traumatizante quanto os meus próprios traumas. A impressão incessante de ser apontada com o dedo. "Frida, olhe para você." Já não há mais sombra verdadeira onde se esconder, já não há covil de feras para onde se retirar, entregue à tristeza, para chorar em silêncio sem marcas na pele. Dei-me conta de que cada lágrima cava um sulco no rosto, mesmo que ele seja jovem e liso. Cada lágrima é uma fragmentação da vida.

Eu perscrutava meu rosto, meu gesto mais insignificante, a dobra do lençol, seu relevo, as perspectivas dos objetos espalhados que me cercavam. Durante horas e horas, sentia-me observada. Eu me via. Frida dentro, Frida fora, Frida por toda parte, Frida ao infinito.

Não fora uma brincadeira de mau gosto da minha mãe. Muito pelo contrário: na sua maneira de sentir, era uma ideia engenhosa, útil. Eu não tinha coragem de censurá-la. Eu precisava conviver engolindo em seco para abafar meu desprazer, violento.

Havia muito tempo que eu adquirira o hábito de representar nas minhas cartas cenas da minha vida diária, meus desejos. Meus amigos sempre me diziam, desde a escola: "Outra vez garatujando!". Desenhar, não, não mesmo, eram de fato garatujas.

Mas, de repente, ali, sob aquele espelho opressor, tornou-se imperioso o desejo de *desenhar*. Tempo eu tinha, não mais apenas para fazer traços, mas para lhes inculcar um sentido, uma forma, um conteúdo. Compreender deles alguma coisa, concebê-los, forjá-los, torcê-los, desatá-los, amarrá-los de novo, avivá-los. À maneira clássica, para aprender, eu utilizei um modelo: eu mesma. Não era fácil, por mais que sejamos o nosso modelo mais evidente, também somos para nós mesmos o modelo mais difícil. Achamos que conhecemos cada fração do nosso rosto, cada traço, cada expressão e, então, tudo se desfaz sem cessar. Somos nós *e* um outro, acreditamos saber-nos na ponta da língua e, de repente, sentimos nosso próprio envoltório fugir, ficar completamente estranho ao que ele envolve. No momento em que sentimos que não suportamos mais nos ver, percebemos que a imagem, em frente, não é nossa.

Fui muito questionada quanto a essa persistência no autorretrato. Primeiro, não tive escolha, e acho que esse é o motivo essencial dessa permanência do eu-modelo na minha obra. Ponham-se cinco minutos no meu lugar. Acima da cabeça, sua própria imagem, e mais precisamente seu rosto, o corpo ficando geralmente escondido sob os lençóis. O seu próprio rosto, portanto. Obcecante, quase extenuante. Ou a obsessão o devora, ou você a enfrenta. É preciso ser mais forte do que ela, não se deixar engolir. Ter força, destreza.

Da maneira mais acadêmica possível, fiz de mim meu próprio modelo, meu tema de estudo. E me apliquei.

Meu pai levou-me bisnagas de tinta e aos poucos fui passando do esboço à cor. A cor tornou-se indispensável para mim. Era talvez simbólica, naquela sombra no meio da qual minha vida, luzinha bruxuleante, tentava ainda abrir um caminho. A cor foi uma real descoberta, uma alegria absoluta. O mundo se iluminava. Meu tempo tomava uma outra dimensão. Não há como negar: a arte tem necessidade de tempo. Para refletir, para trabalhar, para aprofundar. Eu dispunha, portanto – presente do acidente! –, desse fator, senão indispensável, pelo menos precioso: lazer para trabalhar à vontade, no meu ritmo.

Nunca, até então, tenho lembrança de haver pensado em pintar. Queria ser médica. Quanto à pintura, interessava-me por ela como todos os "Cachuchas": ela fazia parte de um universo cultural que tínhamos o cuidado de assimilar. É verdade que eu tinha experimentado um real prazer ao observar Diego, por exemplo, pintar o mural da Escola Preparatória Nacional. Era fascinante, grandioso. Mas daí a eu mesma pintar...

Eu tinha que aprender tudo sobre a técnica. Aliás, não sei até hoje se, de fato, a aprendi. Na verdade, apliquei-me muito, com paciência e minuciosamente. Não copiei nada nem ninguém. Tudo é visto por mim. Clara e incisivamente, como num caleidoscópio.

Naquela época, eu tinha resolvido ler Proust. Fiquei muito impressionada pela maneira como ele falava de Zípora, a filha de Jetro, representada por Botticelli, que se encontra na Capela Sistina. Eu tivera a curiosidade de procurar uma reprodução do afresco em um livro. Durante muito tempo, contemplei esse rosto, ligeiramente inclinado, de emocionante beleza. O escritor fazia um paralelo entre o rosto pintado e o rosto da mulher amada. Eu compreendia, e como, a importância de um rosto. Mais do que nunca. Um rosto é uma chave. Um rosto diz tudo. Foi uma revelação, acho que essa é a palavra. Devo muito a essas linhas do escritor francês, a esse rosto de Botticelli. Interferiram na minha imagem no espelho, como elementos sagrados. Uma confirmação. A corrente estava fechada.

Meu primeiro quadro foi para Alejandro. Evidentemente.

Eu me represento, busto e rosto, altiva, sóbria, calma, séria. Refinada, serena, nada transparece da tumultuosa Frida. Olho para o espectador, na ocasião Alejandro, eu o espero. Por trás da tela escrevi:

Frieda Kahlo com a idade de 17 anos
em setembro de 1926. Coyoacán
Heute ist Immer Noch[22].

Acrescentei-lhe um bilhete em que lhe dizia que ele tinha ali seu "Botticelli". Pedia-lhe que cuidasse dele, colocasse-o em um bom lugar, olhasse para ele. Uma maneira ingênua de chamá-lo de volta, a ele, o esteta.

Portanto, não quebrei o espelho que num primeiro momento me havia torturado tanto. Minha própria integridade teria, com isso, sido pulverizada. E levando mais longe ainda a análise, ao pintar a minha imagem não fiz apenas refleti-la, mas colei de novo a outra imagem, a realidade do meu corpo – essa, verdadeiramente quebrada.

Roubei a imagem do espelho, a ele que quase me privara da minha identidade, de tanto me perseguir, de tanto me questionar o tempo todo.

---

22 "Hoje ainda é."

Europa, sonho distante

E, sem prestar muita atenção nisso, comecei a pintar.

Frida Kahlo

Quando Frida pintou o seu primeiro quadro, presente de amor a Alejandro, tinha dezenove anos.
A pintura nela não nasce, portanto, do que se chama uma "vocação precoce". Surge sob uma dupla pressão: um espelho que, acima da sua cabeça, a importuna, e, bem no fundo de si mesma, a dor que vem à tona. Dois elementos essenciais conjugados... e vem a pintura. Laboriosamente, docemente, ela aflora.
A iniciativa de Matilde é aperfeiçoada. Uma espécie de prancheta de desenho, suspensa por cordames ao teto do leito, vem completar o uso do espelho. É graças a esse estratagema audacioso que Frida, de colete, com deficiência de movimentos, quase paralítica por ordem médica, trabalha em seu quadro.
Cuidadosamente executado, esse primeiro autorretrato faz dela a imagem de uma jovem perfeita. Bela, impassível mas presente, usando um vestido cor de vinho com gola-xale bordada, ela olha diretamente dentro dos olhos do espectador. Sua mão direita, fina, alongada, destacando-se para a frente do quadro, é pura como marfim. Frida parece oferecê-la a quem quiser pegá-la. Um convite a Alejandro.
O quadro não pode passar ao largo da sensibilidade artística do jovem. Atinge o ponto certo. A obra, surgida de um dia para o outro,

da sombra, tal como um diamante, brilha com um brilho pessoal, raro, inesperado. Após um longo período de indiferença ostensiva, embora talvez só aparente, a pintura de Frida serve para reatar uma relação que ela não suportava ver rompida. Alejandro olha para aquele presente pouco comum, dádiva total; ele o emociona, é aceito. A mão oferecida é tomada pelo destinatário.

Todavia, Frida não pode se mexer da cama e Alejandro está longe geograficamente, mergulhado em suas ocupações. Mas o laço, durante algum tempo afrouxado, volta a ligá-los, irresistivelmente, apesar da distância.

Assim se passou o último trimestre do ano de 1926. Frida acuada em seu leito, Alejandro, pelo menos, simbolicamente, mais presente. Frida e suas cartas, suas horas de espera, suas esperanças, seus impulsos de alegria excessiva que tentavam dar um paradeiro a sofrimentos e dores, sua pintura que nasce com cuidados, ternura, força. A vida é vivida sem maiores preocupações com o amanhã, sem que se ouse formular qualquer projeto para o futuro.

Pouco antes do Natal, na hora do almoço, ao tentar acomodar-se melhor na cama, Frida ficou desvairada:

– Mamãe! Mamãe! Não estou sentindo mais nada...
– Como assim? O que você quer dizer com isso?
– Não estou sentindo nada no braço, na perna, no corpo...
– Está formigando?
– Nada, não sinto nada... está morrendo, tenho certeza disso.
– Vamos, Frida, um pouco de bom senso... Eu já volto.

Matilde enfiou um casaco e correu até a casa de uma vizinha para lhe pedir que chamasse o médico, depressa. Estava com lágrimas nos olhos e torcia as mãos ao falar, a preocupação a transtornava.

O médico chegou logo. Todo o lado direito da doente estava profundamente entorpecido, sem reação. Ele fez massagens, aplicou injeções. Passou-se uma hora, hora e meia, intermináveis. De repente, uma sensação de formigamento invadiu o corpo de Frida. O médico fez mais massagens, o que não era nada fácil com aquele colete e o aparelho ortopédico na perna.

– Meu Deus, como está picando! – exclamou Frida.
– Tudo está irrigado, como sabe, nada morre tão facilmente assim – disse o médico.
– Mas por que acontece uma coisa dessas?
– Sabe, é normal, com todo esse tempo de imobilidade que o seu corpo está vivendo.
– Isso vai me acontecer muitas vezes?
– Não sei... é o tipo de coisa que é difícil saber.

A sensação não se reproduziu.

O ano de 1927 começou com uma viagem de Alejandro a Oaxaca. Frida lhe escreveu:

"8 de janeiro de 1927
Traga-me um pente de Oaxaca, se você puder, daqueles de madeira, está bem? Você vai dizer que sou muito pedinchona, não é?"

Ao voltar dessa viagem, Alejandro partiu para a Europa, sem esperar mais nada. Uma longa estada, por decisão dos seus pais, cujo objetivo confesso era que ele prosseguisse lá seus estudos, e o objetivo não confesso era que ele ficasse afastado de Frida, original demais para o gosto deles – e, ainda por cima, aleijada.

Frida suportou o choque, impotente para reagir, sem poder se mexer, só chorar, mais uma vez. E ela possuía aquele orgulho inquebrantável, que, passados os primeiros momentos de reação violenta, devolvia-lhe uma expressão de dignidade total. No entanto, ela sonhara partir com Alejandro para os Estados Unidos e talvez para outros lugares. Alejandro partindo só, uma grande parte do seu mundo adolescente se fez em ruínas.

Alejandro tomou o navio, em Veracruz.

Frida, imediatamente, começou a lhe escrever longas cartas, testemunhos únicos do que ela era e vivia.

"10 de janeiro de 1927

Estou me sentindo mal, como sempre, você bem sabe como tudo isso é aborrecido, não sei mais o que fazer, faz mais de um ano que estou neste estado, e não aguento mais todas essas doenças, como uma velha, não sei como vou estar quando tiver trinta anos, você vai ter de me embrulhar o dia inteiro em algodão e me carregar, porque não vai ter jeito, como eu já lhe disse um dia, de me pôr num saco, eu não entraria nem a paulada (...) Estou me chateando buten buten[23]*!!!!!! (...) Sonho todas as noites com este cômodo que me serve de quarto, e, por mais que procure, não sei como tirar da cabeça a sua imagem (que aliás a cada dia parece mais com um bazar). Bom! que fazer, esperar e esperar... (...) Eu, que tantas vezes sonhei ser navegante e viajar! Patiño me responderia que é* one *ironia da sorte. Hahaha! (não ria). (...) Enfim, afinal de contas, conhecer a China, a Índia e outros países vem em segundo lugar... primeiro, quando você volta? Acho que não vai ser preciso lhe mandar um telegrama dizendo que estou agonizando, não é? (...)"*

---

23 Muito, estupendo.

"10 de abril de 1927
Além de todas as coisas que me afligem, minha mãe está doente também, meu pai não tem dinheiro, eu sofro, sem mentira, porque até Cristina não me dá mais atenção (...)."

"25 de abril de 1927
Ontem, eu me senti muito mal e muito triste, você não pode imaginar o desespero em que a gente mergulha com esta doença, eu sinto um mal-estar medonho que não posso exprimir e, além do mais, acompanhado às vezes de uma dor que nada alivia. Hoje iam me colocar o colete de gesso, mas isso vai ter que ser adiado para terça ou quarta-feira, pois meu pai não teve os meios – isso custa sessenta pesos –, mas não é tanto uma questão de dinheiro, eles poderiam muito bem arranjá-lo; mas, principalmente, porque, em casa, ninguém acredita que estou doente de verdade, nem posso falar nisso porque a mamãe, que é a única que se preocupa um pouco, logo fica doente e dizem que a culpa é minha (...). Sou, portanto, a única a sofrer, a me desesperar e tudo o mais. Não posso escrever muito pois mal consigo me curvar, não posso andar porque minha perna dói terrivelmente, estou cansada de ler – não tenho nada de bom para ler –, não posso fazer outra coisa senão chorar e, às vezes, nem isso posso fazer (...)."

Um colete atrás do outro. O novo lhe foi colocado no Hospital das Senhoras Francesas. Foram necessárias quatro horas para realizar a operação. Quase pendurada pela cabeça, para esticar bem suas costas, a tal ponto que ela ficava na ponta dos pés, a colocação do colete foi um martírio para Frida. O gesso, úmido, era moldado no próprio corpo, um ventilador zumbindo servia de secador.

Quatro horas de sofrimento extremo, e ninguém da família tinha autorização para ficar com ela. Frida fechava os olhos, mordia o lábio inferior até sair sangue, achava que ia arrebentar, simplesmente, que dela só restariam pedaços espalhados, corpo e gesso misturados pelo chão.

À uma hora da tarde, ela saiu do Hospital das Senhoras Francesas. Sua irmã Adriana a levou para casa. O colete ainda estava úmido.

O novo colete, tão esperado, torturou Frida, no começo, mais ainda que os anteriores. Além de lhe causar dores, dava-lhe a impressão de que seus pulmões não tinham mais espaço para respirar, fechados como estavam. Não conseguia tocar na sua perna direita. Não podia andar. Não podia dormir.

Ela se desesperava, emagrecia a olhos vistos.

As pessoas da casa não eram mais alegres. Guillermo tinha crises de epilepsia, Matilde também começou a ter "crises" repetidas, cujos sintomas eram os mesmos do marido. A situação financeira era a pior possível. Estava longe aquela casa azul florida.

Frida estava tão esgotada que dizia, para quem quisesse ouvir, que ia morrer, se na hora de lhe tirarem o colete ela tivesse que sofrer tanto.

Apesar de tudo o que ela suportava, não abandonou a correspondência com Alejandro. De certa forma, ele a ligava com a vida, sua existência lhe dava esperança, coragem. Ela lhe escrevia todas as semanas, às vezes todos os dias. Contava-lhe das suas leituras do momento (Jules Renard, Henri Barbusse), dos seus projetos de pintura logo que pudesse mover-se um pouco melhor, sentar-se, levantar-se da cama que ela chamava "esta caixa", "este caixão de defunto", universo fechado sobre ela mesma.

Uma noite, de volta do trabalho, depois de ter jantado e tocado piano como de costume, Guillermo entrou no quarto de Frida.

Ela pôs de lado um livro, aberto, e olhou para o pai.

– Então, como vão os negócios, grande homem?

Guillermo fez um gesto evasivo com a mão. Sentou-se na beira da cama.

– Minha filha, logo que você melhorar, prometo que vou levá-la para viajar. Depois, vamos nos ocupar do seu futuro.

Os olhos de Frida brilharam.

– E com que dinheiro, posso saber?

– Quando você melhorar, muitas despesas terminarão. Esse é o meu cálculo.

– Por mim, não quero outra coisa. Finalmente, sair desta prisão!... E para onde vamos?

– Para o interior do México, para onde você quiser.

Guillermo levantou-se e se aproximou do retrato de um jovem, ainda fresco, colocado sobre uma cadeira ao lado da cama.

– É o retrato do "Chon Lee", um colega – disse Frida.

Guillermo observou-o com atenção.

– Então? – perguntou Frida.

– Eu estava pensando no tempo em que lhe ensinava fotografia... Você não tinha nenhuma paciência, mas agora está mostrando que tem, quando você pinta.

Frida sorriu, procurou uma resposta.

– É porque na fotografia não tinha cor. Ao passo que aqui... Não posso negar que gosto muito.

Guillermo tornou a sentar-se na cama.

– É uma resposta, de fato, mas não sei se é a certa.

– Suponhamos que seja a certa.

– Suponhamos.

Ficaram um momento em silêncio. Frida tornou a falar:

– Quanto ao meu futuro, sabe, não precisa preocupar-se demais. Agora, não vejo o que poderia fazer, a não ser pintar.

– Ah! ah! – fez Guillermo, irônico.

– Como artista...

– E você vai se alimentar de quê? De azul cobalto e amarelo canário?... Alguns pigmentos aqui e ali bastarão como vitaminas para essa *liebe* Frieda?

– Eu me viro, papai, palavra de honra.

Guillermo não continuou o diálogo. Perguntou à filha se ela precisava de alguma coisa para a noite, e, como ela respondeu que não, afastou-se depois de tê-la beijado.

Fazer uma viagem, sair do quarto de doente: o sonho. Frida tinha vontade de pular de alegria, de correr e gritar para todo mundo, por toda parte... Mas a própria vontade causava pontadas. A emoção parecia ser proibida. Frida se concentrou, tratou de conter suas emoções dentro do colete. Respirou profundamente, e em cadência, até descontrair todo o corpo. Então, seu espírito se pôs em marcha.

Para onde ir? Para o mar, sem dúvida. Para experimentar a sensação de partir para um país distante. Portanto, ver um porto. Lado do Pacífico? Não, era pouco provável que algum dia ela embarcasse para o Japão. Era evidente: seria Veracruz. Para sonhar com a Europa, esse dédalo de países e de riquezas diferentes uns dos outros. Para tentar reencontrar o que o pai tinha sentido ao vir da Alemanha. Para tentar reviver o que Alejandro tinha experimentado, alguns meses antes. E que ela viveria um dia, por sua vez.

Frida tornou a fechar o livro, depois apagou a luz. Mas não adormeceu; continuou a sonhar acordada, noite adentro.

Eu já não achava que ia morrer. Ou, digamos, visualizava-o menos do que alguns meses antes. A morte não tecia mais o fio das minhas horas cotidianas, dissolvera-se na dor que eu suportava, no incômodo que me causava o simples fato de não ser livre em meus atos, de não poder me mexer e sair ao meu bel-prazer, de quase nada poder fazer sem a ajuda de alguém. Dependência dos outros, insuportável, e permanente esgotamento: um fardo para mim mesma. O medo pânico da morte era relegado a segundo plano, decerto, mas eu chegara ao fim das minhas forças. E, nesses momentos, sim, eu desejava morrer. Existe uma diferença entre temer e desejar alguma coisa, a imagem oscila na cabeça. Num caso, constroem-se fortificações, no outro o biombo cai sozinho... Não sei, eu não acabaria nunca de dissertar sobre essas questões...

Quando eu não acreditava mais nisso, o céu se aclarava de repente, quando tudo me parecia possível, o horizonte escurecia como para uma horrível tempestade. Da luz à chapa de chumbo, da chapa de chumbo à luz. O desequilíbrio, a não ser que seja justamente o equilíbrio.

Alejandro, durante toda essa época, me aparecia como se fosse, no fundo, o único elemento que me ligava à vida. Mas ele estava longe. Eu me agarrava a ele com mais força ainda. Longe. Foi-se embora sem dizer nada, como um ladrão – ou para evitar entre nós uma cena lancinante, penosa (vá, deixemos às coisas terríveis o benefício da dúvida). Tomei conhecimento uma manhã, ao despertar, por uma carta dele que Cristina deixou negligentemente na cabeceira da minha cama. Ai. Só havia isso: ai. Tudo se resumia nessa palavra, que eu teria querido gritar interminavelmente. Aaaaaaaaaai. Febril, eu esperava a sua volta de uma viagem que ele fizera a Oaxaca, e eis que eu tomava conhecimento de sua partida para a Europa. Aaaaaaaaaai até que ele me ouvisse em qualquer lugar onde estivesse.

Os projetos de viagem que fazíamos juntos, se eu chegava a duvidar que se realizassem um dia, não me deixavam em nada pressagiar que Alejandro ia partir. Ou talvez, sobrevivente, eu estivesse cega: ele era tão vital para mim, como eu poderia imaginar seu afastamento?

Na carta, ele me dizia que só estaria ausente quatro meses, mas eu temia que ele estivesse mentindo para me poupar tormentos suplementares. No fundo, ele acabava de mentir: desconfiar dos seus propósitos era inteiramente justificável.

Mas, bem, a gente continua a sonhar, um pouco sem querer agarra essa boia de salvação, a escapada imaginária. Vamos nos afogar, mas algo aparece brilhando na superfície da água, que nos faz vir à tona. Em minhas cartas, eu pedia que ele me dissesse como era o Reno, de que cor e de que largura, se era margeado de castelos mal-assombrados, como era a catedral de Colônia, como eram os quadros de Dürer e de Cranach vistos de perto. Perguntava se ele tinha a intenção de visitar a Itália de Leonardo da Vinci e de Michelangelo, se iria a Paris usar bem seus olhos no Louvre, sonhar com Esmeralda no adro de Notre-Dame[24], dançar em Versalhes, passear na Côte d'Azur.

---

24 Referência ao romance *O corcunda de Notre-Dame*, de Victor Hugo. (N. E.)

Pedia-lhe que me descrevesse a Mona Lisa minuciosamente, tudo o que visse na tela. E que me falasse também da bela Leonor de Toledo com seu filho Giovanni de Medici pintados magnificamente por Agnolo Allori, o Bronzino.

Manifestava-lhe muita alegria a cada projeto seu. Uma maneira talvez de reduzir a distância, de ficar mais perto dele, de participar da vida dele. Uma maneira de não ser excluída do seu universo por uma simples travessia de navio. Apesar de tudo, às vezes eu tinha a impressão de lhe ter escrito demais, com demasiada frequência, invadindo-o talvez, por tudo no mundo eu estava desculpada pois não o invadia *de verdade*.

A distância torna as coisas fictícias... Sim... Não... quanto mais uma coisa se afasta, mais ela, ao mesmo tempo, se aproxima, pois passa a pertencer somente a nós, ao nosso próprio mundo.

A cada um dos seus passos, meu coração estava com ele, menos pesaroso. E, entre ele e mim, não estava mais o oceano, mas sim meus quadros que pouco a pouco se criavam no meu espírito. Eu bem lhe dissera que era o seu pequeno Botticelli. *A* de ai. *A* de ah! ah! ah!

Vinte anos, fora do tempo

> Mas, tendo chegado à altura do Bergstein, o pensamento do meu futuro distante por sua vez se apresentou. Como faria eu para suportá-lo com este corpo emprestado de um quarto de despejo?
>
> FRANZ KAFKA

À medida que os meses passavam, a evidência de que Frida seria pintora se confirmava.

Isso aconteceu sem que ela pensasse nas ciladas de um tal caminho nem na possível glória. Foi do fundo dela que veio a pintura. Escorria das suas águas mentais, da sua memória, do seu imaginário interior, das imagens exteriores que a sua história havia integrado. Do seu corpo, por suas chagas abertas, a pintura transbordava, saía de Frida.

A jovem correspondeu, desde o começo, à definição do artista que trabalha por necessidade. Por isso mesmo ela possuía o trunfo maior para realizar um trabalho forte e pessoal. Haurindo-se nela, escolhendo uma linguagem, a da pintura, ela ia poder se salvar, tanto quanto possível, do estado que era o seu.

Depois do seu primeiro autorretrato, ela passara a fazer retratos das pessoas do seu círculo, dos seus amigos. Sempre que podia, Frida trabalhava em seus quadros, conscienciosamente. Ela duvidava, chegando a rasgar ou queimar várias de suas realizações com as quais se sentia descontente. Avançava lentamente, produzia em pequenas doses e pequenos formatos: o que a sua saúde lhe permitia fazer. Conforme fosse capaz de se manter sentada ou somente deitada, conforme pudesse mexer todo o corpo ou parte dele, a experimentação do seu novo material via-se impulsionada ou freada.

Paralelamente, além dos seus próprios recursos, ela se documentava o mais que podia sobre a pintura, lia, continuava a acumular cultura e tinha curiosidade por tudo.

Com cada uma de suas experiências, com seus estados de alma, com suas reflexões, suas penas e suas poucas esperanças, ela entretém Alejandro em suas cartas. Confia-lhe alternadamente suas fraquezas e sua coragem e pede-lhe incessantemente que escreva, que a ame. Sente-se dividida entre a vontade de rever Alejandro e o medo de que ele não possa suportá-la tal como ela está:

"(...) mas é melhor que eu esteja doente agora que você está longe (...)"

(Carta de maio de 1927)

Prometem-lhe que sua saúde vai melhorar, no entanto ela se descreve em um estado que só pode despertar lamentos:

"(...) sinto-me pior a cada dia que passa e sem a menor esperança de melhorar, pois para isso falta o principal, isto é, o dinheiro. Estou com o nervo ciático lesado, bem como um outro cujo nome não lembro mais e que se ramifica com os órgãos genitais, duas vértebras em não sei que estado e buten *outras coisas que não posso te explicar porque não compreendo nada (...)"*

(Carta de maio de 1927)

No mês de julho, retiraram-lhe o colete que tinha sido colocado no Hospital das Senhoras Francesas. Devia ser substituído por um outro, que ela descreve como um invólucro espesso. Entretanto, se ela tinha sofrido por ocasião da colocação do segundo colete, o período que teve de passar sem nada, antes que o colete seguinte fosse colocado, foi motivo de nova tortura.

As costas, de repente, sem apoio, depois de terem ficado esticadas como as de uma girafa, deram a Frida a sensação horrível de que seu corpo inteiro ia se fechar como uma sanfona que se fechasse na vertical, com as dobras do fole voltando a se encaixar umas nas outras.

Claro, ela chorou, pediu socorro pensando que ia cair. Sua cabeça girava. Ela sentia no corpo magro o aperto de mãos que a amparavam, chegavam-lhe palavras de conforto que ela mal ouvia.

Frida tremia de medo. Tinha emagrecido muito e as cicatrizes destacavam-se mais ainda sobre a brancura de sua pele. Ela dizia que sentia dor nas pernas, e não apenas na que estava inválida, mas também na outra. Tudo parecia desregular-se, e seus próprios olhos pareciam soltar não olhares, mas gritos.

Ela sonhara não usar mais colete, mas agora, com essa virada da sorte, só tinha um desejo: que lhe colocassem um colete.

Com este terceiro colete, mais grosso que os anteriores, os médicos esperavam evitar uma operação ou, pelo menos, adiá-la. Cada visita médica era portadora de promessas em que Frida quase não acreditava mais: achava que os médicos eram todos ladrões, para os quais o seu estado não tinha o menor interesse.

Cada tratamento tinha de ser pago, e os Kahlo não tinham dinheiro nem para mandar fazer uma radiografia, que, no entanto, era indispensável para a sua filha. O que pudera ser sacrificado para a saúde de Frida o fora, constatava Guillermo, em uma situação material já muito difícil: a casa de Coyoacán tivera que ser hipotecada, os móveis franceses do salão, e até as porcelanas e os cristais que estavam colocados em cima das cômodas e dos bufês, tinham sido vendidos a um antiquário da rua Bolivar. Porém, isso tudo mal dava para sair das primeiras dificuldades.

Frida ficava dividida entre sua desconfiança total na equipe médica, as censuras que não podia deixar de fazer a seus pais, que acusava de não fazerem o possível para que ela fosse tratada convenientemente, e o seu sentimento de culpa por ser um peso para os seus. Então, mantinha com o pai conversas intermináveis, em que ela tentava garantir que, logo que fosse possível, faria tudo para encontrar trabalho, pegaria vários ao mesmo tempo, se fosse preciso, para aliviar os aborrecimentos materiais da casa, pelos quais sentia-se em grande parte responsável.

Enquanto isso, o terceiro colete de Frida a imobilizou novamente na cama, tanto que foi projetado fazer-lhe, dois meses depois, a radiografia da coluna vertebral no quarto, sem mexê-la das cobertas.

Abandonando a pintura durante algumas semanas, por força das circunstâncias, lendo muito, escrevendo poucas cartas, agarrando-se – na verdade sem acreditar muito – às promessas de cura reiteradas pelos médicos, Frida completou vinte anos naquele verão. Um aniversário que passou quase despercebido, tão pesados eram os problemas da casa.

Matilde orou com todo o seu coração, agradecendo ainda a Deus por ter salvo a filha, implorando que lhe desse uma saúde melhor, um bom futuro e um marido correto. Pediu também que a prosperidade voltasse àquela casa. Guillermo ofereceu à filha, sem uma palavra nem um papel para a embrulhar, uma edição encadernada, com as páginas um pouco amareladas, em alemão e em caracteres góticos, do *Torquato Tasso* de Goethe. Uma das páginas estava marcada com um pedacinho de mata-borrão e, ao lado de um verso, havia uma cruz desenhada a lápis. Frida leu:

Und wenn der Mensch in seiner Quaal verstummt,
Gab mir ein Gott, zu sagen, wie ich leide[25].

E ela sorriu pensando: "Isto é bem meu pai. A Alemanha, sempre, os poetas, os filósofos. Ele fala tão pouco, mas como eu o amo. Um dia lhe direi... É como a história dos versos de Nietzsche que ele recitou para a minha mãe quando eles se conheceram: não se sabe se, no fundo, não é unicamente a ele que eles se dirigem... Mas, afinal, talvez não, talvez ele tenha pensado em mim ao ler estes..."

Na casa azul de Coyoacán, sem as douraduras dos móveis franceses que tão bem captavam a luz, o salão respirava uma total desolação. Só o piano, as partituras e a biblioteca de Guillermo tinham escapado à grande liquidação.

Foi por causa do piano que os "Cachuchas" resolveram, numa tarde de agosto, festejar o aniversário de um dos seus. O salão, de aspecto tão triste, reencontrou por um momento uma atmosfera calorosa e jovial. Cantaram acompanhando-se ao piano, dançaram, recitaram poemas, conversaram. No meio de toda aquela animação, Frida foi transportada, excepcionalmente, em uma cadeira de rodas. Não podendo participar ativamente nos festejos, ela se contentou em observar, escutar. Mas não pôde deixar de chorar a sua sorte, dando-se conta mais do que nunca, no meio das pessoas da sua idade, da deficiência física de que era vítima. Poderia ela um dia reintegrar-se a uma vida normal? A pergunta, naquela hora e naquele lugar, a

---

25 "E lá onde o homem, em seu sofrimento, perde a palavra, / um deus me permitiu dizer o que eu sofro."

importunava. Teria desejado voltar para o seu quarto, para o seu caixão de cama, enfiar-se debaixo das cobertas e se esconder em sua sombra e tepidez. Teria desejado não pensar em mais nada, apenas chorar, sempre, até o esgotamento, esquecer também que Alejandro não voltara depois de quatro meses de viagem, como ela tanto esperara. Tirar da cabeça o prazo da sua volta equivaleria a reviver, passo a passo, todas as fases da espera e ela perguntava a si mesma se seria capaz de suportar tudo aquilo outra vez.

Quando todo mundo foi embora, ela ficou por um momento sozinha no salão vazio. Guillermo voltou, e Frida lhe pediu que tocasse uma canção ao piano para ela, o *Danúbio azul*, antes de ser levada de novo para o quarto. Guillermo sentou-se bem reto diante do instrumento e tocou com os olhos meio fechados. Depois de alguns compassos, Frida começou a cantar a canção.

Quando terminou, ela disse:

– Quer tocar mais uma vez?

Guillermo retomou a valsa. Depois aproximou-se de Frida e lhe pegou as mãos:

– Minha filha, você precisa parar de chorar.

– O que você quer que eu faça?, respondeu ela, fungando.

– Há muita coisa a fazer neste mundo, Frida. E você sabe muito bem. Mas você precisa parar de se desesperar a cada dois dias. Isso não adianta nada.

– Mas, olha, eu nunca poderei ir a Viena, por exemplo. Eu, que sempre sonhei viajar... Vou ter que me contentar com o que os outros contam das suas viagens.

– Também não adianta ficar fazendo previsões...

– Vou começar a pintar paisagens, sabe, talvez seja uma solução... Trazer regiões distantes para o alcance da mão, pode-se sonhar com coisa melhor?

– Não tem graça o que você está dizendo. Está fazendo mal a si mesma.
– Mas eu me sinto mal. Ninguém me acredita. No fundo, vocês me acham louca. Ninguém liga pra nada. E os médicos, com vinte diagnósticos diferentes... Isso não ajuda a ser levada a sério: cada um vê o que lhe convém...
– Você é pessimista, tão pessimista. Isso também não leva a nada.
– Não posso fazer nada. Uma hora tenho esperança, e na hora seguinte...
– A vida tem surpresas felizes quando menos se espera. Eu repito, é preciso deixar de fazer previsões de tudo...
– Isso é ser lúcido.
– Ou subjetivo. Tenha a humildade de acreditar que você pode se enganar.
– Acho que estou no fim da minha resistência ao sofrimento.
– Minha filha, eu lhe peço: você precisa parar de chorar.
– Não sei se vou conseguir.

Frida não quis jantar. Levaram-na para o quarto, onde, desta vez, adormeceu logo.

No dia 9 de setembro, ela escreveu a Alejandro:

"*Coyoacán sempre na mesma, e tudo o mais: sobretudo o céu límpido das noites. Vênus e Arcturo. Vênus e Vênus. Dia 17 fará dois anos que a nossa tragédia aconteceu, eu, sobretudo, lembrarei-me dela* buten*, embora isso seja idiota, não é? Não pintei nada de novo, até você voltar. Agora, as tardes de setembro são cinzentas e tristes.*"

E no dia 17 de setembro:

"*Continuo doente e quase sem esperança. Como de costume, ninguém acredita. Hoje estamos a 17 de setembro, o pior de tudo é que estou só. Quando você voltar não lhe poderei oferecer nada do que eu desejaria. (...) Todas essas coisas me atormentam permanentemente. Toda a vida está com você, mas eu não poderei possuí-la (...). Sou muito simples e sofro demais pelo que não deveria sofrer. Sou muito jovem e é possível que eu venha a sarar. Apenas, não posso acreditar nisso; deveria acreditar, não é? Em novembro, talvez.*"

Começo de uma nova vida

> (...) entre nós, entre Frida e mim, nunca houve o que se poderia chamar comumente uma ruptura (...), continuamos sendo amigos...
>
> ALEJANDRO GÓMEZ ARIAS

Quando Alejandro voltou da Europa, em novembro de 1927, encontrou uma Frida praticamente restabelecida. Não estava mais imobilizada e procurava trabalho. Embora sentindo uma grande fadiga em todo o corpo, Frida reconhecia que, por enquanto, suas dores se haviam atenuado. Ela se apressava, ia e vinha de um lado para o outro, pleiteava um emprego de escritório, um outro de desenhista de peças anatômicas, um terceiro de bibliotecária. Despendia toda a sua energia nessas buscas e demonstrava uma grande vitalidade. Estava novamente alegre.

Com o correr dos meses, a relação com Alejandro voltara a encontrar seu caráter profundo: uma amizade excepcional que os anos e a vida não desmentiriam. Ao voltar da Europa, Alejandro empenhou-se em estudos superiores e tornou-se um ardoroso militante da Confederação dos Estudantes. Quanto a Frida, passou a frequentar o meio artístico mexicano no começo de 1928; quase todos os seus protagonistas estavam direta ou indiretamente engajados na luta comunista.

No entanto, quando Alejandro se apaixonou por uma de suas amigas comuns, Esperanza Ordoñez, Frida não pôde deixar de escrever a Alejandro que não acreditava em nada disso, que não podia ser que ele não a amasse mais, pois "ele era ela própria". Foi o último sobressalto do amor de adolescência de Frida.

Foi através de seu amigo German del Campo, figura de destaque do movimento estudantil, de quem ela gostava muito, que Frida conheceu Julio Antonio Mella, célebre militante comunista cubano exilado. Editor, jornalista, revolucionário convicto e apaixonado, ele vivia com a bela Tina Modotti.

Tina, de origem italiana, chegara ao México alguns anos antes, com aquele que era então seu companheiro, o fotógrafo americano Edward Weston. Tornando-se, por sua vez, fotógrafa, Tina evoluía em um meio artístico, militante, escandaloso por seus costumes de vida boêmia, por suas ideias liberais em tudo, pelas intrigas que lá se faziam e desfaziam ao sabor dos encontros.

As duas jovens – não se sabia qual a mais bela – logo simpatizaram uma com a outra. Tina carregou sua jovem amiga às reuniões políticas, às festas entre artistas que aconteciam aqui e ali, na capital mexicana.

O país estava, nessa ocasião, em plena campanha presidencial: nos primeiros meses de 1928, o presidente Alvaro Obregón fora assassinado e o poder era disputado entre José Vasconcelos e Pascual Ortiz Rubio. Este último era atacado pelos liberais, acusado de não ser melhor do que tinha sido o presidente Calles, corrupto e tão ditador, diziam, quanto Porfirio Díaz em seu tempo. De outro lado, os estudantes travavam uma luta pela autonomia da Universidade – que acabarão por obter em 1929.

Frida entrou para o Partido Comunista, no qual militavam muitos amigos seus.

As noites às vezes eram movimentadas. Ora por haver alguma manifestação, ora por haver debates a que não se podia faltar. Ora porque havia um jantar em casa de um ou de outro, onde aumentavam as discussões sobre a situação do país, o sentido da militância, as ações a serem levadas a efeito, sobre as ideias de modo geral, e sobre a arte.

Foi no ambiente quente dessas noitadas cheias de gente, de barulho, de música e de fumaça, que Frida encontrou aquele que iria se transformar no principal homem da sua vida: Diego Rivera.

No úmido calor de pleno verão, todos os olhares se voltaram para ele, quando atravessou a porta do salão de Tina Modotti no meio da noite. Tinha na mão uma pistola que ele apontou para o fonógrafo. Alguns dançarinos pararam de dançar quando ele atirou. A bala foi se cravar dentro do aparelho, que girou ainda duas ou três vezes, em marcha lenta, produzindo um som que parecia um gemido ou um estertor. Depois se imobilizou totalmente sob os gritos de entusiasmo, os hurras, os aplausos. Diego Rivera soprou negligentemente o cano ainda quente, repôs a pistola em seu lugar, no cinto, e sorriu, satisfeito, antes de acomodar seu imenso corpo em uma poltrona e de ser imediatamente rodeado.

Frida ficou um pouco confusa diante do episódio que encantara a assembleia. Era mais do que evidente, Diego Rivera era uma estrela, com seu físico imponente, gestos e atos desmedidos. Tudo nele tinha um aspecto excessivo, inclusive as histórias que, um momento depois, começou a contar diante de um auditório embasbacado. Falava de Londres, onde ele tinha estado e que qualificava de cidade triste, que nunca teria noitadas como aquela. Parodiava os ingleses e suas ruas, seus *puddings*[26] e sua aristocracia. Em seguida dava uma sonora gargalhada, e todo mundo o acompanhava. Fazia uma

---

26 Pudins. (N. E.)

pausa para beber alguns goles de tequila ou de mezcal em um copinho minúsculo e certificar-se de que todos lhe davam atenção, em seguida retomava atabalhoadamente histórias sobre a melancolia de Bruges ou uma disputa memorável com Modigliani em Paris, na presença de Picasso, impassível mas com um olhar vivo, que nada perdia do que se passava. Um olhar inesquecível, dizia ele, único, um olhar que nunca encontrara em ninguém. E voltava a Modigliani, que afinal de contas tinha feito um magnífico retrato dele. Contava a sua vida em Madri, como tinha tentado estudar de perto Vélazquez ou Zurbarán, El Greco, Goya. Enfim, ficava sério quando falava de Guillaume Apollinaire, seu amigo, que não tinha merecido morrer, porque era um poeta entre os poetas e um ser excepcional, e citava de memória, em francês e com um sotaque engraçado que o obrigava a fazer um bico com os lábios para pronunciar as palavras:

> *J'étais au bord du Rhin quand tu partis pour le Mexique*
> *Ta voix me parvient malgré l'énorme distance*
> *Gens de mauvaise mine sur le quai à la Vera Cruz*[27] *(...)*

Ou então:

> *C'était un temps béni nous étions sur les plages*
> *Va-t'en de bon matin pieds nus et sans chapeau*
> *Et vite comme va la langue d'un crapaud*
> *L'amour blessait au coeur les fous comme les sages*[28] *(...)*

"Mais um!", gritava uma mulher, aplaudindo, e Diego procurava e, em seguida, dizia:

---

[27] "Eu estava à beira do Reno quando partiste para o México / Tua voz me chega apesar da enorme distância / Gente mal-encarada no cais de Vera Cruz." (N. T.)
[28] "Fazia um tempo abençoado estávamos na praia / Vai-te embora de manhãzinha pés descalços e sem chapéu / E rápido como vai a língua de um sapo / O amor feria no coração tanto os loucos quanto os sábios." (N. T.)

(...)
Vous êtes un mec à la mie de pain[29]
Cette dame a le nez comme un ver solitaire[30] *(...)*

E o riso do declamador cobria todos os outros, rindo por um lado da sua péssima pronúncia do francês e, por outro, dos versos de Apollinaire.

Frida observava tudo o que acontecia em torno dela, tentando não perder nada do que se encenava em seu novo meio. As maneiras das pessoas, seus trajes, seus discursos inflamados. Ela tinha vestido naquela noite seu traje de homem, e trazia um cravo cor-de-rosa na lapela. A calça dissimulava sua perna atrofiada e ela pouco se movimentava, de sorte que não dava para perceber que coxeava. No meio dessa gente considerada extravagante, sua maneira de se vestir não chocava. Melhor ainda, até lhe faziam elogios. Ela se mostrava curiosa e tentava adaptar-se. Para se dar ares de segurança e, achava ela, uma certa originalidade, começou a fumar cigarros e aventurou-se até a provar os charutos. Era alegre e brilhante e não ignorava que tinha charme. Sabia usá-lo e agradava.

Muitas mulheres pareciam girar em torno de Diego Rivera. No entanto, o homem era feio. Grande, gordo, e quando estava sentado parecia que não sabia o que fazer com a sua barriga proeminente. Os traços do seu rosto acompanhavam o resto. Olhos saltados, nariz um pouco achatado, lábios grossos e dentes estragados. Tudo nele tinha o aspecto moleirão, mas era santificado pela aura do artista. Alçado às nuvens e discutido como grande celebridade, ocupava posição de vanguarda da atualidade por suas ideias, suas excentricidades, as polêmicas que suscitava. Ou por seu trabalho, simplesmente.

---

29 "Você é um mequetrefe sem eira nem beira." (N. T.)
30 "Essa senhora tem o nariz parecido com uma solitária." (N. T.)

Ele não parava de falar. Mesmo que quisessem esquecê-lo, ele se fazia lembrar a todos, e ninguém podia furtar-se à sua presença. Frida aproximou-se do grupo com o qual Diego se entretinha. Ele estava de volta da União Soviética, onde fora convidado o mais oficialmente possível para residir e trabalhar por vários meses. Fora o frio, que era preciso enfrentar, dizia ele, com uma armadura e um escudo de lã, e além do fato de não falar fluentemente o russo, trazia da experiência socialista uma excelente impressão. Assistira lá ao décimo aniversário da Revolução de Outubro, pintara na ocasião um afresco em Moscou e colaborara como desenhista para várias publicações. Era com muito entusiasmo e admiração que Diego falava do povo soviético.

– Mas, pobre de mim, tive de voltar um pouco precipitadamente!

– Quando você voltou?

– Em maio... recebi dos camaradas mexicanos a ordem de voltar por causa da campanha presidencial para Vasconcelos.

– Ora, não fique bancando o modesto, pode dizer que chamaram você de volta porque propuseram sua candidatura à presidência!

– Evidentemente – respondeu Diego calmamente –, mas eu recusei. Razões de segurança. Sou pintor e já ando com um revólver. Imaginem como presidente, só poderia sair cercado de um exército... e mesmo assim acabaria sendo assassinado para não fugir à tradição. Então, vocês compreendem, eu me perguntei se valia a pena...

E todo mundo ria.

– Com quarenta anos, você ainda tem a vida pela frente, vá! Ainda dá tempo para mudar de ideia!

– Um pintor presidente da República, confesse, seria uma estreia mundial.

– Seria apenas justiça, camaradas, somente a arte se encontra à frente de qualquer mudança social...

– Somente a arte é revolucionária em essência – disse solenemente uma jovem militante.

– Aí está a mais banal e a mais bela obscenidade de todos os tempos! – replicaram. – E se alguém nos cantasse um *corrido*[31], antes de voltarmos às nossas justas causas?

– Você está querendo dizer que a música não é uma justa causa? Cuidado com o que diz, amigo.

– *Re-ve-nons-à-nos-mou-tons*[32] – disse Diego, em francês, com uma ênfase teatral. – Então, esse corrido, quem é que vai nos cantar? Beethoven dizia que um homem que ama a música não pode ser de todo mau. Então, vamos ser bons... *Musica, maestro!*

As vozes se entrecortavam umas às outras para cantar fragmentos de corridos. Diego sorria com satisfação. Faziam brindes alegremente.

Tina veio sentar-se perto de Frida.

– Você ainda não conhecia Diego?

– Conhecia e não conhecia... Tive de conhecê-lo antes de você, ele estava pintando um mural na escola, no tempo em que eu era ginasiana. Eu fazia misérias com ele...

– Ah, é? Conte isso para mim.

– Eu ensaboava o chão para ele cair quando passasse... Roubava a marmita dele... O mais engraçado: quando ele estava com uma modelo – portanto, uma amante, em potencial – eu o assustava, gritando de trás de uma pilastra: "Cuidado, Diego, a Lupe vem vindo...". E o contrário. Criancices, mas eu me divertia como uma louca.

– Imagino! – disse Tina, arregalando os olhos.

– Quando alguém é sabidamente mulherengo, está eternamente correndo perigo de ser pego em flagrante delito, como nos teatros de

---
31 Canção tradicional mexicana.
32 Voltemos aos nossos carneiros. (N. E.)

bulevar. Bobagens, sim, mas que, por mais liberal que a pessoa seja, não deixam de ser perigos ridículos... E você, também foi amante dele?
— É claro!
E Tina deu uma gargalhada, ela própria espantada com a rapidez da resposta.
Frida sorriu calmamente:
— Amante, modelo, modelo, amante... Sempre o mesmo esquema.
— O que você está querendo dizer?
— Ora, não tem nenhum mistério. Em todos os casos, é definitivamente o mesmo caso...
— Você não pode negar que é uma grande figura!
— Com tudo aquilo que a gente imagina...
Novamente, todas as atenções estavam voltadas para Diego, que falava de Berlim, por onde passara ao regressar da União Soviética.
Frida era toda ouvidos. Berlim era a Alemanha, portanto, seu pai, suas raízes, uma língua que ela conhecia bem, uma cultura que era um pouco sua. Diego dizia que em Berlim havia uma incomparável efervescência cultural e política. Que havia uma grande solidariedade entre intelectuais e operários, da qual se devia seguir o exemplo. Que os cafés eram pontos de encontro e berços de ideias sem igual. Que as manifestações políticas na cidade eram frequentes e que eram incrivelmente engajadas e sérias. Que os artistas e intelectuais, alemães ou não, eram de uma inteligência e de uma criatividades raras, que as iniciativas se multiplicavam, uma mais interessante do que outra. Que Bertolt Brecht tinha algumas réplicas fulminantes.
Frida lamentava que Alejandro tivesse sido jovem demais para viver aquela Berlim de que Diego falava, que não tivesse podido ver aquela Alemanha e contar sobre ela em suas cartas. Lamentava,

também, não poder ela própria ir até lá e ficou novamente atacada pela vontade de viajar, que sempre tivera, até o acidente. Mas talvez nem tudo estivesse perdido, imaginou; agora que o seu restabelecimento parecia mais sério do que das outras vezes. Pôs-se a sonhar com a Europa e jurou para si mesma que iria até lá se as doenças não a impedissem.

Diego continuava falando. Fazia mímica de tudo que contava, inflamava-se, magnetizava incontestavelmente um auditório que estava à sua mercê.

Ia do México à Alemanha e da União Soviética a Berlim, passando pelas pirâmides astecas, sem jamais se perder.

No fim da noite, quando ainda lembrava Berlim, narrou um episódio em um café, onde uma moça, Lotte Schwarz, originária de Praga ou de Viena, já não sabia, doutora em várias matérias, dissera-lhe com sua voz grave e um grande sorriso, depois de o ter ouvido por muito tempo: "Diego Rivera, você é o maior, o mais extraordinário contador de histórias que conheci, mas seria preciso estar louca para casar com você!". Ele acrescentou que lhe havia dado um desenho, e que ela prometera escrever um pequeno estudo sobre ele.

Eu sabia que Diego Rivera estava pintando afrescos nas paredes do Ministério da Educação. Parecia-me que estava no fim, nos últimos retoques. Para mim, era um monstro. No sentido sagrado do termo, mas também no sentido próprio. Tudo nele era feito em tamanho grande. Produtivo, prolífico, transbordava de vida, de energia, de palavras, de gestos, de euforia, de ideias, de pintura. Seu trabalho, na época, já se podia contar em centenas de metros quadrados realizados. Não digo que isso seja prova de talento, mas indiscutivelmente de força de trabalho. Uma espécie de Michelangelo mexicano, assim eu o definiria. Impressionante.

Todo mundo conhecia Diego Rivera. Cobriam-no tanto de elogios quanto de insultos. Regularmente, havia campanhas contra os muralistas, que eram tachados de provocadores. Encontravam-se grafites sobre as pinturas. Lembro-me do trecho de uma peça de teatro pretensamente burlesca:

Las muchachas de la Lerdo
toman baño de regadera

pa' que no parezcan monos de Diego Rivera[33].

Seus detratores começaram a chamar seus personagens de "macacos". Expressão racista: por "macaco", queriam dizer "indígena". A burguesia não suportava que Diego defendesse o povo e suas raízes mexicanas. Não suportava que ele pintasse com voluptuosidade mulheres índias e de maneira mordaz a classe dominante. As contendas, evidentemente, só podiam reforçar o sentimento revolucionário.

Em suma, ele se encontrava num andaime, no último pavimento do Ministério da Educação, quando apareci para vê-lo, com alguns dos meus trabalhos debaixo do braço. Já havia cruzado com ele aqui e ali, em noitadas, mas ainda não tivera contato direto. Assim, com sangue-frio, foi com a cara e a coragem que me apresentei.

Ele pintava, com um toco de cigarro na boca. "Por favor, Diego, desça daí um pouco", eu gritei. Ele me olhou e sorriu, mas não fez nada. Tive de insistir: "Vamos, desça!" Dessa vez, ele parou mesmo e desceu. "Escute", eu disse, "não vim procurar elogios mas uma opinião sincera e séria sobre o que fiz."

Ele olhou atentamente as minhas pequenas coisas e disse, finalmente: "Continue. A sua vontade deve levá-la à sua própria expressão". Mediu-me dos pés à cabeça e acrescentou: "Você tem outros?". Eu respondi: "Tenho sim, mas é muito complicado para mim transportá-los. Moro em Coyoacán, na rua Londres 127. O senhor poderia ir lá no domingo que vem?". Respondeu-me que não faltaria.

E, no domingo seguinte, ele foi à minha casa.

Dei-me ao prazer de esperá-lo empoleirada numa laranjeira. Comecei a rir quando ele apareceu com seu chapéu, um charuto na

---

[33] "As moças da Lerdo [uma escola secundária] / tomam banho de regador / para não se parecerem / com os macacos de Diego Rivera."

mão, duas cartucheiras em volta da cintura e uma pistola de cada lado dos quadris. Tinha um ar ao mesmo tempo surpreso e divertido por me encontrar lá, sobre os galhos, a espiar sua chegada. Lembro que ele me ajudou a descer. Eu lhe disse: "O macaco sou eu!", e isso o fez rir.

Ele era jovial, e meus pais não pareceram chocados com suas extravagâncias e nem por sua reputação. Diego sempre soube pôr no bolso as pessoas que ele aborda – quando queria. Além disso, minha mãe e meu pai deviam sentir-se orgulhosos de que um personagem tão célebre se interessasse por sua filha. Falou um pouco sobre fotografia com meu pai.

Logo ficamos amigos. Ele voltou muitos outros domingos. Eu o chamei de "gordo" e lhe disse que ele tinha cara de sapo. Não se abalou nem um pouco, achava aquilo engraçado. É verdade que ele tem cara de sapo.

Aí está. Depois as coisas seguiram seu curso. Ele me cortejou, eu impliquei com ele, tornamo-nos cúmplices e acabamos sucumbindo aos encantos um do outro, seduzidos um pelo outro. O gigante e a moça manca de Coyoacán.

Muito depressa, ele pediu a minha opinião sobre o seu trabalho. Escutava-me religiosamente. É engraçado quando se pensa que, embora houvesse bases clássicas em nós dois, nossas pinturas enveredavam por caminhos diferentes. Diego trabalhou na sua escala, monumental; eu, na minha, de proporções reduzidas. Ele, voltado principalmente para o exterior, para o social; eu, para o interior, o íntimo humano. Creio que essa outra cumplicidade, esse olhar voltado para o trabalho do outro, nossa confiança mútua e nosso sentido crítico na matéria estão entre as mais belas coisas que me foi dado viver. Uma das mais belas coisas da nossa relação.

Mais uma anedota. Um dia, meu pai se aproximou de Diego: "Vejo que você se interessa pela minha filha". Sem saber interpretar o sentido da observação paterna, Diego gagueja: "Por quê?... Oh... sim. Bem, certamente, se não fosse assim, não faria toda essa viagem para vir vê-la". "Pois bem, meu senhor", disse-lhe meu pai, "quero preveni-lo, Frida é uma moça inteligente, mas é um demônio escondido. Um demônio escondido." "Eu sei", replicou Diego. E meu pai conclui: "Bem, cumpri o meu dever".

Rivera

> Obstáculo não me dobra: o rigor o destrói...
> o rigor obstinado, o rigor destinado.
>
> LEONARDO DA VINCI

Diego Rivera é indiscutivelmente o pintor mexicano mais célebre do século XX.

Nasceu em 8 de dezembro de 1886, na cidade de Guanajuato, e – como gostava de repetir – de origem "espanhola, alemã, portuguesa, italiana, russa e judia". Teve um irmão gêmeo que morreu aos dois anos.

Nascido em uma família com reputação liberal, filho de um professor primário, Diego criança parece ter sido particularmente safado. E, para grande desespero de sua mãe, manifestou desde a mais tenra infância comportamentos comprobatórios de um ateísmo incorrigível. Seus pais e suas tias queixavam-se de ter em casa um diabo de carne e osso, que, por definição, não tinha nem fé nem lei.

Seu pai destinava-o à carreira militar, o que era tradição na família. Mas Diego recusou-se a isso ferrenhamente, tomando direção completamente diferente: fazia desenhos e mais desenhos. Diante da sua determinação, muito alardeada, seus pais concordaram em que a criança, ao completar dez anos, fizesse, na Cidade do México, seus estudos secundários normais de dia e estudasse arte à noite, na Escola de Belas-Artes de San Carlos, da qual seria o diretor uns trinta anos depois.

Não basta estudar pintura e ter bons professores para ser pintor, todo mundo há de convir. Mas Diego teve a sorte de possuir o complemento indispensável, senão essencial, à sua vida de artista: a criatividade. Tinha uma boa dose de talento, esse estranho instinto, que não passou despercebido.

Aos dezesseis anos, terminou seus estudos secundários e dedicou-se a percorrer o México e a pintá-lo durante quatro anos, antes de poder finalmente realizar seu sonho de jovem pintor: partir para a Europa. A oportunidade lhe sorriu em 1906. Com vinte anos, obteve uma bolsa para estudar na Belas-Artes de Madri, onde trabalhou incansavelmente e com paixão, distinguindo-se, além do mais, por um caráter considerado original e, evidentemente, pelo seu físico.

No começo da década de 1910, Diego deixou a Espanha, para visitar um pouco aquela Europa da qual se dizia que era preciso impregnar-se culturalmente. Foi pois à Holanda, Bélgica, Inglaterra e França. Curiosamente, num primeiro momento, não visitou a Itália, cuja tradição na pintura, no entanto, influenciava-o profundamente. Decidiu então instalar-se em Paris, onde, de Diaghilev a Picasso, um mundo artístico vindo de todos os horizontes se acotovelava, confundindo costumes e línguas, por amor à arte. Lá Diego irá trabalhar ainda mais do que em Madri.

Conta-se que ele sofreu tamanho choque emotivo diante dos Cézanne que possuía a galeria Vollard, que ficou doente, com febre de quarenta graus durante vários dias. Diz-se também que regularmente tinha explosões de cólera contra seu próprio trabalho, desesperado por não compreender como Brueghel ou Goya tinham chegado a tal domínio do lápis, do pincel. Votava também a Henri Rousseau uma admiração ilimitada e via em Picasso um gênio.

Em 1911, expôs no Salão de Outono telas de inspiração cubista que não lhe valeram grandes elogios apesar de algumas vozes isoladas, como a de Guillaume Apollinaire, que declarou que Diego Rivera não era "absolutamente um artista a ser negligenciado". Em 1913, em compensação, no Salão dos Independentes, duas de suas telas atraíram a atenção: *A moça das alcachofras* e *A moça do leque*. Um crítico da época, pertinente, descobriu nelas "a austeridade e a atração dos afrescos". Em 1914, na rua Victor-Massié, número 26, teve lugar a sua primeira exposição individual. Reunindo vinte e cinco telas, passou quase despercebida.

Depois desligou-se pouco a pouco do cubismo, para enveredar pelo seu próprio caminho.

O "cow-boy mexicano", como o chamavam, trabalhava sem parar. O marchand Léonce Rosenberg dizia que ele era, dentre os pintores de que se ocupava, o mais prolífico.

A vida política era para Diego uma preocupação constante. Geograficamente, historicamente, achava-se no centro de uma diagonal que ia da revolução mexicana, iniciada em 1910, até a revolução russa de outubro de 1917, passando pela guerra de 1914 na França. Adquiriu a convicção, que não abandonou ao longo da vida, de que a arte, no caso a sua própria obra, podia contribuir para tornar o mundo melhor, mais humano.

Diego viveu dez anos em Paris. Desse período de boemia e de grandes esperanças, colheu grande benefício. E como não se enriquecer, também, através do contato com pessoas, cada uma mais extraordinária que a outra? Suas próprias querelas, artísticas ou pessoais, traziam alguma coisa aos seus protagonistas. Elie Faure, o historiador e crítico de arte, grande amigo de Rivera, levou-o a considerar que "não há arquitetura monumental sem coesão social" e que o individualismo teria fim quando se enfocasse a multidão, o povo, quando a arte fosse integrada ao monumento. Assim como tinham feito os italianos, da Roma Antiga à Renascença, e os astecas em sua própria civilização.

Diego, finalmente, resolveu visitar a Itália, e passou mais de um ano e meio estudando a pintura e os afrescos, de Pompeia a Veneza, passando por Florença e Verona. Sem esquecer Ravena e seus mosaicos. Voltando dessa viagem, incentivado por um amigo, regressou ao México, rico de ensinamentos. Iria, de certa forma, tornar suas aquisições europeias totalmente mexicanas.

Ficara quatorze anos na Europa. Quando chegou ao México, seu pai estava à morte.

A revolução mexicana passara pelo país e uma nova aragem parecia soprar levando todos ao entusiasmo, à ideia de que uma pátria nova estava sendo forjada. Desencadeara-se um processo social no qual Diego logo iria encontrar seu lugar.

Se não tinha sido reconhecido na França, pelo menos lá tinha deixado saudades, como bem o mostra este trecho de uma carta que lhe remeteu Elie Faure, a 11 de janeiro de 1922: "(...) Desde que você partiu, parece-me que uma fonte de lendas de um mundo sobrenatural desapareceu; que essa nova mitologia de que o mundo precisa está perecendo; que a poesia, a fantasia, a inteligência sensível e o dinamismo do espírito morreram. Estou entediado – sabe – desde que você partiu (...)".

Diego nunca passava despercebido. Diego deixava marcas.

José Clemente Orozco, David Alfaro Siqueiros, Diego Rivera, os três regressando do estrangeiro, compartilharam, nos anos vinte, a arte mural oficial mexicana. A Diego não faltava trabalho, e o fato de a arte, nessa época, ser incentivada pelos esforços do governo era bom para ele. "Eu já estava aborrecido de pintar para os burgueses", declarava Diego em 1923. Esperava fazer com seu trabalho a mesma obra que tinham realizado alguns séculos antes seus antepassados maias ou astecas: ser compreendido pelo povo à primeira vista. Mais do que qualquer outro, pregou a volta às origens exaltada pela revolução mexicana. Paralelamente ao seu entusiasmo por essa civilização pré-colombiana, que ele erigia como modelo, Diego, em 1922, entrou para o Partido Comunista. O número de sua carteira era 992.

Em 1923, três artistas foram eleitos para o comitê executivo do partido: Diego Rivera, Xavier Guerrero e David Alfaro Siqueiros. Pouco depois, formaram uma união que tinha a ambição de reunir os operários, os técnicos e os artistas plásticos. Para promovê-la foi editado um jornal, *El Machete*. Apesar dos seus propósitos humanistas, revolucionários e populares, o *El Machete* era caro demais e seu tom permaneceu hermético para as massas trabalhadoras. Ainda em 1923, Diego começou a realizar um de seus trabalhos mais importantes: os cento e vinte e quatro afrescos do Ministério da Educação, cuja execução levaria cerca de quatro anos.

Em 1927, Diego recebeu um convite oficial de Lunatcharski[34] para ir à União Soviética realizar um afresco nas paredes do prédio do Exército Vermelho. Mas as coisas não ocorreram conforme o previsto – por um lado, porque Diego teve de enfrentar em Moscou numerosos detratores pertencentes à escola antiga, que julgavam moderno demais o tratamento que dava aos temas e, por outro lado, porque adoeceu por causa do frio. O afresco foi iniciado, mas permaneceu inacabado; no entanto, Diego colaborou como desenhista para a célebre publicação *Krasnaia Niva* e foi nomeado professor na Escola de Belas-Artes de Moscou. No México, seus familiares quase não esperavam mais sua volta, pensando que ficaria morando na União Soviética, pátria dos seus ideais.

---

34 Anatóli Lunatcharski (1875-1933) exercia na época, na União Soviética, o cargo de Comissário do Povo para a Instrução Pública. (N. E.)

Porém, ele regressou no mês de maio de 1928. Em Paris, Diego vivera durante dez anos com uma russa, também pintora, Angelina Beloff. Abandonou-a mais do que dela se separou, quando voltou a viver no México. Aí encontrou uma mexicana de Jalisco, Guadalupe Marin, com quem viveu cerca de sete anos, até sua partida para a União Soviética; com ela teve duas filhas.

Angelina era tão doce, pacífica e loura quanto Lupe era morena, impetuosa e impulsiva. Se a relação com Angelina parece ter sido marcada por uma grande serenidade, a que teve com Lupe ficou célebre por sua sensualidade às claras e seus estouros públicos.

Diego nunca foi um homem fiel. Em Paris, estivera, ao mesmo tempo, com Angelina e com uma outra russa, Marievna Vorobiev, com quem teve uma filha, Marika. No México, tinha a fama de tornar-se amante de todas as suas modelos. Assim, tinha tido Nahui Olin, Tina Modotti, e muitas outras, menos conhecidas...

Foi portanto esse homem imponente, escandaloso, "mítico e mitômano", segundo Elie Faure, feio, encantador, bem posto na sociedade mexicana, e no mundo intelectual e artístico em particular, que entrou na vida de Frida como um turbilhão carregado de cor, cheio de surpresas.

Um casamento

> Diego e Frida faziam parte da paisagem espiritual mexicana, como o Popocatepetl e o Iztaccinuatl no vale de Anahuac.
>
> Luis Cardoza y Aragón

No dia 23 de agosto, a seguinte nota apareceu na Cidade do México, no jornal *La Prensa*:

"Quarta-feira passada, no bairro de Coyoacán, Diego Rivera, o contestado pintor, desposou a senhorita Frida Kahlo, uma de suas discípulas. A noiva usava, como se pode ver (na foto), trajes muito simples, do dia a dia, e o pintor Rivera usava um casaco sem colete. A cerimônia foi realizada sem pompa, em uma atmosfera muito cordial e com toda a modéstia, sem ostentação nem cerimônia sofisticada. Os recém-casados foram muito cumprimentados, após sua união, por alguns íntimos."

No mesmo dia, o *New York Times* publicou:

DIEGO RIVERA MARRIED
Noted Mexican Painter and Labor Leader
Weds Frida Kahlo

Mexico City, Aug. 23 (AP). Annoucement was made today that Diego Rivera, internationally know painter and labor leader, was married wednesday to Frida Kahlo in Coyoacan, a suburb of Mexico City[35].

Frida foi a última das meninas Kahlo a se casar. E foi, provavelmente, um alívio para seus pais. Por um lado, porque a eventualidade de ficar solteirona, naquela época, não era bem vista; por outro lado, porque temiam ter de custear sozinhos, para o resto de suas vidas, as despesas médicas causadas por Frida. Apesar de tudo, Matilde ficou chocada com o fato de o futuro marido da filha ser muito mais velho do que ela, gordo, feio, artista, boêmio, comunista, ateu, controvertido e boa-vida. Guillermo aceitou os fatos praticamente sem discussão.

> (...) Apaixonei-me por Diego e isso desagradou aos meus pais porque Diego era comunista e parecia, diziam eles, um Brueghel gordo, gordo, gordo. Diziam que parecia o casamento de um elefante com uma pombinha.
> Apesar de tudo (...), nós nos casamos em 21 de agosto de 1929. (...)
> Ninguém assistiu ao casamento, exceto meu pai, que dissera a Diego: "Não esqueça que minha filha é doente e que o será por toda a vida; ela é inteligente, mas não é bonita. Pense nisso (...) e, se apesar de tudo você quiser se casar, eu lhe dou o meu consentimento".
>
> Frida Kahlo

---

35 "O célebre pintor mexicano e líder trabalhista desposa Frida Kahlo. Cidade do México, 23 de agosto. Foi anunciado hoje que Diego Rivera, pintor internacionalmente conhecido e líder trabalhista, desposou quarta-feira Frida Kahlo em Coyoacán, um subúrbio da Cidade do México."

Diego, que não tinha se casado com Angelina e desposara Lupe apenas no religioso – que, no México, não é reconhecido –, casou-se com Frida o mais oficialmente possível, na prefeitura de Coyoacán.

É verdade que, segundo as fotos de seu casamento, estavam vestidos de maneira simples, pelo menos pouco convencional para as pessoas do seu nível: Diego estava de terno e gravata em volta de um colarinho de camisa amarrotado, um grande cinturão, seu eterno chapéu na mão; Frida usava um vestido estampado, com babados, cabelos presos com uma fita, um xale, um colar rente ao pescoço e, em uma das fotografias, está com um cigarro na mão, detalhe que escandalizou as pessoas de bem.

O contraste entre os dois personagens era chocante. Frida, ao lado de Diego, tem um rosto quase infantil, com aquele olhar direto, ousado, que fixará a objetiva dos fotógrafos sempre sem pestanejar, exatamente como irá fixar os espectadores dos seus quadros. Diego, ao lado de Frida, parece mais velho do que é, os traços graves, marcados. Ela é miudinha, ele simplesmente enorme. Matilde tinha razão: uma pombinha e um elefante.

Assim, pois, Magdalena Carmen Frida Kahlo casou-se com Diego Maria de la Concepción Juan Nepomuceno Estanislao de la Rivera y Barrientos Acosta y Rodríguez. Ela tinha vinte e dois anos, ele ia completar quarenta e três.

Um casamento entre dois monstros, cada um a seu modo, dois criadores, dois sedutores, dois apaixonados. Um casamento que podia parecer um capricho extravagante, regido unicamente pelas forças instintivas, lúdicas que podiam estar dominando cada um dos dois parceiros. Um casamento que já se anunciava, pelo menos, longe dos auspícios do tédio.

Diego voltara da Europa repleto dela e desgostoso dela. De Paris, particularmente, da qual ele queria esquecer o acinzentado e a tristeza das imagens da guerra. O México o esperava e Diego estava pronto a se embriagar com o entusiasmo das suas lutas, das suas paisagens, do seu passado pré-colombiano carregado de mitologia, de mística, de arte e de violência, das suas tradições populares, das suas cores. Das suas mulheres também. Estava cansado da "brancura das mulheres europeias", e Angelina, a doce, a fiel, perdera assim seu atrativo. Levado pelo impulso nacionalista, ele procurava a "mulher mexicana" em todo o seu esplendor, que encontrou incontestavelmente em Lupe Marin, a tumultuosa, a sua beleza selvagem.

Frida também, quando encontrou Diego, trocou sua roupa de homem, seu macacão, seu jaleco de trabalhador, seu ar de garoto frustrado, pela imagem de uma mulher mexicana usando anáguas, rendas e saias longas e vestidos coloridos, penteados com fitas, joias pesadas e, sobre os ombros, sempre um *rebozo*. Queria agradar a Diego, e aos poucos ficou mais mexicana do que as mexicanas, sobretudo se considerarmos que metade dela era originária da Europa central e um quarto da Espanha, que ela havia sido aluna do liceu mais chique e renomado da Cidade do México, que falava correntemente o alemão e estava impregnada da cultura ocidental. Com o risco de ser apontada com o dedo, Frida passou a um mexicanismo exagerado, que fazia dela uma espécie de princesa asteca falando gíria. (Ela não era a única, no entanto, a se trajar com saias longas e com o *huipil*[36] do istmo de Tehuantepec. Isso tornou-se moda entre as mulheres do seu meio, mexicanas e estrangeiras.)

A esposa de Diego Rivera era bela, contrariamente do que dizia seu pai, e notada.

---

36 Camisa com a forma de um poncho mas cujas abas são unidas.

Pouco tempo depois do casamento, Frida e Diego organizaram uma festa em casa de Tina Modotti. Todos os seus amigos lá se reuniram e era o ambiente dos grandes dias: conversas sem fim, *pulque*[37] e tequila correndo à solta, música e gritos de alegria. Lupe Marin estava presente, mostrando-se alegre e amigável. No entanto, quando menos se esperava, adiantou-se solenemente para Frida, a rainha da noite. Chegando perto dela, exclamou sorridente:

– Atenção todo mundo, dois minutos de atenção!

Frida olhava para ela, intrigada mas confiante. O barulho cessou e os rostos se voltaram para Lupe. Todo mundo estava acostumado com as cenas de escândalo desta ou daquela pessoa, com as provocações, as declamações, as declarações, as palhaçadas.

– Olhem bem!

De repente, ela pegou a saia de Frida e a levantou até acima dos joelhos. Frida ficou tão embaraçada que nada fez.

– Olhem bem! São estes dois pedaços de pau que o Diego tem hoje em lugar das minhas pernas!

Soltou o tecido brutalmente e saiu da sala, aparentemente segura de si mesma, deixando os circunstantes com suas exclamações e alguns risinhos isolados.

Frida não disse nada e também saiu da sala um pouco depois. Subiu ao terraço no alto da casa, abriu caminho entre as roupas estendidas e foi apoiar-se a um parapeito. A noite estava clara, os barulhos da festa recomeçavam mas lhe chegavam em surdina. Respirou fundo e olhou na direção onde devia ser a casa de Diego, no nº 104 da avenida Reforma. Estava com vontade de voltar para casa.

Uma voz a chamou:

– Frida! Frida! Você está aí?

---

37 Principal bebida mexicana, extraída do aloés.

— Estou aqui, sim — respondeu, cansada.

— Não estou enxergando nada, com toda essa roupa... Frida, você tem que descer, Diego está aprontando!

— Como assim? O que está acontecendo.

— Acho que vai acabar mal... Toda aquela tequila que ele bebeu... talvez você possa controlá-lo...

Frida apareceu na penumbra e acompanhou o amigo. Deve ter ficado um bom tempo no terraço. Diego estava completamente bêbado, mas já era tarde demais. Tinha empunhado a pistola e atirava, meio agressivo, meio brincalhão. O abajur de fibra de vidro de uma lâmpada voou em pedaços, balas quebraram ou atravessaram vários outros objetos. Uma bala raspou pela mão de alguém e quebrou-lhe o dedinho.

Soprava um vendaval de pânico. Diego lançava impropérios, inventava uma briga.

— Ele está louco! — gritou Frida, avançando para ele. Diego, agora chega, meu garotão!

Mas Diego não ouvia nada e começou a injuriá-la também.

— Pronto, era só o que faltava... Que festa de casamento inesquecível! Uma me olha por baixo da saia, o outro daqui a pouco vai rolar pra baixo da mesa...

— Está bancando a rebelde?

— Eu não fiz nada, Diego. Você é que bebeu demais; e se você quer continuar, pode continuar, eu vou voltar pra casa.

O tom das vozes ia subindo e a briga não tinha sentido nenhum. Ninguém sabia como tinha começado. Frida acabou se desvencilhando e conseguiu ir embora. Voltou para Coyoacán.

Dois ou três dias se passaram até que Diego voltou, arrependido, para buscar Frida. Ela o esperava com toda a tranquilidade. Já tinha manifestado sua reprovação ao deixar a festa e, orgulhosa como era, sabia que a sua força consistia em não fazer censuras tarde demais. Cabia a Diego fazer sua autocrítica, se fosse preciso. De braços dados, voltaram para a casa deles.

Não tardaram a se reencontrar na casa azul: algum tempo depois, ficou resolvido que, em vista das dificuldades financeiras que Guillermo e Matilde continuavam a sofrer e o espaço considerável da casa da rua Londres, o casal Rivera lá se instalaria.

Diego tinha muito trabalho: estava concluindo os murais do Ministério da Educação e logo daria início a outros no Ministério da Saúde. Depois, decoraria também uma parte do Palácio Nacional[38] a pedido do governo. No fim do ano foi solicitado pelo embaixador dos Estados Unidos, Dwight W. Morrow, para pintar as paredes do palácio Hernán Cortés, não longe da Cidade do México, na cidade de Cuernavaca. O sucesso de Diego ia aumentando.

Começou a sofrer, no entanto, as críticas do Partido Comunista, que o acusava de estar frequentando muito os círculos governamentais e mantendo relações de amizade com o governo. No dia da sua exclusão, ele se acusou diante dos camaradas de ter traído a justa causa "colaborando com o governo pequeno-burguês do México". Terminou sua "autocrítica" declarando Diego Rivera excluído do partido. Em seguida, tirando do coldre uma pistola, conservou-a alguns minutos na mão e, de repente, quebrou-a com um barulho seco, para grande espanto dos espectadores: a pistola era de gesso.

Em Cuernavaca, a vida transcorria agradavelmente. Frida acompanhava o marido e preguiçava enquanto ele pintava seu mural. Estava bem de saúde; trabalhava pouco, ficou grávida.

---
38 Palácio do Governo.

Certo dia, ao meio-dia, foi procurar Diego nos andaimes para lhe anunciar a boa nova.
– Diego, desça daí. Veja só que felicidade!
Diego desceu.
– Mas... – disse ela, mostrando com o dedo o mural – que cavalo é esse?
– Ora essa, Frida, é o cavalo de Zapata.
– Isso estou vendo... Mas, o que foi, você ficou louco?
– Está achando imponente demais?
– Diego, meu amor, você fez o cavalo branco! O cavalo de Zapata era preto! Preto como a noite. Preto como os meus olhos. Preto como a eternidade.
– Bom. Eu corrijo. Seus desejos são ordens, garota... Deixe-me pensar...
– Não são meus desejos, era a realidade!
– Mmmmm... Acho que vou deixar branco mesmo. É como o idealizo.
– Sabe o que é a felicidade? – perguntou Frida com um olhar malicioso.
– O socialismo, talvez... ou o nirvana.
– Não, não é isso, a felicidade hoje.
– A cestinha florida que você está me trazendo com o almoço, ainda saindo fumaça.
– Ora, Diego, você está longe de adivinhar. A felicidade, hoje, é um pouco mais do que tudo isso: eu estou grávida... Ouviu? Vou ter um bebezinho sapo-pombinho.

Mas a sorte decidiu o contrário. Três meses depois, o doutor Marin, irmão de Lupe, teve de provocar um aborto. Diagnosticara uma malformação pélvica que impediria Frida de levar a bom termo a sua gravidez.

Frida chorou perdidamente. Os pesadelos do tempo do acidente voltaram a bater à porta do seu quarto por um momento. Diego estava presente e a consolava o melhor que podia, porém, ela se sentia só. Uma pergunta a obcecava, mas não tinha resposta: teria ela um filho, algum dia, ou teria ele morrido para sempre nos trilhos do bonde?

Uma união que intrigava. Que levantava ondas de reprovação, de entusiasmo provocador, de falatórios, de curiosidade. Uma união que sempre intrigou. Na cabeça de uns e de outros, mais cedo ou mais tarde, a pergunta: "Como é que aqueles dois se amam?". E variando: como podem se amar? Qual pode ser a natureza da relação deles? Quem ama quem? Será que pelo menos se amam? E também: ela é mãe dele, ele é pai dela, um é filho do outro, ele é o irmão, ela é a amante, ele é o amante sem o qual ela não pode viver, sem dúvida, não são amantes, são amigos, são companheiros, sua relação deve ser pervertida, sua relação não tem nada a ver com erotismo, eles têm necessidade um do outro, cada um basta a si mesmo, é desigual, deve ser um sufoco, os vinte anos de diferença são uma ponte entre eles ou um abismo? Indubitavelmente uma ilusão, unidos até a medula, não há dúvida, dramático? Fabuloso!

É claro, tudo isso.

Alimentávamos os mexericos dos meios artísticos e até um pouco mais. É claro, tudo isso. O amor? Não sei. Se ele engloba tudo, inclusive as contradições e os excessos, as aberrações e o indizível, então sim, é amor. Senão, não.

Nosso casamento foi um pequeno escândalo. Todo mundo falava, dava conselhos a um e ao outro. Por exemplo, um dia, no outono, recebi uma carta de Lupe: "Frida, custa-me muito pegar a caneta para lhe escrever. Mas quero que saiba que nem você nem seu pai nem sua mãe, ninguém tem direito sobre o que quer que seja de Diego. Os filhos dele (e pode incluir Marika, para quem ele nunca mandou um centavo!) são os únicos que ele tem o dever de sustentar". Uma alusão de mau gosto, talvez, ao fato de termos resolvido morar na casa azul. Eu tinha adquirido o hábito de não me meter nesse tipo de polêmica. Como resposta, fiz seu retrato, alguns anos depois.

Tina, cujo amigo e companheiro, Julio Antonio Mella, tinha sido assassinado quando os dois caminhavam pela rua, sofreu uma campanha de calúnias acusando-a da autoria do crime. Coitada. Mostrou-se corajosa, sempre bela e tranquila. Foi difícil essa vida que vivemos: a vida, o amor, a amizade, a política, tudo misturado, sempre. Tina, que tinha resolvido não falar mais com Diego quando ele abandonou o partido (a "família" de Diego; a "pátria" de Tina), onde eu continuava, pôs a culpa em mim: "Frida, você não se veste como uma revolucionária". Seu olhar era belo e seu rosto desarmante. Meu único argumento "político" tinha sido dizer-lhe que eu reivindicava o mexicano em mim. A única resposta que eu tinha na alma e que calei era a que o meu homem gostava de mim vestida assim e que assim estava bem.

Às vezes, sentia-me um pouco abalada. Lembrava-me da época em que Diego pintava os murais na Escola Preparatória Nacional, quando eu ia espiá-lo vestida com meu uniformezinho de colegial alemã, com meu chapeuzinho de palha com suas fitas compridas me caindo pelas costas, "pega-rapaz". Eu rezava para não perder a candura da minha adolescência, no meio desse tumulto artístico e político, em meio a esses conflitos verdadeiros ou artificiais. Sabia que ela era como um sopro de ar. Acho que não a perdi.

Todas essas conversas inúteis, a não ser, talvez, pelo caráter tagarela que existe em cada um de nós: Diego vai influenciá-la, Diego vai esmagá-la, a pintora é ela, ela vai perder a originalidade, ela é suficientemente pessoal para ser intocável, e assim por diante. Talvez ele me tenha influenciado um pouco, no começo do nosso casamento, tento relembrar, não sei. Naquela época, de qualquer forma, pintei muito pouco. Estava me habituando à nova vida, deixava-me um pouco à deriva, esperava ter um filho. Nos quadros *O ônibus* e *A menina*, sim, acho que Diego me influenciou um pouco. Represento meus assuntos com demasiada preocupação didática. Mas no meu segundo autorretrato, aquele em que estou diante de uma sacada com uma pilha de livros sobre a qual está colocado um despertador, um aviãozinho voando no céu, ao longe, parece que retomo o fio de minhas poucas realizações anteriores e começo a abrir meu próprio caminho, embora seja um quadro ainda um pouco fraco.

É curioso, não é mesmo, que eu pintasse menos nessa época em que sofria pouco. Ai! Vou alimentar as teses sobre o sofrimento como elemento determinante da arte... Ainda há muito a dizer sobre isso. Voltarei ao assunto.

Assim, voltando àquela união, monstruosa talvez, sagrada por certo, devo dizer: união de amor. À nossa maneira, impetuosa como um rio não navegável, como as cataratas do Niágara ou as cataratas do Iguaçu, grande como um estuário, profunda e misteriosa como os abismos marinhos, atormentada como uma tempestade no Mediterrâneo de Ulisses, calma como os lagos de Patzcuaro e fértil como as *chinampas*[39] astecas, rude e dourada como os desertos, temível como os animais predadores, colorida como todo universo vivo.

---

39 Jardins flutuantes do México antigo.

Os Estados Unidos

> Sua casa estava sempre aberta de noite; vinha quem queria. Eram muito sinceros em suas relações com as pessoas. Nunca vi uma casa como a de Diego. Viam-se lá princesas e rainhas, uma senhora mais rica que Deus, operários, trabalhadores. Não faziam nenhuma distinção (...).
> Frida era sensacional. (...) Seu trabalho era surrealista. (...) Mas o surrealismo tal como Frida o traduzia parecia-se enormemente com o México.
>
> Louise Nevelson

Diego Rivera, aquele mesmo que a imprensa mexicana havia, alguns meses antes, cognominado o "Mussolini dos artistas", viu-se convidado, no outono de 1930, a executar uma série de murais nos Estados Unidos. No San Francisco Art Institute e no San Francisco Stock Exchange Luncheon Club.

Ele estava longe de ser desconhecido nos Estados Unidos, onde já tinha conseguido uma reputação sólida e escandalosa. Convidando-o, os americanos queriam dar provas de liberalismo. Em compensação, no México, as críticas não o poupavam, mas Diego argumentava que, com seus murais em um país capitalista, estaria combatendo abertamente a sociedade americana e sensibilizaria o seu povo.

Em todo caso, não era costume seu deixar-se impressionar por comentários caluniosos. Depois da experiência europeia e da experiência soviética, movido também por uma curiosidade insaciável por tudo o que era novo, Diego partiu com Frida para os Estados Unidos em 10 de novembro de 1930. A primeira grande viagem de Frida, tão sonhada, finalmente!

Lá chegaram alegremente e se instalaram, em São Francisco, na Montgomery Street, n° 716, casa do escultor Ralph Stackpole. Diego não começou logo a trabalhar e, até o fim do ano, aproveitaram a sua liberdade para visitar São Francisco e arredores.

Em seguida, Diego subiu nos andaimes e Frida continuou a explorar sozinha a cidade. Estava encantada. Subia e descia suas ruas incansavelmente, extasiava-se ante o encanto das casas, aprendia o inglês com os amigos. Ficava fora desde a manhã até à noite, e as pessoas paravam à sua passagem para a olhar: em São Francisco como em outros lugares, exibia suas saias e seus vestidos de babados, suas blusas bordadas, *rebozos* combinando, suas joias de ouro e prata cravejadas de jade, lápis-lazúli, turquesa, coral. Nas festas a que eram convidados, Frida logo se tornava o centro de atração, por sua alegria e suas histórias contadas em mau inglês, por seu humor, sua gentileza, as canções mexicanas que entoava, depois da refeição. Edward Weston, o antigo companheiro de Tina, achava que ela parecia uma boneca. "Guardadas as proporções, naturalmente, pois, por outro lado, é forte e bem bonita", escreveu ele.

O que não impedia Diego de desaparecer por vários dias seguidos, com uma de suas modelos americanas. E Frida aproveitava para passar horas flanando em Chinatown, seu bairro preferido. As vitrinas estavam cheias de objetos insólitos e ela sempre achava por lá uma nova joia ou um retalho de seda para fazer uma saia.

Todavia, sua perna direita fez-se lembrar, levando-a novamente a sofrer. Os tendões estavam se contraindo e o pé direito estava um pouco mais atrofiado. Ela caminhava com dificuldade. Marcou consulta com o médico-chefe do San Francisco General Hospital, doutor Leo Eloesser, um homem original, apaixonado pela arte, politizado, grande viajante. A respeito de suas costas, ele informou-lhe que havia uma acentuada escoliose e que uma vértebra estava deslocada.

O doutor Eloesser foi o primeiro médico que Frida "adotou", em quem ela depositou confiança. Como prova do seu reconhecimento, retratou-o, em casa dele, alguns meses mais tarde:

For Dr Leo Eloesser with all love, Frieda Kahlo. San Francisco Cal. 1931[40].

No dia 3 de maio de 1931, Frida escrevia a sua amiga de infância, Isabel Campos:

(...) não gosto de jeito nenhum do gringuerio[41], *são gente muito chata, todos com cara de bolo mal cozido (principalmente as velhas). (...) Nem ouso falar do meu inglês, pareço uma retardada. Resmungo o essencial, mas vejo que é extremamente difícil falar bem. Apesar de tudo, consigo me fazer compreender, mesmo pelos merceeiros maldosos. Não tenho amigas. Uma ou duas que não podem ser chamadas de amigas. Portanto, passo a vida pintando. Em setembro farei uma exposição (a primeira) em Nova York. Aqui, não tive tempo para isso e só pude vender alguns quadros. Mas, de qualquer modo, ter vindo foi muito importante para mim, pois abri os olhos e vi muitas coisas novas e agradáveis. (...)*

---

40 Para o dr. Leo Eloesser com todo o amor, Frieda Kahlo. São Francisco, Califórnia, 1931. (N. E.)
41 Da palavra "gringo", que designa o americano em gíria mexicana.

Com sua perna dolorida, um novo período em que ela se viu imobilizada, Frida pôs-se novamente a pintar com regularidade. Fez o retrato de várias pessoas, além do dr. Eloesser, libertando-se da influência que a pintura de Diego, no México, exercera sobre ela. Seus novos retratos são mais trabalhados, mais imaginativos, mais poéticos.

Foi com felicidade que ela começou um quadro representando-a com Diego. Os dois estão em pé, de mãos dadas. Diego está segurando uma paleta na outra mão: o pintor é ele. Frida inclina a cabeça, com ternura, na direção daquele grande homem, a quem ela chega só até os ombros. Ele tem pés imensos, os dela quase não se veem. Como dizia Weston, ela parece uma boneca.

Frida adorava esse retrato deles. Selava sua união, provava seu amor, pelo menos o amor dela por Diego, e a modéstia com que se colocava diante dele: uma mulher mexicana, amante, sem pretensões. Acima de suas cabeças, segundo a tradição dos ex-votos, uma inscrição sobre uma fita cor-de-rosa:

> *Vocês nos veem aqui, eu, Frieda Kahlo, ao lado de meu marido bem-amado Diego Rivera; pintei estes retratos na bela cidade de São Francisco, Califórnia, para nosso amigo Albert Bender, em abril e maio de 1931.*

Mas eis que, no mês de junho, Diego já estava sendo chamado pelo governo mexicano: tinha deixado inacabados os trabalhos que devia efetuar no Palácio Nacional. O casal Rivera retornou então ao México, com um convite no bolso para que, mais tarde, Diego realizasse um mural em Detroit.

Instalaram-se na casa azul enquanto Diego, com os dólares ganhos nos meses anteriores, empreendeu a construção de uma outra casa, cercada de cactos, situada entre as avenidas Altavista e Palmas, no bairro de San Angel.

Os dias eram bem cheios. Diego sempre igual, ou seja, inesgotável, cabotino; Frida, dinâmica, jovial. E depois os projetos, a futura casa – que seria composta de duas partes ligadas por uma pequena ponte –, os amigos. Entre estes últimos, um recém-chegado, Serguei Eisenstein, que estava rodando *Que Viva Mexico!*

– Não podia haver título melhor, senhor Eisenstein – disse Frida, acolhendo-o na casa azul.

– Nem melhor tema – acrescentou Diego.

Eisenstein sorria tranquilamente. Diego e Frida agitavam-se em volta dele. Queriam saber tudo sobre o filme, mostravam-se, como de costume, diabolicamente curiosos e tagarelas, faziam sugestões, elogiavam a grandeza da pátria deles. Mais tarde, Frida mostrou alguns de seus quadros ao cineasta, os que se achavam lá, um autorretrato, um retrato de Cristina, um outro de Adriana, *A menina*, *O ônibus*, fotografias dos quadros que ficaram nos Estados Unidos.

Eisenstein olhava atentamente. Frida interveio.

– Não gaste os seus olhos, caro senhor: eles não valem grande coisa, o senhor sabe...

– Em todo caso a senhora tem um olho de fotógrafo, permita-me poder julgá-lo. E pintora a senhora é, embora pareça duvidar... Devia ir à União Soviética, estou certo de que a nossa arte dos ícones lhe interessaria. Vejo na sua pintura essa mesma intimidade. Ela tende a este mesmo recolhimento.

– É honra demais para mim! – exclamou Frida afastando o assunto com um gesto de mão. Ficou pensativa dois minutos, depois tornou a falar: – Os ícones, isso é entrar no divino. Onde o senhor também está. Quem sou eu, em comparação? Eu trabalho, é só isso.

O que o senhor está vendo é o meu universo... Agora venha, venha. Vamos tirar uma fotografia nossa no pátio.

Frida pegou afetuosamente seu hóspede pelo braço e o levou para fora. Chegando à escadaria, ela gritou alegremente, estendendo o dedo:

— Está vendo aquela árvore ali? Era embaixo dela que eu sonhava, quando criança. Fazia o meu próprio cinema... *Que Viva Mexico!* Não é?

Diego não parava de repetir que estava com saudades da sua vida americana, Frida pilheriava com ele perguntando se não estava com saudade, sobretudo, dos dólares e da fama. Quanto a ela, aos poucos voltava a mergulhar no seu universo mexicano, sem muitas queixas: ali estavam sua língua, sua família, seus amigos.

Entretanto, a vida daria razão aos desejos de Diego: os Estados Unidos chamavam-nos de novo, pela voz de Frances Flynn Payne, conselheiro artístico dos Rockefeller. Segundo pintor a ter essa honra, depois de Matisse, Diego era solicitado a expor uma retrospectiva da sua obra no Museu de Arte Moderna de Nova York.

Voltaram então a fazer as malas e embarcaram para a costa leste no mês de novembro. A viagem foi animada pelas histórias extraordinárias e as facécias de Diego, suas brincadeiras de pistola, seus discursos sobre o futuro do mundo. E Frida, tal como Cleópatra no mar do Egito, enfeitada e admirada, cantava corridos, ostentava todo o seu charme e sua ternura, a acuidade da sua inteligência, oferecia generosamente os seus sorrisos, e não somente aos homens, mas às mulheres também. Compreendera que atrair os olhares sobre ela era o meio mais seguro de afastar as mulheres que se aproximavam de Diego.

Só se fez calma no navio quando ele entrou na baía de Manhattan. Silêncio a bordo, os viajantes eram todos olhos. Frida pensou no pai, vindo de Hamburgo e chegando a Veracruz, e sentiu-se ainda mais emocionada. O Novo Mundo capitalista erguia-se diante dela, com luzes feéricas e seu brilho refletindo-se nas águas.

Estremeceu de prazer e de medo face à beleza do monstro urbano, que a desafiava, com os reflexos que emitia e com tudo o que ele devia ocultar nas suas sombras. "Quantos homens", dizia consigo mesma, "viveram este momento extraordinário? Quantos terão o privilégio de vivê-lo ainda? Quantos terão chorado! Quantos tiveram de morrer de chorar! A mão do Homem é bem maior do que a do homem que Deus criou, minha querida mamãe..."

No cais, um pequeno ajuntamento se formara para recebê-los. Alguns amigos e, entre os presentes, o diretor do Museu de Arte Moderna em pessoa, A. Conger Goodyear, davam as boas-vindas aos recém-chegados, que foram logo conduzidos ao hotel Barbizon-Plaza.

Mal se instalaram, Diego e Frida foram carregados pelo turbilhão dos mundanismos. Frida deixava-se levar com um certo prazer, ao mesmo tempo que exprimia com veemência, às vezes, seu desagrado por todas essas festividades que fingiam ignorar a miséria do mundo. Os amigos de John Rockefeller Jr. e de sua esposa, Abby, olhavam-na com uma certa tolerância. No entanto, quanto mais Frida se acostumava com os palácios, os criados, os motoristas, com a facilidade do conforto, mais provocante se mostrava. Já não exibia apenas suas travessuras naturais, tornava-se também perita em dar suas alfinetadas nas reuniões da alta sociedade. Mas era artista e esposa de artista, e isso dava direito a certas liberdades que, sem dúvida, não concederiam a qualquer outra categoria de indivíduos. Frida divertia.

A exposição no Museu de Arte Moderna era para Diego um enorme empreendimento: uns cento e cinquenta trabalhos deviam ser apresentados, indo desde o simples esboço ao fragmento de mural. Fora os jantares, Diego estava entregue à sua tarefa, estimulado também pela embriaguez da sua celebridade incontestável. Três dias antes do Natal, no frio nova-iorquino, as pessoas se comprimiam no vernissage. Um vento estranho soprava sobre o museu onde desfilavam lado a lado os mais altos representantes do capitalismo e os defensores do comunismo. Mas era de bom-tom, quase. Os primeiros sentiam-se mais liberais e os segundos tinham a impressão de que sua luta estava marcando pontos. Aliança de uma noite, também, entre o Norte e o Sul.

A julgar pelos números, a exposição foi um sucesso: em um mês, houve perto de sessenta mil ingressos.

Diego impressionava à primeira vista. Amava os Estados Unidos, que lhe retribuíam à altura. Nova York era uma cidade para a dimensão dele. Sob as luzes e os *flashes* dos fotógrafos, ele estava à vontade. Nas *parties*, todas aquelas senhoras *curly haired* giravam em torno dele. Mesmo quando ele jogava a fumaça do seu grosso charuto em cima das suas zibelinas. Que importa, elas o achavam ainda mais *charming*. *Oh Diego, you are a genius! What a wonderful man, really!* Algumas ficavam ridiculamente melosas. Fosse ele ainda mais feio, o meu Diego, mais ainda elas o amariam. Jamais conheci alguém que manejasse tão bem quanto Diego a arte da contradição, saindo-se sempre bem, como estrela. Artisticamente, politicamente, na vida de todo dia, estava sempre por cima. Pirueta *man*.

And what about me? Arrasada, no fundo do poço. Às vezes eu era atacada de náuseas entre taças de champanhe. Não por causa do próprio champanhe, mas antes pelo barulho da efervescência. Não por ver os colares de pérolas, mas antes por ouvi-los quando as *ladies* mexiam neles, tagarelando à moda americana. E aqueles perfumes que elas mandavam vir de Paris, misturados com o cheiro dos charutos cubanos dos homens. Eu sentia saudades dos cheiros da Merced, dos cheiros das *tortillas*[42]. Do Zócalo. Diante de um *gratin dauphinois* ou de um *creme à l'anglaise* – sempre dizer assim, em francês – invadia-me uma vontade desesperada de comer uma *enchilada*[43] da mamãe, um *guacamole*[44], uma fatia de goiabada, *cajeta*[45] com colherinha e um bom copo de *pulque*.

Havia "ohs" de admiração quando alguém observava o ano da safra dos vinhos – sempre franceses –, e eu ficava pensando que, no meu país, as pessoas se envenenavam todos os dias bebendo três gotas de água estagnada... Lembrava-me, com um *petit four* na mão – dizer também em francês –, das fotos terríveis de misérias que eu tinha visto, dos Estados Unidos mesmo. Então, tinha vontade de ficar bem pequenininha e afundar ainda mais naquelas poltronas de veludo extraordinariamente macias, poltronas feitas para o adormecimento intelectual. Perguntava a mim mesma como seria a vida, por exemplo, do garçom que nos servia com suas belas luvas brancas, a do *groom* do hotel Barbizon-Plaza, dos bêbados e dos mendigos que arrastavam seus farrapos de vida em direção ao Bowery, àquela hora, em pleno inverno. Eu pensava na corrida do ouro e na revolução mexicana, em todas as guerras, as do passado e as que nos esperavam ainda, talvez. *I felt sick, you know*.

Perguntava a mim mesma se estava sendo honesta. Não porque estivesse em um salão burguês, mas sim porque as coisas em que eu acreditava talvez fossem uma causa perdida. E eu estava, de qualquer forma, do lado do poder e ainda estou: pela minha própria educação, não é mesmo? Diego, por sua vez, jamais pareceu duvidar; mudar de opinião com facilidade não é a mesma coisa

---

42 Bolinho de milho.
43 Taco (cf. nota 9) com molho.
44 Salada de abacates em purê.
45 Bolo de leite de cabra.

que duvidar. Definitivamente, talvez eu tenha maior integridade do que ele. Uma certa puerilidade que me faz andar mais ereta. Ou será apenas pretensão?

Entre dois convites com envelopes sempre iguais, eu me deixava, apesar de tudo, absorver por Nova York. Do sul do Central Park, onde morávamos, eu adorava caminhar até *downtown*. Meu território era circunscrito entre Little Italy e Hester Street. Eu passeava menos pelo Chinatown nova-iorquino do que pelo de Frisco. Bem que gostaria de morar para os lados de McDougal Street; eu dizia isso a Diego, e ele me respondia que talvez mais tarde. Eu me sentia pouco à vontade com as maneiras afetadas do hotel. Os salamaleques nunca fizeram meu gênero.

Tinha algumas amigas. Sobretudo Suzanne e Lucienne Bloch. Sobretudo Lucienne, que se tornou uma das assistentes de Diego no trabalho dos murais e se casou mais tarde com Stephen Dimitroff, outro assistente. Ainda terei oportunidade de falar nela. Ela ria de mim porque eu sempre trazia uma coisa qualquer dos meus passeinhos: dois metros de fita, um xale italiano, velhas contas de madeira para fazer um colar. Ela dizia que nunca tinha visto mulher mais jeitosa para combinar elementos disparatados, tivessem valor ou não. Ela dizia que, sem dúvida, a elegância, no fundo, era essa arte. Eu me sentia muito envaidecida.

Minha coqueteria participava do corre-corre em que eu vivia. Tentava não perder de vista as causas nobres que minha consciência defendia, e uma multidão de imagens logo me invadia, em meu socorro. Ao mesmo tempo eu me entregava a numerosos prazeres nova--iorquinos. Era por repentes.

Mas muitas vezes eu tinha vergonha. Não só por mim.
Eu tinha saudades do México e não pintava o bastante.

Na fronteira do México com os Estados Unidos

Esta cidade [Detroit] parece uma velha aldeia miserável. Não gosto nada dela, mas estou feliz porque Diego aqui trabalha com entusiasmo (...). A parte industrial de Detroit é mesmo a mais interessante, o resto é, como por toda parte nos Estados Unidos, horroroso e besta.

FRIDA KAHLO

Vinte e cinco mil dólares por um mural em Detroit, a indústria americana não poupava recursos. O tema? A própria indústria americana. O espaço a cobrir? Imenso, mas pouco impressionante para esse novo Michelangelo, como às vezes o chamavam. O local? O Detroit Institute of Arts, dirigido pela Detroit Arts Company, ela própria sob a responsabilidade de Edsel Ford, presidente da Ford Motor Company.

Em abril de 1932, Diego e Frida chegam a Detroit. Diego já recebera de Nova York uma proposta dos Rockefeller oferecendo-lhe a incumbência de pintar um mural em um de seus edifícios.

Durante semanas, Diego visita as fábricas de Detroit, enche seus cadernos de croquis dos prédios e do material que eles encerram. Corre de um lugar para outro, manifesta uma grande curiosidade e muito entusiasmo. Sente-se dedicado de corpo e alma à nova tarefa.

Quanto a Frida, pelo menos durante o dia, permanece tranquila: está grávida de novo. E, além disso, a cidade não lhe agrada tanto. Detroit é uma cidade de trabalho, tremendamente conservadora. A atmosfera é ainda mais pesada do que a de São Francisco ou Nova York, e Frida sente-se menos livre.

Em Detroit, as extravagâncias do casal Rivera tomavam outra dimensão; assim, como nessa cidade sentiam-se mais restritos, mostravam-se, por isso mesmo, mais agressivos. Já não faziam rir, eram vistos como animais estranhos. Não escapavam, todavia, aos convites sociais.

Numa festa em casa de Henry Ford, quando Frida dançava com seu anfitrião, este disse-lhe:

– Você está com um vestido muito bonito, cara Frida.

– Também acho, caro senhor – respondeu-lhe ela. – O senhor acha então que os comunistas devem andar mal vestidos?

– Não foi isso que eu quis dizer – disse Ford, fazendo-a girar no ritmo da música.

– Disseram-me que estamos hospedados no melhor hotel da cidade...

– De fato, de fato...

Frida lançava ao seu par olhares de desafio. Continuavam a girar, e ela insistiu:

– Também nos disseram por que é o melhor hotel da cidade.

Henry Ford sorriu com amabilidade.

– Porque lá não recebem judeus – acrescentou Frida, afastando-se um pouco para observar melhor o efeito das suas palavras.

Ford não respondia. Acabou dizendo:

– Sabe, o que contam...

– Em todo caso, sei que Diego e eu temos sangue judeu nas veias. E que o senhor está dançando comigo.

Frida provocava Ford de propósito: ele era considerado antissemita. Ford não reagia, estava acostumado com esse tipo de injúria. Mas sobressaltou-se quando, depois de se insinuar entre os pares que dançavam, levando-a para um lugar à parte, Frida perguntou-lhe à queima-roupa:

– Diga-me, senhor Ford, o senhor é judeu?

Ela não esperava resposta. De qualquer maneira, sem dúvida, não a teria obtido. Sentou-se num sofá e massageou a perna direita, sob a saia: seu aparelho ortopédico a machucava. Por causa da gravidez, sentia enjoo o tempo todo, e girar daquele jeito, dançando, não ajudava em nada. Saiu para o jardim e vomitou. Vomitava sem parar, e não comia quase nada.

Quando saíram da festa, um carro com motorista os esperava. Henry Ford adiantou-se na escadaria:

– É um presente para Frida.

Frida ficou embaraçada.

– Mas eu não sei dirigir...

– O motorista ficará à sua disposição.

Frida começou a ter hemorragias. O dr. Pratt a recebeu e a tranquilizou. A criança não estava em perigo, mas era imperioso que ela se agitasse menos. Frida obedeceu e, sobretudo, tentou pôr suas ideias em ordem. Sentia que estava inquieta, dispersiva na sua vida de todo dia. Diego irritava-se com isso e dizia a Lucienne Bloch, que residia com eles:

– Não sei mais o que fazer com Frida. Ela vai mal... Não sei o que fazer! Ela não trabalha o suficiente.

Frida também achava isso. Tinha necessidade de esquecer Detroit por uns tempos, de se preocupar menos com Diego, que não parecia precisar dela, não pensar mais em Nova York, ou deixar de ter saudades do México. Precisava trabalhar, única maneira de canalizar todas as suas correntes de pensamento.

E começou a pintar um autorretrato, em que se representa na fronteira do México com os Estados Unidos: "Carmen Rivera", está escrito no pedestal onde ela está de pé, "pintou o seu retrato no ano de 1932."
Diego quase nunca estava em casa, assim ela dispunha de todo o tempo para trabalhar. À luz do dia, o quadro tomava forma, revelando o seu mundo de então, ordenando-o. À sua esquerda, os Estados Unidos, talvez somente Detroit: canalizações, aparelhos e fios elétricos; no fundo, uma fábrica sobre cujas chaminés está escrito FORD e cuja fumaça forma uma nuvem; edifícios. À sua direita, um templo asteca, vestígios pré-colombianos; no céu, o sol e a lua, e, sobretudo, plantas e flores cujas raízes são pintadas de perfil. De pé entre esses dois mundos tão opostos – aquele onde ela tem raízes e aquele que é ligado ao primeiro apenas pelo contato elétrico – com um vestido longo cor-de-rosa e usando luvas longas, como se estivesse pronta para ir a uma festa, Frida, sempre séria. Suas espessas sobrancelhas pretas, juntando-se na testa, como asas de pássaro: símbolo do rosto de Frida; símbolo também da sua vontade de partir, de alçar voo mesmo, se não puder andar; símbolo de suas fugas imaginárias, em suma.

Frida sentia-se mais serena. Seu pincel de marta, pondo lentamente a cor à mostra, acalmava suas inquietações. Uma a uma, achavam-se formuladas na tela. Ao seu lado, os tubos de tinta, alinhados, a tranquilizavam. Ao entardecer, ela limpava os pincéis e a paleta, enxugava tudo, arrumava cada coisa em seu lugar, pronta para ser reutilizada no dia seguinte. No fim do dia, sentia-se invadida por um estranho cansaço, deixando-a satisfeita. As horas sem Diego passavam mais depressa.

Em junho, já começava a fazer muito calor. Frida continuava a ter hemorragias, náuseas; mas, pintando, tentava lutar contra tudo. Todavia, persistia uma preocupação quanto à vida da própria criança. Os médicos garantiam que a vida da mãe não estava em perigo, Diego duvidava disso, mas, sobretudo, no fundo, ele não tinha muita vontade de ter um filho. Mas lhe dizia que fizesse o que tinha vontade de fazer. Para ela, entretanto, o que estava em jogo era algo enorme. O fato de seu corpo poder funcionar normalmente trazia-lhe uma felicidade inesperada; por outro lado, arriscar uma reação negativa por parte de Diego, sua eventual rejeição da criança, colocar em perigo sua relação nos termos em que estava estabelecida, isso a perturbava enormemente e a deixava transtornada. Tudo isso confundia-se na sua cabeça enquanto, sentada diante do seu cavalete, estabelecia em si mesma a fronteira entre o México e os Estados Unidos, redesenhava o elo com o primeiro como que para se confortar com isso, e tudo o que, no segundo, jamais aceitaria.

Chegou o mês de julho. Pelas janelas abertas, o calor entrava carregado de um cheiro de concreto ardente e de poeira. De vez em quando Frida deixava sua cadeira de trabalho e levantava a cortina de uma janela. Esperava as tempestades das tardes de verão mexicanas. Fazia um calor terrível, ela se abanava com a leve paleta de madeira: por um instante, o cheiro de terebentina era mais forte do que o que vinha de fora.

Apalpou a barriga e olhou um calendário que estava colocado em cima de um móvel. Logo estaria com dois meses de gravidez.

A questão de ter filhos nunca foi simples entre Diego e eu. Eu teria dado qualquer coisa para ter um filho; ele, não. Sua pintura está sempre na frente de todo o resto; o que é bem normal. E, depois, ele já tinha Marika e as filhas de Lupe.

 Quando fiquei grávida pela segunda vez, nos Estados Unidos, Diego disse que temia pela minha saúde. E preocupou-se em saber o que os médicos achavam a respeito. O dr. Pratt afirmava que a criança poderia, contrariamente à minha primeira experiência catastrófica, aguentar até o fim da gestação, desde que eu ficasse tranquila durante toda a gravidez e que se fizesse o parto por cesariana. Escrevi ao dr. Eloesser pedindo sua opinião, e ele me respondeu que concordava com o colega. Quanto ao espinhoso contexto psicológico com que eu me defrontava, eu tinha que decidir sozinha.

 Creio que a falta de motivação em Diego não se devia tanto à preocupação pela minha saúde, mas antes, e quase exclusivamente, à importância da sua vida de pintor. Eu o compreendia perfeitamente e estava pronta a aceitar o aborto. Se, por um lado, os médicos me garantiam quanto ao parto, por outro me colocavam também na situação de ter de fazer uma escolha crucial.

A coluna quebrada, 1944
(col. Dolores Olmedo, México)

Frida e Diego

Duplo retrato (Diego e Frida), 1944 (col. Francisco González Vásquez, México)

Diego e eu, 1949 (col. Samuel A. e Carol F. Williams, Chicago)

Autorretrato com Diego no meu pensamento, 1943 (col. Jacques e Natacha Gelman, México)

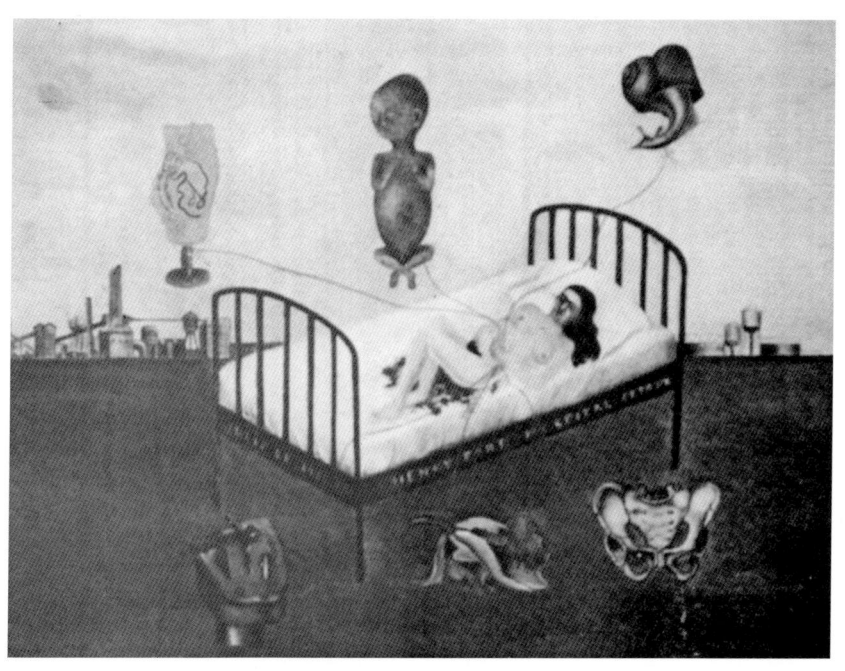

Hospital Henry Ford, 1932 (col. Dolores Olmedo, México)

A noiva que se amedronta vendo a vida aberta, 1943
(col. Jacques e Natacha Gelman, México)

Sem esperança, 1945
(col. Dolores Olmedo, México)

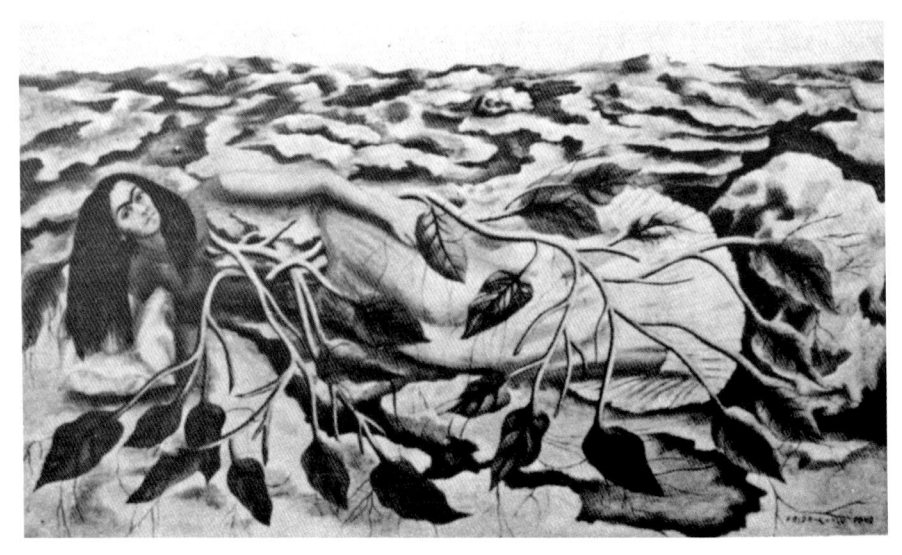

Raízes, 1943
(col. part., Houston)

Autorretrato com trança, 1941
(col. Jacques e Natacha Gelman, México)

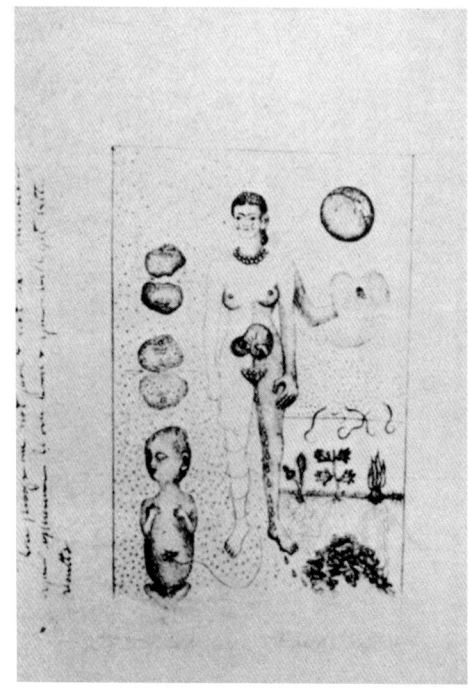

Frida Kahlo em seu jardim
(foto: Gisèle Freund)

Frida e o aborto, 1932
(col. Dolores Olmedo, México)

Frida Kahlo com o dr. Farill
(foto: Gisèle Freund)

Autorretrato com macacos, 1943
(col. Jacques e Natacha Gelman, México)

Iria a criança selar a nossa união? Iria, ao contrário, rompê-la? Horas e horas a me questionar, a examinar o assunto sob todos os ângulos. O esgotamento mental, as lágrimas, e nada: eu não conseguia resolver o dilema. Pesar os prós e os contras e estabelecer, para cada caso, uma cadeia de deduções, e nada: eu estava na estaca zero. Estava então grávida de dois meses. Tudo ainda era possível. Eu dormia mal, tentava conversar sobre o assunto com Diego. Depois, voltava a caminhar em círculos, sem saída. Mas, aos poucos, como último recurso, natural, somente a minha vontade emergiu da confusão. Eu queria meu filho, meu bebê. Meu desejo de tê-lo era mais forte do que as razões para não o ter. E a angústia desapareceu. Era como quando nos desfazemos daquilo que, por estar muito usado, já não nos pertence mais. O sono voltou.

Um mês e meio depois, o destino fez de mim uma presa para sua voracidade. O destino tem dentes de tubarão. Em uma noite, perdi tudo. Parece que meu pranto, meus gemidos, meus gritos, podiam ser ouvidos muito além das paredes. De manhã, só restava um Diego de cara triste, uma Frida à beira da inanição, cujas tranças meio desfeitas estavam literalmente molhadas de lágrimas, o uivar desesperado de uma sirene de ambulância. Hoje, restam estas páginas que escrevi então:

Foi um imenso escarro de água, de ouro e de sangue. Depois, nada mais vi, o chão amolecia sob meus pés, o medo, rasgos de relâmpago fragmentando meu corpo, uma desolação absoluta, minha carne se fluidificava, travava uma batalha antecipadamente perdida, um deslocamento dos membros, brutal, o desbaratamento caótico de uma unidade, um corpo escancarado esvaziando-se da sua vida, dando a morte, dando-se a morte.

Um sofrimento de enlouquecer.

Um medo pânico. O terror. Um nojo, o suor, o sangue, nenhum elemento sólido a que me apoiar para refazer minhas forças: paredes como se fossem de poeira, objetos a se moverem. Nenhuma consistência, tudo imagens embaralhadas. Punhaladas vibradas no azul do céu. Fendas negras de fuligem nas cores da vida. Uma palidez intolerável desenhando a linha do horizonte. Uma história grave. Eu não queria isso. Tudo, menos isso. Não essa perda irreparável do que me completava, não essa amputação, essa mutilação da minha própria vida, não essa degenerescência violenta do meu eu. A loucura não está tão longe. A loucura está a dois passos. A loucura toca de leve ou toma conta deste lugar mais frágil de todos, onde a dor se faz total, fustiga cada parcela de vida, estrangula a luz, amarra cada gesto, desbarata qualquer tentativa de salvação, tenta sepultar cada bolha de ar, empenha-se em desmantelar as forças.

Não se pode dizer "saio quebrada", não se pode dizer "vivo uma dilaceração": ainda não saí de coisa alguma, ainda não recobrei a vida. Também já não *sou*, a não ser fantasmática. Brilhos, rasgos, dilaceração impetuosa, torrente de lágrimas, e nada enchendo este vazio sem nome: eu, isso? Invadiu-me um estranhamento forte, mortal, mantém-me sob seu jugo, emudece-me de desespero, esvazia-me de vida, sim, repito, esvazia-me de sentido. O corpo despojado de sentido, despojado do que ele possuía tão caramente ("carnalmente"!). Desordem, dissipação. Balanço como um barco embriagado, embriagado de deriva, uma barca oca. Pisada, nunca fui tão pisada.

Meu filho, sou culpada. Se você soubesse como me sinto culpada. Tudo fiz para conservar você no quentinho, protegido. Amado, amado, amei-o muito antes de o ver, de o conhecer, de o reconhecer. Mas não foi o bastante. Alguma coisa lhe faltou, faltou uma parte de você. Talvez tenha sido o espaço onde seu pai pusera uma cruz declarando "ausente". Faltou para você, no fundo, faltou para mim. Não tive força suficiente para preencher essa parte sua que não vinha de mim e que se constituiu em falta, tornando-o incompleto, mais frágil. Também não tive força suficiente para preencher a falta dele em mim.

Você e eu, nós estivemos unidos, nesse tempo, ligados pelo mesmo desígnio, feridos pelas mesmas coisas, sofrendo as mesmas imperfeições. A culpa é minha, e só minha. Eu devia ser capaz de amá-lo por dois, de nos amar por dois, de protegê-lo de todos os perigos e mais ainda. Devia ter tido força suficiente para evitar qualquer sofrimento que ameaçasse você, para evitar a sua perda, a nossa destruição. Eu lhe peço perdão, infinitamente perdão.

Não tornarei nunca mais a encontrar a sensação de você. Esse desejo tão pleno que abriu as asas naquela noite, introduzindo-se como chuva de faíscas no meu calor, no gozo dos meus membros como um encadeamento de ricochetes. Ele procurando me alcançar, eu procurando acolhê-lo com toda a força do meu prazer, procurando possuí-lo para que você se enraizasse em mim. E você se agasalhou no recôndito do meu ventre como em terra conhecida, como se desde sempre soubesse que ali era o seu lugar. Você se espreguiçou, fez seu ninho escuro e úmido.

Sou culpada, eu devia ter sido mais forte, mil vezes mais forte, evitar todo mal para você, reter você em mim, de corpo e alma. Tudo desmoronou, cavou-se um abismo em mim e à minha volta: você não existe mais e é o meu próprio corpo que se perde, que se desintegra. Não é mais permitida a esperança.

Aniquilada. Como se um bloco de granito tivesse rolado sobre mim. Tentei evitá-lo, fugir. Mas minhas forças me abandonaram, paralisando-me no lugar, desprovida de tudo, entregue ao nada.

Aniquilada. Já não havia cabeça para pensar, já não havia corpo, já não havia sexo. Você me havia completado, preenchido. Sua perda me arrancou tudo, brutalmente. Privada do florescimento que você me havia trazido. Arrancar-me ao que sua presença em mim me havia dado tão violentamente é desmedido: perco tudo sem remédio, sem discernimento. Lanço-me ao nada.

Meu filho que não viu a luz do dia, perco o meu meridiano. Estávamos tão próximos, como você pôde me deixar? Como pude permitir que você fizesse isso? Atrelados estávamos, estamos. Onde eu ia, eu o levava. Onde você vai, você me leva. Acreditei, estou desesperada. Eu estava colada a você; você estava colado a mim. Ou melhor: juntos, os dois em um. Gostaria de me revoltar mas não posso, meu abatimento é extremo. Carrega-me como uma náufraga em rolos de ondas saturadas de areia áspera.

Que fiz eu, diga, para sermos vencidos dessa maneira? Não pude socorrê-lo, você não me pôde socorrer, ninguém nos socorreu.

Não há mais nada a dizer: meu vocabulário é tão pobre quanto a minha desolação.

Meu filho, você não tinha preço: você reunia tudo o que, a meus olhos, tinha valor: Diego, o amor, a vida, a comunicação, a doação de si. É preciso proteger a quem amamos, saber que é preciso, para tudo e contra tudo.

Um sofrimento de enlouquecer.

Guardo-o em mim como um segredo ferido, doravante. Olho ao redor de mim: o silêncio me devora, os objetos se esfumam, minhas pernas se esquivam. Nenhum ponto de referência, nenhum lugar em parte alguma. Sou essa matéria difusa, o silêncio está dentro de mim. Lá adiante, quatro paredes brancas que transpiram um cheiro de éter, que contêm um universo desfeito. Esperar.

Da morte de um bebê, da morte de uma mãe

Gosto muito das coisas, da vida, das pessoas. Não quero que as pessoas morram. Não tenho medo da morte, mas quero viver. A dor, isso não, não a suporto.

FRIDA KAHLO

No dia 4 de julho de 1932 já não havia bebê. Um aborto o levara dentro da noite. Frida se torcera de dor durante horas, pedira depois que lhe trouxessem o feto para vê-lo, tocá-lo, desenhá-lo, guardá-lo de uma maneira ou de outra. Súplicas baldadas... Uma ambulância veio buscá-la para levá-la ao Hospital Henry Ford. Ela parecia estar perdendo todo o sangue.

Nos dias que se seguiram, continuou a pedir o seu bebê morto, como uma louca. Em seguida, pediu apenas que os médicos lhe emprestassem livros de medicina, de maneira que ela pudesse estudar as ilustrações de anatomia e se inspirar para traduzir em pintura o seu estado. Diante da recusa dos médicos, Diego trouxe-lhe o livro tão solicitado.

Ela ficou duas semanas no hospital. Muito desesperada, começou a fazer esboços e mais esboços. Às vezes rasgava tudo, porque o papel ficava todo enrugado, regado pelas lágrimas que ela derramava. Falava pouco, chorava o tempo todo. Muito pálida, magra, esgotada, agarrava-se à vida desenhando o que a tinha feito sofrer.

Através do véu do seu olhar úmido, apesar dos seus dedos trêmulos, as imagens apareciam.

Representa-se de pé, nua, um colar em volta do pescoço e grandes lágrimas no rosto. No seu ventre, um feto; fora dela, mas a ela ligado por um cordão umbilical, um segundo feto, um menininho maior. Do seu sexo, ao longo de uma perna, o sangue corre e se infiltra na terra, alimenta-a e nela faz nascerem raízes e plantas: a vida renasce. No céu, uma lua crescente chora, também, olhando para Frida...

Diego mostrava-se inquieto. Achava que somente a pintura a salvaria, e a estimulava. Fez Lucienne prometer que, tão logo Frida deixasse o hospital, a levaria a uma oficina de litografia.

– Sim – disse Frida sem pestanejar –, gravarei na pedra os desenhos dos últimos dias.

– A litografia é um belo trabalho – disse Lucienne –, vamos juntas. Você vai gostar.

– Eu sei, Lucienne. Agora, ou eu trabalho ou caio em desespero.

Frida tentava reter as lágrimas, mas era sacudida por soluços, fungava. Lucienne aproximou-se dela, abraçou-a. Frida apoiou a cabeça no ombro da amiga e murmurou:

– O principal é não aborrecer Diego. Quando eu não vou bem, ele diz que não o amo. Você sabe, Lucienne, que não é verdade... Ele é duro comigo... No fundo, é a arte que é exigente.

– Diego recebeu uma carta de Chicago: chamam-no para executar lá um mural para a World's Fair[46].

Frida levantou a cabeça e enxugou as lágrimas.

– Ah... é?... E em Detroit?

– O trabalho, de fato, só vai começar 25 de julho. E as críticas já estão chovendo.

---

46 Feira Mundial. (N. E.)

No dia 17 de julho, Frida saiu do Hospital Henry Ford. Estava muito fraca, mas voltou a trabalhar sem perda de tempo. Prosseguiu a sua série de esboços sobre o tema da maternidade interrompida, que a levaria até o quadro *Hospital Henry Ford*, pintado a óleo sobre uma placa de metal.

Ela está deitada em uma cama de grade, onde estão inscritos o nome do hospital e a data da execução do quadro. Está nua, a barriga redonda, os cabelos desfeitos. Lágrimas correm sempre dos seus olhos e o lençol está manchado de sangue. Em uma das mãos segura cordões que a ligam a seis elementos dispersos no espaço: um caracol, um feto masculino, o perfil do seu corpo à altura do ventre, uma estranha máquina metálica, uma orquídea, a ossatura da sua bacia. Na linha do horizonte, uma cidade industrial...

Logo que ficou em condições de se deslocar, foi com Lucienne à oficina de litografia. Recomeçava tantas vezes quantas fossem necessárias. Silenciosamente, obstinadamente, traçava e retraçava a sua maternidade perdida. Lucienne a observava, a ajudava. Frida mostrava-se interessada por seu trabalho, embora extremamente nervosa. Não estava satisfeita com o resultado. Mas apesar de tudo, apesar do amuo das pessoas que passavam pela oficina e a viam trabalhar, apesar do calor estafante, Frida perseverava.

– Quanto mais desesperada, mais produtiva – disse ela a Lucienne. É preciso isso para salvar-se da pura e simples autodestruição...

Lucienne passou o braço pelo ombro dela e a puxou para fora.

– Diego já vai voltar do museu, vamos embora.

No dia 3 de setembro, chegou do México um telegrama. Anunciava o estado crítico de Matilde, que sofria de câncer. Frida desmoronou. Era impossível telefonar dos Estados Unidos para o México. Disseram-lhe que havia problemas na rede telegráfica. Frida quis tomar um avião imediatamente, mas não havia um que cobrisse o trajeto Detroit-México.

– É... vale a pena ter todas essas fábricas! – berrava ela. – Todo esse pretenso progresso... para nada.

A única solução era ir de trem, ou ônibus. Milhares de quilômetros... Teria Frida força para enfrentá-los?

– Eu faria qualquer coisa, vocês entendem? Vou para o México de caminhonete se for preciso.

Diego pediu a Lucienne que acompanhasse a sua mulher. Ele não podia deixar o trabalho. No dia 4 de setembro, as duas mulheres tomaram o trem. Frida não dizia uma palavra, chorava como criança. Durante horas, olhava desfilar a paisagem, com os olhos vermelhos. De noite, apesar dos solavancos do trem, Lucienne a ouvia soluçar no escuro. As hemorragias voltaram. No sul dos Estados Unidos, o Rio Grande tinha transbordado, por causa das chuvas, e o trem teve de diminuir a marcha, pois os trilhos estavam inundados. Chegando ao Novo México, elas resolveram continuar a viagem de ônibus.

Frida mal podia andar. Disse a Lucienne:

– Se eu não for rezar numa igreja, não chegarei viva... Lucienne, estou me esvaindo em sangue... e tenho medo dos ônibus.

Lucienne tentava acalmá-la.

– Que mal fiz eu a Deus para ter todo esse azar, diga!

Lucienne sentia que a aflição de Frida era mais forte do que qualquer palavra que ela pudesse dizer para a consolar.

Chegando perto da fronteira, fizeram uma curta parada em Laredo, no estado do Texas. A estação de ônibus era barulhenta e animada. Alguns americanos, mas sobretudo *chicanos*[47]. A sala de espera era triste, sombria e suja. Os viajantes se amontoavam, apesar

---

47 Nome dado aos mexicanos emigrados para os Estados Unidos.

do adiantado da hora. Nos bancos, as pessoas se apertavam com as suas bagagens sobre os joelhos ou a seus pés. Alguns dormiam, segurando uma trouxa com uma das mãos e, com a outra, um chapéu sobre o rosto.

Fazia um calor de temporal, sentia-se a proximidade do México por causa dos cheiros dos alimentos vendidos por ambulantes. Frida segurava o braço de Lucienne, as pessoas olhavam para elas.

– Lucienne, e se andássemos um pouco lá fora?
– Você aguenta?
– Não sei, mas aqui estou morrendo abafada.

As ruelas eram sombrias. Algumas luzinhas vacilantes indicavam um pequeno café aberto, algumas silhuetas cambaleantes, bêbados. Frida caminhava com passos miúdos, apoiando-se em Lucienne. De vez em quando, paravam para Frida tomar fôlego.

– Você acha que a gente pode se sentar numa dessas espeluncas?
– Acho que é melhor não.
– Que ideia, fazer um ônibus partir às quatro da manhã!

Ao voltarem à estação, uma mexicana gorda as abordou. Fitou Frida e disse:

– Olha, você devia me mostrar as linhas da sua mão. Você não está em segurança.

Frida apertou o braço de Lucienne e virou a cabeça:

– Por que você está dizendo isso?
– O seu olhar. Os olhos são o espelho da alma.
– Se meus olhos falam tão bem, não preciso lhe mostrar a mão... Não quero saber mais nada, você seria capaz de me dizer que não vou chegar ao fim desta viagem...

A índia remexeu debaixo das suas saias. Pegou a mão livre de Frida, colocou nela alguma coisa e tornou a fechá-la, sem mais aquela.

– Leve isto. Vai lhe dar sorte.

Num pacotinho quadrado de celofane, havia uma imagem da Virgem, algumas tirinhas de trapo vermelho, sementes e dois pequeninos ex-votos de lata, como os que Frida comprava quando adolescente, no patamar da catedral na Cidade do México: um representava uma perna, o outro um coração.

As paisagens, no norte do México, eram muito belas. Paisagens de montanha, selvagens e verdejantes por causa das chuvas de verão. A luz era bem mais clara, Frida piscava. Ela tentava reter o que via. Tinha vontade de não esquecer nada dessas formas da natureza, desses verdes violentos: iria integrá-los nos seus quadros.

– Estou com náuseas e, na certa, estou liquidada, Lucienne, mas Deus! como é belo o meu país.

No dia 8 de setembro, finalmente, elas chegaram ao destino. Frida mal se mantinha em pé. Caiu nos braços das irmãs, que a esperavam, e foi dormir em casa da sua irmã Matilde. No dia seguinte, estava à cabeceira da mãe. Nenhuma esperança havia de salvá-la. Frida, incapaz de entender, incapaz de escutar os outros, em uma palavra: desesperada.

Sua mãe morreu no dia 15 de setembro, e ela foi somente soluços, noite e dia. Ficou mais de um mês no México, confortando o pai como podia, sendo por sua vez confortada pelas irmãs. Às vezes ia com Lucienne ver em que pé estava a construção em San Angel. Nem o fato de se encontrar no México nem a acolhida que lhe davam os amigos tinham conseguido consolá-la. No entanto, ela dizia que estava contente por estar em casa. Mas havia Diego do outro lado da fronteira...

No dia 21 de outubro, Frida e Lucienne estavam de volta a Detroit, depois de uma viagem tão longa e cansativa quanto a de ida.

Frida começou imediatamente a trabalhar. Diego estava muito ocupado no Detroit Institute of Arts e tinham acabado de confirmar sua contratação para pintar um mural no Rockefeller Center de Nova York, na primavera de 1933. Ele emagrecera, também, por causa de problemas de saúde, o que o tornava irritadiço. Frida sabia o que tinha de melhor a fazer, custasse o que custasse: era pintar.

Então, ela pintava, chorava, chorava, pintava.

Como para desafiar seu aborto, uma espécie de morte também sua, ela pintou *Meu nascimento*, em que uma mulher deitada, com a parte de cima do corpo coberta com um lençol – como os mortos –, pernas abertas, dá à luz uma criança cuja cabeça, de olhos fechados – como morto também –, sai do corpo sobre um leito manchado de sangue. O leito está no meio de um quarto vazio; pendurado na parede, apenas um retrato do rosto de uma *mater dolorosa*, apunhalada duas vezes no pescoço. O quadro choca pela própria austeridade com que é representada a violência desse nascimento. Nascimento, parto, ou morte de Frida? Nascimento ou morte do seu filho? Ou renascimento?

Frida estava decidida a pintar seu universo, real ou simbólico, sem que nenhum freio moral ou estético viesse entravá-la. Em sua dor, Frida era livre.

O trabalho de Diego recebia críticas de todos os lados, mas ele não se abalava. O diabo se defendia e sua fama ia de vento em popa. Centro de polêmicas políticas ou artísticas, tudo isso só podia lhe fazer bem e aumentar seu orgulho.

De volta a Nova York em março de 1933, febrilmente iniciou o mural do Rockefeller Center, entre detratores e defensores.

Quanto a Frida, estava contente por poder reencontrar Manhattan. Lá ela se sentia mais em casa. Como um peixe dentro

d'água, ia dos artistas aos aristocratas. Em um concerto de Tchaikovsky no Carnegie Hall, ela fazia bolinhas de papel e ria das besteiras que contava à sua vizinha. A um jornalista que veio entrevistá-la, perguntando-lhe o que fazia nos momentos livres, ela respondeu sem hesitar:
— Faço amor.

O homem sorriu, ao mesmo tempo embaraçado e divertido. Voltou a perguntar:
— Qual seria seu ideal de vida?...
— Fazer amor, tomar um banho, fazer amor, tomar um banho, fazer amor, tomar um banho... Quer que eu continue?
— Não, obrigado, sra. Rivera, acho que podemos parar por aqui.
— Claro, tudo tem um fim. *You don't feel shocked, don't you*[48]?
— Oh, não! A senhora sabe, na nossa profissão... Err... Os artistas...
— Como os psicanalistas: só pensam nisso! Mas são mais sexy do que os primeiros, não é mesmo?
— Err... sra. Rivera, poderia dizer-me duas palavras sobre Detroit?
— Um buraco... de aço. Com burgueses um pouco mais blindados do que nos outros lugares. Normal.

Saíamos todos juntos e nos divertíamos muito, fazendo-nos de loucos. Costumávamos ir a um restaurante italiano da Rua 14, num subsolo. A toalha era branca e — para dar um exemplo — nós a salpicávamos de açúcar. Eu fazia um desenho em cima e passava para Diego, na cabeceira da mesa. Ele acrescentava alguma coisa e assim por diante. Fazíamos verdadeiras composições, ali mesmo. Derramávamos um pouco de vinho ou alguma outra coisa, depois pimenta... quando íamos embora a toalha se transformara numa verdadeira paisagem.

Louise Nevelson

---

48 Você não se sente chocado, não é? (N. E.)

A vida de nova-iorquina não fazia muito bem ao trabalho de Frida. Ela tinha vontade de se divertir, depois dos meses passados em Detroit, após a morte da sua mãe. Visitava amigos pintores, passeava em Greenwich Village ou simplesmente ficava em casa lendo. Entretanto, começou a pintar um quadro de inspiração bastante surrealista por sua composição heteróclita, *My dress hangs there*: edifícios americanos, um templo grego, uma multidão de trabalhadores sob forma de colagens, a estátua de George Washington, chaminés de fábricas, uma lata de lixo contendo todo tipo de dejetos, simbólicos ou reais, um telefone, um WC, uma igreja, o mar, um navio, a estátua da Liberdade, um relógio de torre, alguns prédios em chamas, Mae West – "a mais extraordinária máquina de vida que já vi, coitada de mim! somente na tela", dizia Frida –, e, sobretudo, um vestido de Frida pendurado no meio do quadro, mas sem a sua proprietária. Apanhado do mundo americano tal como Frida o vê, a tela parece ser um desafio, a imagem do seu nojo da sociedade americana da qual Diego tanto gosta e na qual Frida sente que não existe. Somente a sua aparência – seu vestido – lá encontra um lugar.

Diego, enquanto isso, vivia uma provação. Seu mural do Rockefeller Center sofria ataques de todos os lados. Sua cor dominante era o vermelho e, no centro da pintura, aparecia o rosto de Lênin. Nelson Rockefeller pediu-lhe que fizesse modificações. Ele respondeu que poderia, eventualmente, trocar a cabeça de Lênin pela de Abraham Lincoln. Isso não satisfez a Rockefeller, que acabou por encerrar o episódio de maneira veemente: mandando a polícia cobrir completamente o trabalho feito e pedindo a Rivera que fosse embora. Assim fez ele, desencadeando uma série de petições e manifestações em seu favor. Nada adiantou. Rockefeller, grande senhor, pagou o montante da encomenda, mas não reconsiderou sua decisão.

Quando Nelson Rockefeller abordou Frida por ocasião da pré-estreia de *Que viva Mexico!* de Eisenstein, esta lançou-lhe um olhar fulminante e, sem dizer uma palavra, virou-lhe as costas e se afastou.

Alguns meses mais tarde, o mural de Diego foi apagado e o contrato que lhe fora prometido em Chicago pura e simplesmente cancelado. Ele trabalhou, entretanto, para a New Yorker's School, e executou pequenos murais para a seção trotskista de Nova York.

Apesar da reticência manifestada por Diego à ideia de voltar, apesar de terem acabado, como desejava Frida, mudando-se do Hotel Barbizon-Plaza para se instalarem na esquina da Fifth Avenue com a Eighth Street, eles acabaram resolvendo voltar para o México.

O ano de 1934 começaria na casa de San Angel, Cidade do México.

Antes de partir, sob um frio glacial, fui passear sozinha na ponte do Brooklyn. Um vento impiedoso soprava e eu precisava segurar minhas saias com as duas mãos para não levantar voo. Eu tinha insistido muito para voltar ao México, decerto. Mas ali, no meio daquela ponte, meu coração batia forte à visão de Manhattan. Eu a amava loucamente, tanto mais que estava livre para ir embora. O tempo estava cinzento e eu estava com um grande vestido azul, mais comprido que meu casaco.

Eu estava ali, pequenina na verdade, mas, à vista desse *downtown* prateado e cor de cobre por causa da luz, eu tremia de emoção e crescia. A cidade, magnética, comunicava-me sua força. Comecei a chorar. As pessoas me olhavam e um negro se aproximou: "*Do you feel OK, young lady?*". Oh! sim, *I felt perfectly OK*. A meus pés, um barco a vela extraordinário, como no tempo antigo, preto e branco, enfunava-se orgulhoso com seus apetrechos náuticos. Acima da minha cabeça, um aviãozinho esquisito parecia querer jogar-se contra as fachadas faiscantes. Se eu pudesse, teria alegremente dado uma volta no *Staten Island Ferry*, mas já estava tarde demais, a noite ia cair.

Wall Street estava totalmente deserta; no silêncio, ainda mais esmagadora. Eu caminhava devagar, sentia dor na perna. Os últimos tempos da nossa estada em Nova York nem sempre tinham sido agradáveis. Havia as campanhas contra Diego, que o consumiam, e eu que estava farta daquela droga de país e ele querendo ficar de qualquer maneira. Tínhamos tido, no entanto, bons momentos, os meses em que a porta da nossa casa estivera sempre aberta noite e dia para que os amigos pudessem entrar e sair a seu bel-prazer. Isso criava uma certa animação. E, no dia em que Diego – não era a primeira vez – recebeu o dinheiro do Rockefeller Center, dividiu-o em partes iguais, colocou em envelopes e distribuiu aos nossos amigos artistas de Greenwich, cada um mais pobre que o outro. Que *fiesta*! Que felicidade!... Houve a sua ligação com a bela Louise Nevelson, mas eu não disse nada. Por uma vez, ele não ia com a primeira sirigaita que aparecia. Louise era fabulosa, uma personalidade terrível, uma grande escultora, cuja obra, eu tinha certeza, marcaria a arte do século XX. Num certo sentido eu compreendia Diego. Era-me preciso aceitar uma escapada de gênio, ou melhor, de gênios. Eu sentia, mas fiquei quieta. Diego sempre voltava para mim.

A partida foi épica, estavam todos lá, no cais. Para terminar, não tínhamos mais um centavo, então todos eles se cotizaram para pagar a nossa viagem e, para se certificarem de que íamos mesmo embarcar, alguns deles subiram conosco ao convés, por um momento. Fizemos escala em Havana. Foi delicioso. Caminhamos pelo *malecón*[49]. Havia belas casas coloniais, multicores, uma maldita animação americano--cubana, mulheres polpudas e sensuais, homens impertinentes, o vento carregado de um cheiro salgado, forte, o mar era verde. Em um pequeno café ao ar livre, comemos lagostas enormes. Lembrava-me

---

[49] Cais, passeio à beira-mar.

de que era o país de Julio Antonio Mella e perguntava a mim mesma o que teria sido feito de Tina.

Eu olhava Diego e estava apaixonada pelo meu singular sapo-rã. Um descanso.

Desembarcamos em Veracruz... Instalamo-nos na casa de San Angel. A parte maior, ocre-rosa, era para Diego, a menor – azul – para mim. Tínhamos acesso a uma e outra construção por uma pequena ponte. Diego estava contrariado por ter de voltar. Disso eu me sentia em grande parte culpada. Mas o que fazer?

Apesar de uma vida animada e bons amigos – de John Dos Passos a Lázaro Cárdenas, o presidente –, uma casa espaçosa, belos cactos e até macacos, a vida com Diego estava em perigo. Ele estava para acabar os murais do Palácio Nacional e lhe estavam oferecendo reproduzir o mural do Rockefeller Center no Palácio das Belas-Artes. Porém, nada mais ia bem. Durante o ano de 1934, fiquei doente várias vezes: precisei ser operada de apendicite, resolveram fazer a primeira operação no meu pé direito – amputação de cinco falanges, nada mais que isso –, que não cicatrizava nunca e doía, e tive também um aborto provocado – dessa vez os médicos diagnosticaram trompas infantis, o que não me permitia levar o bebê a bom termo. Diego queixava-se das despesas médicas que eu lhe dava. Dizia que, por minha causa, "era a falência"...

E, depois, Diego não tinha encontrado nada de melhor a fazer senão andar com Cristina, minha irmã menor. Era como enfiar a faca na minha chaga: ela fazia um pouco parte de mim e estava em melhor estado do que eu. Tentei ser tolerante e liberal. Tentei racionalizar imaginando que, afinal de contas, só tínhamos uma vida e que era preciso vivê-la da melhor maneira possível, qualitativa e quantitativamente. Mas, apesar de tudo, eu sofria. E me sentia culpada por sofrer: era um sofrimento indigno de quem pretendia ter ideias liberais. Era um círculo vicioso, do qual eu não saía. Os meses se passavam, e a ligação continuava. Resolvi alugar um pequeno apartamento para morar só. Mas não resolveu nada. No verão de 1935, cansada da situação, parti para Nova York, na esperança de que a viagem causasse um corte em que eu veria as coisas com maior clareza.

Em Nova York, fazia um calor terrível. Morei em um hotel perto de Washington Square, com minha amiga pianista Mary Shapiro. Eu via amigos, caminhava e tomava banhos quase frios, escrevia para Diego. No fundo, que eram essas ligações em comparação com o nosso amor? Pecadilhos, mesmo com Cristina. Eu constatava mais uma vez que tinha necessidade de Diego e vice-versa, e que por causa disso era preciso que nada fosse quebrado entre nós e tratar de aceitar o resto.

Voltei à Cidade do México, com a paz nas mãos, disposta a um novo *modus vivendi*, disposta a tudo, desde que não perdêssemos um ao outro.

Eu fazia o possível para não me sentir ferida com as histórias entre Diego e Cristina, ou outras. Nosso contrato tácito de vida em comum implicava apoio recíproco, mas independência.

Mas, quando o escultor Isamu Noguchi e eu nos apaixonamos um pelo outro, as coisas não foram simples. Durante meses, vivemos de encontros clandestinos, de amor roubado ao tempo, a Diego, à minha vida. Isamu aceitava mal essa clandestinidade. Ele via Diego levar às claras sua vida de conquistas, à vista de todo mundo, e não compreendia a minha prudência. Apesar de tudo, tenho a impressão de ter vivido, durante quase um ano, dançando e fazendo amor. Nossa relação terminou quando Diego apareceu de improviso com seu revólver. Isamu compreendeu e se safou.

Foi mais um ano em que pouco trabalhei. Pintei, entretanto, *Alguns piquezinhos*, um quadro considerado inquietante. Teve origem numa notícia de jornal: um homem tinha assassinado uma mulher a facadas. Diante dos juízes, ele dissera "Só lhe dei alguns piquezinhos...". Foi provavelmente sem má intenção! O meu quadro: o assassino, de pé e vestido, com a faca na mão; sobre um leito branco, sua vítima, nua e ensanguentada..., sangue por toda parte, que tinha esguichado – tamanho natural – até na moldura da minha tela: foi assim que representei a cena.

Por que essa ideia mórbida? Talvez simplesmente uma defesa. Essa mulher assassinada não seria eu, que Diego assassinava a cada dia? Ou era a outra, a mulher com quem Diego podia se encontrar, que eu quis fazer desaparecer? Eu sentia dentro de mim uma boa dose de violência, não posso negar, eu fazia o que podia. Sentia-me como uma pequena Artemisia Gentileschi, que no século XVII pintava Judite degolando Holofernes, sem, no fundo, jamais poder vingar-se da realidade – que, esta sim, a tinha violentado – em outro lugar que não na tela.

Leon Davidovitch Trotski:
o hóspede

> Eu vou mal e irei pior ainda, mas aprendo pouco a pouco a ser só, e isso já é alguma coisa, uma vantagem, um pequeno triunfo.
>
> FRIDA KAHLO (1937)

Nos tormentos da vida conjugal, Frida tinha largado um pouco seus vestidos mexicanos, suas joias, seu penteado enfeitado com fitas. Chegou até a fazer um retrato seu com os cabelos curtos. Depois, quando se reaproximou do marido, voltou aos antigos hábitos quanto ao vestuário.

Em 1936, foi operada pela terceira vez do pé direito: retiraram os sesamóideos e praticaram uma simpatectomia. Mas a úlcera trófica do pé persistia. Quanto à sua coluna vertebral, as dores se atenuavam e depois voltavam, quando ela menos esperava. Frida sofria, mas o próprio sofrimento, ao invés de consumir seu apetite de vida, atiçava-o e, com o correr do tempo, havia incontestavelmente reforçado o seu caráter.

Estava longe de ser a jovem descarada que tinha sido. Havia forjado uma personalidade muito sua, original, sensível, profunda e, a dar crédito a todas as pessoas que com ela conviviam, extremamente brilhante. Apesar da grande diferença de idade que a separava de Diego, sua maturidade e seu brilho não ficavam nada a dever à autoridade daquele homem. As pessoas gostavam de Frida, não porque ela fosse a esposa de Diego, mas por ela própria. Admiravam-na e a respeitavam, às vezes mais do que a Diego. Ela acolhia as pessoas de braços abertos e, uma vez que as aceitasse em seu mundo, dedicava--lhes uma afeição ilimitada.

Não pintava com regularidade. Ora se passavam semanas, até meses, sem que a pintura constituísse seu interesse maior, ora dedicava-se a ela dia e noite.

Talvez para proporcionar um contrapeso à sua vida afetiva e familiar atormentada, pintou nessa época uma espécie de árvore genealógica, *Meus avós, meus pais e eu*, onde o México, sua família, sua casa, a fecundação estão nas mãos da criança Frida ou a rodeiam. Tornará a fazer, uns dez anos depois, um outro quadro da sua família.

Como pintora, Frida jamais deveu alguma coisa a Diego, quero dizer que Diego nunca foi seu mestre, nunca lhe corrigiu um desenho (...) e em muitos domínios era até o contrário, porque Frida tinha sobre ele autoridade (...), muita. (...) Moral e artística. (...)

Alejandro Gómez Arias

Cristina voltou a ser, aos poucos, a irmã querida de Frida, sua melhor amiga. Complementares, cúmplices, ligadas uma à outra por um laço inatacável, exatamente como durante a infância, quase não se separavam. Os filhos de Cristina, Isolda e Antonio, comportavam--se com Frida como se ela fosse uma segunda mãe e esta lhes retribuía muito bem. Trocavam com ela desenhos, cartas cheias de ternura, brinquedos, risos.

A casa dupla de San Angel era muito animada: o casal Rivera e seus amigos, as irmãs de Frida, criados, motoristas. E depois, animais: macacos, papagaios, cachorros.

Tudo isso requeria gastos elevados e os Rivera viviam largamente acima de seus recursos. Acontece que Frida não ganhava um centavo e sentia-se culpada pelas despesas médicas às quais Diego tinha que atender permanentemente. Encontrou uma solução ilusória: amigos credores... Uma coisa é certa: as relações de dinheiro não eram simples para o casal Rivera. Não é que Frida fazia chegar a Diego, por intermédio de amigos comuns, recadinhos pedindo-lhe, sem coragem de o fazer de viva voz, dinheiro para alguma despesa relacionada com a casa, a limpeza de seus vestidos, algum medicamento indispensável? Achava insuportável essa dependência, mas podia evitá-la? Tentava compensar seu embaraço multiplicando suas atenções para com Diego e seus parentes, mostrando-se digna dele, por seu comportamento, sua inteligência, seu trabalho.

É preciso dizer que, às despesas relacionadas direta ou indiretamente com o dia a dia, acrescentavam-se compras de objetos de arte pré-colombiana, uma coleção que atingirá, no fim de sua vida, 55.481 peças. Sem esquecer a coleção de ex-votos e objetos folclóricos, suas múltiplas bonecas, suas roupas, suas joias...

Estavam longe das benesses americanas, mas também longe das privações. Mesmo atravessando períodos financeiros mais difíceis, não ligavam muito. Em conjunto, apesar dos problemas de um ou do outro, eram ricamente boêmios e revolucionários.

Quando, a 18 de julho de 1936, estourou a guerra civil espanhola, o México era governado por Lázaro Cárdenas, um presidente reformador e liberal que fazia uma política construtiva para o país. Reinava no México um clima de livre expressão, os debates políticos eram abertos. Diego continuava a ser atacado pelos comunistas, enquanto se aproximava dos trotskistas. Quanto a Frida, engajou-se na luta pela defesa da República espanhola, tanto quanto podia agir à distância. No meio frequentado pelos Rivera, havia muitos que partiam para a Espanha, quer fossem mexicanos, americanos, franceses. O apoio internacional se organizava com dinamismo.

Tina Modotti, que fora expulsa do México para a Alemanha após o assassinato de Julio Antonio Mella, e que se achava então na União Soviética, deixou Moscou e foi para a Espanha. Mas que teria podido fazer Frida no meio de uma guerra civil, com a saúde abalada como estava a sua? Pouca coisa. Os riscos eram grandes demais. Limitou-se portanto, por essa causa, a ser o mais ativa possível no seu país. Organizou reuniões, escreveu cartas, tentou coletar gêneros de primeira necessidade, pacotes de roupas, de medicamentos para enviar ao front.

A política ainda, quando, no mês de novembro, chegou de Nova York um telegrama perguntando a Diego se não podia arranjar com o governo mexicano asilo político para Leon e Natalia Trotski. Da União Soviética ao México, passando pela Turquia, Noruega e França, a vida dos Trotski fora uma longa e difícil trajetória de refugiados desde 1929, data em que Stalin os expulsara da União Soviética, onde já viviam deportados no Cazaquistão desde 1928. Um caminho semeado de emboscadas, perseguições, mortes.

Diego, embora doente, empenhou-se a fundo. Foi ter com o presidente Cárdenas, então em viagem pelo outro extremo do país, para pedir sua concordância. E obteve.

Em 9 de janeiro de 1937, os Trotski chegaram finalmente a Tampico. Frida e alguns camaradas foram recebê-los. Na frente do cais, separada do grupo, foi a sua silhueta, fazendo sinais com a mão, que os Trotski viram primeiro. Natalia não queria descer do navio: temia algum ataque estalinista contra eles. Finalmente, organizou-se um serviço de segurança em torno deles e foi a uma casa azul de Coyoacán, cercada de policiais, que eles chegaram quarenta e oito horas depois.

Nessa época, a casa azul estava desabitada; o próprio Guillermo Kahlo tinha ido morar com uma das filhas, conservando em sua antiga casa um cômodo para o seu trabalho fotográfico.

Guillermo, que vira em poucos dias sua casa se transformar numa pequena *blockhaus* – tijolos vedando as janelas que davam para a rua, policiais sempre ao redor, camaradas montando guarda dia e noite –, perguntou à filha:

– *Liebe* Frida, você não acha que eu tenho direito a alguma explicação?

– Paizinho, nós acolhemos um dos maiores homens deste século.

– Nada de palavrório inútil – disse Guillermo –, quem é esse homem?

– Leon Davidovitch Trotski, companheiro de Lênin, personagem essencial da Revolução de Outubro, fundador do Exército Vermelho, enfim, um revolucionário russo da maior estatura...

– E todas essas precauções?

– Um homem em perigo de morte, também...

– E você? Não tem medo?

– Se eu resolver ter medo, vou virar uma completa inutilidade. Isso não é desejável.

– Política! Política!... "Durante a vida a vontade do homem é sem liberdade..."

– O que você está dizendo?

– Oh! nada, nada... É Schopenhauer... Vou dizer a ele, ao seu amigo Trotski, que essa política toda não serve para nada, que é uma coisa ruim para o homem. Vou dizer a ele...

Não posso negar que a minha vida não tem sido das mais comuns. Mas é preciso procurar as causas, antes nas circunstâncias da época do que em mim mesmo. Naturalmente, era preciso que houvesse também algumas características pessoais para que eu tivesse feito a tarefa, boa ou má, que eu fiz.

Leon Trotski

Leon e Natalia Trotski instalaram-se na casa de Coyoacán com prazer. Não só o lugar era agradável, como também, após os últimos meses de peregrinação, era bom encontrar finalmente um refúgio. Pouco a pouco organizou-se o trabalho político: com Jean van Heijenoort, o secretário, uma datilógrafa, camaradas com esta e aquela atribuição. Antonio Hidalgo, alto funcionário mexicano, garantia a ligação com o presidente Cárdenas. Diego e Frida mostravam-se atenciosos, dedicados.

As atividades no interior da casa eram muito bem organizadas. De manhã, o programa do dia era fornecido a cada um. Uma comissão de inquérito internacional se formara "para examinar as acusações lançadas contra Trotski e seu filho nos processos de Moscou". Não havia um minuto a perder. Cada coisa era feita com extremo rigor, fruto da experiência de Trotski em todos aqueles anos de luta. Nada devia ser deixado ao acaso. E, sobretudo, a escolha das pessoas em torno de Trotski.

No entanto, Diego e Frida pareciam gozar de um estatuto particular. Diego, com o seu desembaraço habitual, chegou a estabelecer com Trotski relações muito mais abertas e livres do que este tinha geralmente com quem quer que fosse. Apesar de um certo anarquismo de Diego, visto com maus olhos por Trotski, sua espontaneidade e sua generosidade naturais tinham ganho de causa.

Frida era uma mulher notável por sua beleza, temperamento e inteligência.

Jean van Heijenoort

Frida tinha muitos trunfos que ela sabia usar. Leon Davidovitch era um homem forte, poderosamente inteligente, uma personalidade às vezes dura, mas incontestavelmente atraente. Era também um homem de cinquenta e oito anos, perseguido, tendo vivido com Natalia em um universo fechado, um casal um tanto austero, talvez, mas unido pelas mil lutas às quais a vida os expunha. Uma vida que não se prestava ao cabotinismo nem à leviandade, pois incessantemente em perigo.

Não se deve imputar à "fraqueza" o jogo amoroso que começou a se delinear entre Leon Davidovitch e Frida. Mas antes à própria vida, aos seus impulsos, à sua força oculta. O mundo de Trotski era um mundo difícil; o de Frida, em um plano diferente, também. Duas personalidades que se encontraram, dando-se um ao outro, por um momento, alguma coisa deles; aí está, talvez, o espaço onde a relação se realizou.

Levando-se em conta o contexto, tanto político quanto psicológico, que cercava Trotski e Frida, a relação estava longe de ser fácil. Natalia Sedova era uma grande dama e a companheira de sempre para o homem e o combatente Trotski. Frida tinha por marido um gigante, mulherengo mas tremendamente ciumento.

Tentaram ser discretos: falavam entre si em inglês (Natalia não compreendia). Entre as páginas dos livros que ele lhe recomendava ler, Trotski enfiava cartas para Frida. Truques de apaixonados comuns, que, no entanto, não escaparam a Natalia, que começou a sofrer. Diego ignorava tudo.

Era primavera. Mas tudo evoluía principalmente intramuros – era o jeito –, sob o risco de asfixia. O jogo entre Trotski e Frida estava ficando cada vez mais visível, chegavam a se encontrar em casa de Cristina, e os familiares da casa azul preocupavam-se com isso: cada gesto podia ser comprometedor. Apesar do prazer e do calor que os dois protagonistas deviam encontrar em suas relações, estavam acuados. Era preciso desobstruir a situação antes que ela desencadeasse consequências políticas...
O casal Trotski resolveu refletir, cada um do seu lado. No mês de julho, Trotski partiu para o campo por algum tempo.
No dia 8, escrevia a Natalia: "Pense em mim sem preocupação". Mas por outro lado, ao que parece, ele escrevia a Frida suplicando--lhe que não o abandonasse. E Frida, segundo uma de suas amigas americanas, teria exclamado: "Estou farta do Velho!". No dia 11 de julho, Frida foi visitar Trotski no seu refúgio campestre. Na ordem do dia, constava, sem dúvida, o rompimento da relação. Como geralmente no fim de um amor, tenta-se saber quem acabou com quem sem nunca se ter a resposta. Os falatórios ainda correm...

Trotski redobrou sua ternura para com Natalia e eles se reencontraram três semanas depois. Frida e Natalia mostravam-se, uma com a outra, ora frias, ora cordiais. Frida prestava à sua irmã mais velha pequenos favores. O casal Rivera visitava os Trotski na casa azul, como de costume: com calor, alegria, solidariedade. Diego, que certo dia chegou com um papagaio na cabeça para conversar com Leon Davidovitch, parecia continuar ignorando o que se passara.

Aparentemente, as relações entre Trotski e Frida só refletiam uma profunda amizade, o que foi um alívio para os frequentadores da casa.

Sempre temendo a GPU[50], Trotski pediu a Frida que lhe devolvesse as cartas que lhe escrevera, e ela o fez. Para selar a paz, a não ser que fosse para selar seu recente amor, Frida ofereceu um autorretrato a Trotski, no dia 7 de novembro de 1937.

No retrato ela está de pé, bela, muito digna com sua longa saia cor-de-rosa e sua blusa vermelha, os ombros bem cobertos por um *rebozo* camurça. De lado a lado abrem-se cortinas brancas, como se ela se encontrasse em uma solenidade oficial, em uma entrega de prêmios. Em uma das mãos ela segura um pequeno ramalhete de flores, na outra uma folha:

Dedico este retrato a Leon Trotski com todo o meu amor, a 7 de novembro de 1937. Frida Kahlo em San Angel, Cidade do México.

No mesmo mês, Diego alistava-se na seção mexicana da Quarta Internacional. Apesar das suas brigas muito conhecidas, do seu anarquismo inato, de suas reviravoltas frequentes, ele militava, então, assiduamente ao lado dos trotskistas.

(Cerca de dois anos depois, numa fotografia de grupo, Natalia rabiscou raivosamente o rosto de Frida.)

---

50 Polícia política do governo soviético, nos primeiros anos do estalinismo. (N. E.)

Um sexteto

À soleira, Frida Kahlo de Rivera, a excepcional (...).
Suas telas em torno dela e, como ela, trágicas, impressionantes.

JACQUELINE LAMBA,
LES LETTRES NOUVELLES, SETEMBRO-OUTUBRO DE 1975

No fim do ano, os ataques dos estalinistas contra os trotskistas tornavam-se cada vez mais duros e frequentes, e o clima no interior da casa azul era de preocupação e tensão. Numa casa vizinha perceberam-se movimentos de idas e vindas julgados suspeitos... Diego resolveu comprá-la. Mil e quarenta metros quadrados...

No mês de fevereiro de 1938, enquanto a situação levava a pensar que Trotski estava ameaçado e tomavam-se todas as precauções necessárias à sua proteção, chegou à Cidade do México a notícia da morte de seu filho, Liova. (Seu outro filho, Serguei, fora dado como desaparecido na União Soviética desde 1935.)

Foi Diego que, avisado e acompanhado por Jean van Heijenoort, comunicou a Trotski. Este logo se fechou com Natalia em um quarto. Dias de tristeza e de luto silenciosos. Trotski, no entanto, trabalhava já em um texto denunciando o assassinato de seu filho pela GPU.

Nenhum país, decididamente, parecia poder oferecer sossego à vida de Trotski. A casa azul, apesar da tranquilidade de suas paredes, de suas buganvílias e suas laranjeiras, não era para ele nenhum repouso. O calor dos seus amigos não trazia nenhum bálsamo a suas feridas. Por toda parte, esse homem – a cujo respeito Frida revelara a uma amiga, pouco tempo antes, que ele era a melhor coisa que lhe acontecera naquele ano – era um homem perseguido. Lutando para sempre.

No mês de abril anunciaram a chegada ao México de André Breton e sua mulher Jacqueline. O Ministério das Relações Exteriores da França tinha contratado André Breton para fazer uma série de conferências neste país, que ele considerava essencialmente surrealista.

O casal morou alguns dias na casa de Lupe Marin, antes de se instalar, para um período um pouco mais longo com os Rivera, em San Angel. Frida os acolheu com entusiasmo: Breton já tinha grande reputação e sua mulher, Jacqueline, era pintora como Frida.

De início Breton já gostou da pintura de Frida. Mas esta logo o achou muito arrogante, chato e teórico demais em suas concepções artísticas. Ela, no entanto, não queria recorrer a nenhuma teoria para falar da sua pintura. Para executá-la, muito menos: ela era livre.

Entre si falavam em inglês:
– Você é uma surrealista – disse-lhe Breton.
– Que é que o leva a dizer isso?
– Você corresponde muito bem à definição.
Frida o fitou bem dentro dos olhos:
– Acho que não quero corresponder a nenhuma definição.
– Então, Frida, deixe-me dizer que você é surrealista sem o saber.
Frida refletiu dois minutos:
– Não, eu não sou surrealista. Tudo isso é conversa. Uma coisa posso lhe dizer: eu pinto a minha própria realidade.
Breton sorriu. Frida notou que ele parecia ser o homem francês

tal como o descrevem, belo e sedutor. Iriam ambos enveredar por um debate sobre Freud e o inconsciente, sobre o adquirido e o espontâneo, os jogos do acaso?...
— Quais são os seus pintores, Frida?
— Mmmm... Gosto muito de Piero della Francesca. Gosto de Rembrandt, Grünewald, também, e o seu Douanier Rousseau... E gosto de todos os artistas anônimos, meus ancestrais.
— E Antonin Artaud, que chegou a este país antes de mim, você se encontrou com ele?
— Não. Aí está um que gosta dos meus ancestrais também. Encontrar... bem, eu o vi no café El Paris.
— ...
— Ah! você sabe, um café de loucos. Cada mesa é inimiga da sua vizinha, chovem insultos entre as pessoas, que se conhecem todas... diálogo impossível. Razões políticas obrigam...
Ela começou a rir.
— El Paris — continuou, reprimindo o riso —, aí está um café surrealista... Tudo depende do sentido que se dá às palavras, evidentemente. Imagine o lugar: mesas apertadas, todas cercadas de gente, o tom subindo cada vez mais, por causa das brincadeiras ou das brigas — repito, quase sempre políticas —, eu, a "encarnação do esplendor mexicano", como diz Diego, escondendo debaixo das minhas saias um pequeno coquetel caseiro para levantar o moral nas minhas horas... E Artaud? Ah, sim, muito protegido pela dona do café... Uma cabeça de louco, curvado, sempre sentado sozinho nos fundos do café... E todos esses palhaços em volta dele... Falo de nós...
— Um grande poeta, Artaud.
— Um poeta grande demais para ficar misturado com essa mixórdia artístico-política. Um selvagem. Que sabe o que quer. Que não

tem nenhuma necessidade de quem quer que seja... Vou me lembrar por toda a vida daquela imagem: aquele homem com ar de doido sentado no fundo do café El Paris... Alucinante.

Frida serviu um suco de abacaxi.

– E ele é um surrealista? – perguntou ela.

– É uma questão complexa.

– Vou lhe dizer uma coisa, André. O que você fez de melhor são os *cadavres exquis*[51]. Nos Estados Unidos, em Detroit, passei horas fazendo isso. Censuravam-me o fato de que, naqueles onde eu punha o meu tempero, só havia libertinagem de sexos e de ereções e...

Ela deu uma gargalhada.

– ... Ainda me lembro da cara de Lucienne Bloch desdobrando os papeizinhos. Como se ruborizava!

– Frida, escute aqui, eu gosto de verdade da sua pintura. Devemos pensar na possibilidade de fazer uma exposição em Paris.

– Acabo de receber uma carta da Julien Levy Gallery de Nova York propondo-me uma exposição no outono.

– Então, depois vá a Paris, nós a receberemos lá.

Frida olhou para Breton com o canto dos olhos.

– Sabe, há muitos outros pintores que merecem mais ser expostos... Quanto a mim, não tenho tanto valor assim, sou uma autodidata. Não pintei muito... e não tenho o menor desejo de glória ou ambição. Por prazer meu, sobretudo.

– Uma maneira talentosa de se dar prazer.

Os copos de sucos de frutas estavam vazios. Frida os levou.

– Lembre-se: eu pinto não os meus sonhos, mas a minha própria realidade.

– Seu sofrimento transformou-se em poesia na sua pintura.

---

51 Espécie de jogo literário inventado pelos surrealistas. (N. E.)

– Acho que agora precisamos nos preparar. O caminho a percorrer em nossa pequena excursão não é longo, mas ainda temos de ir buscar o Velho e Natalia em Coyoacán. Diga à sua bela mulher que vista roupa de lã... Se ela quiser, posso emprestar-lhe um *rebozo*...

Cestos debaixo dos braços, cadernos e canetas nos bolsos, revólveres na cintura, bem à mão, os Rivera, os Trotski e os Breton, acompanhados de Jean van Heijenoort e de alguns outros camaradas, divididos em dois, até três carros, adquiriram o hábito de fazer piqueniques nas vizinhanças da Cidade do México.

Visitaram as pirâmides e os templos de Teotihuacan, subiram ao impressionante Popocatepetl, outra vez esticaram até os bosques maravilhosos do Desierto de los Leones, perto de Toluca, flanaram por Taxco e Cuernavaca.

Trotski estava feliz por poder deixar um pouco o seu refúgio do exílio, Breton estava maravilhado por tudo o que via do México. O grupo, que podia contar umas dez pessoas, movimentava-se e agia de maneira geralmente compacta, como proteção contra qualquer eventual ataque a Trotski. Aqui e ali batiam-se fotos em grupo.

Mas não era só ver coisas do país. Também conversavam calorosamente. Assuntos que iam do México pré-colombiano, com Diego e Frida, à política e arte entre todos eles. Todos os idiomas misturados: francês, espanhol, inglês. Rapidamente nasceu entre Trotski e Breton a ideia de uma federação internacional dos artistas revolucionários independentes, cuja redação do manifesto de apoio devia ser da responsabilidade principalmente de Breton. Os dois homens tinham mais de uma divergência entre eles: o primeiro achava que tudo devia levar a uma ação política, para o segundo, a política fazia parte integrante da arte e da poesia; Breton queria sondar o "caráter artista",

Trotski interessava-se por isso na medida em que se pudesse esperar obter aplicações concretas. Entretanto, ambos tinham muito interesse em todas as suas discussões. Em cada assunto abordado, havia uma mesma preocupação de tratá-lo a fundo.

Um dia, o grupo resolveu fazer uma viagem pela região do Michoacan. Lá passariam vários dias. Diego andava sempre em busca de objetos folclóricos e Breton continuava com aquela mesma admiração. Em certas aldeias em torno da cidadezinha de Patzcuaro, camponeses fabricavam cerâmicas pintadas, de caráter votivo ou simplesmente supersticioso. E máscaras de madeira, também pintadas, cujos temas remontavam às vezes à época pré-colombiana.

Foram até a pequena ilha de Janitzio, situada no meio de um lago em cuja superfície os barcos e as redes de pesca parecem borboletas sobre a água. Ao chegarem à ilha, as pessoas do lugar logo se aproximaram deles, por curiosidade ou para lhes oferecerem seu delicioso peixe assado na brasa. Janitzio e sua pequena aldeia pareciam uma miragem, mas os mais curiosos eram talvez os participantes do grupo, esquadrinhando as ruelas tortuosas, olhando para todos os recantos e observando cada índia com seus saiotes coloridos, as crianças incrivelmente belas catando piolhos umas nas outras com o ar mais sério do mundo, o minúsculo cemitério onde, nas rachaduras dos muros, cresciam pequenos cactos.

Ao tomarem o barco de volta, Frida disse:
– Olhem a beleza daquelas mulheres lavando roupa, lá, na beira do lago...

As mulheres, ajoelhadas, ouviram e levantaram o busto para ver os estranhos.

– Quanto tempo durará ainda essa lentidão do tempo em Janitzio?

— A ilha tem uma morfologia sagrada. Por mais perto que esteja do mundo, está longe do mundo. Pertence mais à água do que à terra. Frida olhou para Breton. Ele tinha um ar senhorial, muito belo. Incontestavelmente, pensava ela, era um sedutor, dotado de uma grande força magnética. Tinha o poder da intuição e da sensibilidade, por isso era poeta. Mas ela descobria nele também o dom de uma certa astúcia, uma autoridade com a qual sabia manobrar, por isso era o "papa" dos surrealistas. Certamente, Diego era um astuto, mas zombeteiro; Breton o era com nobreza.

Em volta do pequeno barco, as embarcações dos pescadores balançavam docemente, mergulhando suas grandes redes-asas de borboleta dentro das águas prateadas do lago.

— ... A água... a água... é a própria criação. O meu quadro de que você tanto gosta, *O que a água me deu*, é exatamente isso: a água, espaço mental onde o imaginário lançou seus elementos, reais, rituais, metafóricos, pouco importa, são a minha vida... A crueldade da minha vida, mesmo, que a água traz, faz emergir, dissolve... Esparsos, ligados pela água, a minha memória...

Breton escutava, atentamente. Em seguida seus pensamentos se desviaram para aquele manifesto que ele devia escrever. Não conseguia entrar no assunto. De certa maneira, temia o olhar de Trotski em cima da sua prosa. Onde estava a escrita automática, onde estavam a espontaneidade, a facilidade? Sentia-se bloqueado. E Trotski o apressava.

— Estamos atracando — disse Frida. — Vamos tornar a passar por Patzcuaro, vale a pena, nós mal a vimos. É uma cidadezinha deliciosa...

Chegando a Patzcuaro, o grupo instalou-se no salão sombrio de um restaurante colonial que dava para o *zócalo*. Estava um tempo fresco. Era a tranquilidade e o repouso depois do passeio.

Um momento de descontração e logo as discussões sobre a arte e a política recomeçaram. No fundo, havia uma espécie de fosso entre os trotskistas e os surrealistas. Quanto a Diego, dançava num pé e noutro. Alguns meses mais tarde, considerou a possibilidade de ser o secretário da seção mexicana da Quarta Internacional com a maior naturalidade. Depois, como isso parecesse incongruente aos olhos dos militantes, mudou de ideia, dizendo que se dedicaria apenas à pintura...

Frida tagarelava alegremente com Jacqueline Breton, quando Trotski, para espanto geral, manifestou desejo de ir ao cinema. Diego disse-lhe que era perigoso, mas Trotski não quis escutar coisa alguma: achava que tinha o direito de aproveitar um pouco essa fuga.

No caminho de volta à Cidade do México, certa noite, em uma pequena cidade, um cinema anunciava um faroeste americano. Diego tentou ainda dissuadir Trotski, mas sem resultado.

– Esconda o rosto com um lenço – pediu Diego – para que ninguém possa reconhecê-lo.

– Mas não há nenhum perigo! – exclamou Trotski. – Pelo menos aqui!

– Nunca se sabe, os inimigos estão em toda parte.

Organizaram-se. O grupo cercou Trotski para entrar no cinema e, na sala quase vazia, instalaram-se em círculo em torno de Leon Davidovitch. O filme não era bom e, além disso, o som e os cortes aos quais eram intempestivamente submetidos não ajudavam em nada. Mas, apesar dos revólveres bem ao alcance das mãos e da tensão dos presentes, o divertimento era bastante raro, e era para ser apreciado a qualquer preço. Todo mundo ria às gargalhadas.

De volta à capital, cada um retomou suas atividades. Breton acabou tomando coragem e começou a redação do famoso manifesto. Trotski o leu e, por sua vez, contribuiu com algumas ideias. Podia-se ler na versão final:

(...) Se, para o desenvolvimento das forças produtivas materiais, a revolução deve construir um regime socialista de caráter centralizado, para a criação intelectual, ela deve logo desde o começo estabelecer e garantir um regime anarquista de liberdade individual (...).

Os Breton regressaram pouco tempo depois à França. Frida começou a trabalhar intensamente durante todo o verão, com vistas à sua exposição de Nova York, em outubro.

Ela esqueceu os debates políticos, os amigos, e, sem dúvida, Diego também um pouco, para mergulhar só no trabalho.

Diego gostaria que eu não fizesse mais nada além de pintar. Esse seu desejo me agradava, significava que ele acreditava em mim. Quando me assaltavam as dúvidas sobre a nossa relação, o nosso amor, então eu achava que ele queria que o meu mundo fosse bastante forte para não ter necessidade do seu e, portanto, dele mesmo. Para que ele fosse completamente livre. Enfim, simplesmente para mim, para o meu equilíbrio ou a minha sobrevivência, eu sentia que precisava dedicar-me completamente à pintura, nunca deixá-la.

Os anos 1937-1938 refletem, creio eu, essa afirmação e constituem nesse sentido um marco definitivo. Continuo na minha linha, decerto, mas entendo que, doravante, nada me desviará dela. Trabalho mais, com concentração e aplicação redobradas. Sei que minha vida está em jogo.

Diante do cavalete, eu tinha então a força para ficar durante horas. Tive uma paciência incrível, principalmente porque pintei em formatos muito pequenos. Muitas pessoas, depois de terem visto minha pintura em fotografias, ficaram impressionadas quando se defrontaram com a sua realidade: imaginavam quadros grandes, e viram-se diante de pinturas de trinta centímetros por quarenta, às vezes menos, raramente mais do que isso.

Todo um mundo miniaturizado. Não podemos, então, nos permitir fazê-lo com grandes pinceladas, pois isso requer uma atenção especial e dá mais cãibras na mão. É preciso impedir que a imaginação provoque dispersão, é preciso canalizar toda a energia que o pulso gostaria de desenvolver. Um Bosch, por exemplo, compensa um delírio imaginativo com um trabalho pictórico extremamente minucioso. Caso contrário, não teria sido suportável nem para os outros nem para ele. (Falo em Bosch porque gosto muito dele, mas não estou pretendendo comparar o meu trabalho com o dele. Estou tentando compreender.)

Quando olho retrospectivamente para a minha obra, acho que sou uma grande pintora. Não, não tenho medo das palavras, estas têm a sua verdade. A pintura constrói-se sobre o que a precede; alguns pintores, no meio, rompem essa longa elaboração: desnorteiam porque constroem sua pintura sobre eles próprios, jogam-nos na cara sua força e perturbam o fio da continuidade. São tidos como loucos. Basta ver Van Gogh. No entanto, quando se olha a sua pintura, ela reflete um grande equilíbrio. Falo do equilíbrio plástico, e não é sem significado se o ligamos ao mental. É preciso saber agir com precisão ao se construir um quadro. A personalidade – se é que há personalidade – já está na frente do quadro. Se é uma obra de introspecção, é visível, penetrante. Tudo se reúne em uma intensidade maior e imediatamente discernível, o equilíbrio de um grande pintor é flagrante.

É preciso que o quadro olhe para você tanto quanto você olha para ele.

Nesse aspecto, acho que posso dizer que sou, em cinquenta centímetros quadrados de pintura, mais forte – ouso dizer, sim – do que Diego com um mural de vinte e cinco metros quadrados. E importante: é necessário que haja coisas que nos questionem na vida. Se nos definimos em relação a elas, aí sim, avançaremos.

Esquecemos às vezes de recordar que há, além disso, na história da pintura, poucos retratistas. Verdadeiros, entenda-se. Pessoas que, ao pintar um rosto, mostram violentamente o que está por trás dele. É um trabalho de penetração psicológica. Observemos um rosto pintado por El Greco ou por Piero della Francesca: nada do que ele poderia mascarar está oculto. Tudo está lá, captável: enxerga-se dentro do ser, e sua presença toca-nos as fibras mais profundas. O questionamento, torno a lembrar, e o olhar do quadro sobre você, também.

Às vezes, pergunto-me se minha pintura não foi, pela maneira como a conduzi, mais parecida com a obra de um escritor do que de um pintor. Uma espécie de diário, a correspondência de toda uma vida. O primeiro seria o lugar onde eu teria libertado minha imaginação, tanto quanto analisado meus feitos e gestos, pela segunda, eu teria dado notícias de mim, simplesmente, aos entes queridos. Aliás, meus quadros, eu os ofereci quase todos, sempre foram destinados a alguém desde o começo. Como cartas.

Minha obra: a biografia mais completa que jamais poderia ser feita sobre mim.

Durante o verão de 1938, se bem me lembro, o ator americano Edward G. Robinson comprou quatro quadros meus de uma vez. Minha primeira grande venda. Eu estava dividida entre o prazer do reconhecimento e um constrangimento irreprimível: meu trabalho merecia ser comprado com tanta solicitude? Eu tinha vontade de destruir os quadros, de me esconder. Aliás, foi Diego quem tratou das questões financeiras, eu era incapaz disso. No entanto, também tinha vontade de brilhar.

Foi esse aspecto que prevaleceu quando parti sozinha para Nova York, no outono. A Julien Levy Gallery recebeu minhas obras de 1º a 14 de novembro. Vinte e cinco quadros.

Cheguei algumas semanas antes. Para tornar a mergulhar no banho, para enfrentar os últimos preparativos.

Apesar de uma saúde totalmente precária, eu estava moralmente em forma, experimentava um curioso sentimento de liberdade por ficar, de repente, longe de Diego. Tinha vontade de me desprender da sua influência afetiva, de confortar a minha capacidade de seduzir, de me afirmar. Devo ter parecido bastante desligada. Passava de um homem para o outro sem me desconcertar.

Na noite do vernissage, eu estava particularmente excitada. Estava vestida como uma rainha e isso produziu o seu efeito. Havia uma multidão na galeria. Dos Rockefeller a Alfred Stieglitz, o fotógrafo, e Georgia O'Keefe, sua mulher pintora, passando por Meyer Schapiro, Dorothy Miller, etc., todo mundo se acotovelava para ver os quadros e, de modo geral, todos pareciam bastante impressionados. Foi um franco sucesso. Tive uma boa cobertura da imprensa e minhas fotos apareceram nos jornais: um deles criticou o prefácio de André Breton que abria o catálogo, porque tinha sido publicado em francês; um jornalista levou sua grosseria a ponto de dizer que minha pintura era antes obstetrícia...

Ele nunca olhou profundamente dentro de si mesmo, sem dúvida, não sabe o que é uma mulher, ignora o que a arte implica como dor, oculta ou confessada, e a confundiu talvez com uma brincadeira decorativa.

Diego, à distância, preocupava-se com a minha exposição o mais que podia e foi ele quem escreveu sobre o meu trabalho as mais belas palavras, que enviou a um crítico de arte, Sam A. Lewinson. Percebo aí sua imensa ternura:

Eu a recomendo, não como marido, mas como um admirador entusiasta da sua obra, acre e terna, dura como aço e delicada e fina como a asa de uma borboleta, adorável como um belo sorriso e profunda e cruel como a amargura da vida.

Na minha libertinagem, tive minha preferência. Minha preferência tornou-se um amor, que tinha por nome Nickolas Muray. Eu o conhecera na Cidade do México, onde descobríramos com alegria que ambos tínhamos origens húngaras, ele mais do que eu. Admirava-o como fotógrafo, e não falo da sua celebridade, mas, sim, do que eu sentia de suas imagens, e gostava da doçura e ao mesmo tempo da beleza, da humanidade, da vivacidade do homem. Lá, em Nova York, ligamo-nos muito um ao outro.

Nova York – Paris

É belo o que procede de uma necessidade interior da alma. É belo o que é belo interiormente.

WASSILY KANDINSKY

Novamente o inverno nova-iorquino, que Frida já conhecera. E também, como contragolpe da efervescência da sua primeira exposição individual, como se ela devesse pagar caro as alegrias da sua vida, vieram as dores no pé direito, tão bem escondido debaixo das saias e suas rendas.

De médico em médico, périplo familiar, um deles conseguiu finalmente curar a úlcera trófica de que ela sofria. Um trofismo inevitável e que só podia prosseguir. O acidente só fizera acentuar um processo já iniciado com as sequelas da poliomielite, a paralisia da perna.

O consolo, o calor, Frida os encontrou junto de Nickolas Muray, fotógrafo americano em plena glória.

Diego lhe escrevia, mas estava longe. Se Frida se culpava por sua ausência longa demais, Diego vinha logo tranquilizá-la argumentando que dessa viagem ela tiraria o maior benefício para o seu trabalho. Seu interesse era, sem dúvida, sincero, acreditava Frida, mas onde estava situado o lance afetivo para um e para o outro? Na liberdade de que cada um aproveitava à distância, no apego que um manifestava pelo outro apesar da distância, ou as duas coisas?

Começo de dezembro, no aniversário de Diego, Frida lhe escreveu:

"Meu menino – da grande mágica PARIS – Coyoacán, D.F., 8 de dezembro de 1938, N.Y.

São seis horas da manhã e os perus grugulejam calor de ternura humana. Solidão acompanhada – Nunca, em toda a minha vida, esquecerei a sua presença. Você me acolheu quebrada para me restituir inteira. Nesta terra pequena, onde pousarei o olhar? Tão imenso, tão profundo! Não resta mais tempo, não resta mais nada. Distância. Só resta realidade. O que foi, foi para sempre! O que existe são as raízes que se soltam, transparentes, transformadas. A árvore frutífera é eterna. Seus frutos já soltam seu aroma, suas flores liberam a sua cor, crescendo com a alegria do vento e do broto. Nome de Diego. Nome de amor. Não deixe passar sede a árvore que tanto o amou, que entesourou a sua semente, que cristalizou a sua vida às seis horas da manhã."

Nas linhas que ela lhe enviava, sua ligação com ele transparecia, inalterável. E, se Diego punha em perigo sua relação com seus amores incessantes, os de Frida, apesar da sua intensidade, não rompiam a afeição por Diego, que era sagrada. No entanto, ela se entregava completamente.

Assim foi com Nickolas, em cujo contato ela se abria sem hesitação. Nickolas sabia evidentemente da existência de Diego, Frida não se escondia disso, amava, no entanto, como se a figura do marido não pudesse impedir coisa alguma. Ela se entregava ao amor com Nickolas sem hesitação, sem reserva alguma. Gozava a vida com seu novo homem, a sua inteligência, a sua sensualidade, comprazia-se na imagem de mulher bela, original e desejável, que dela ele lhe devolvia. Mostrava-se possessiva, exclusivista.

Enquanto outra mulher na situação dela teria tido escrúpulos, Frida, com toda a naturalidade do mundo – o que nela era desarmante –, pedia ao amante que lhe fosse fiel, a não ser que, no caso de ele a enganar, se tratasse de uma simples "questão de beijar", e nesse caso seria preciso que ele tivesse todo o cuidado para não "amar" a dama desejada...

Frida e Nickolas passeavam pelas ruas de Nova York como namorados, parando nas esquinas para se beijarem, rindo às gargalhadas à mais insignificante ocasião, extasiando-se um com o outro. Entre duas sessões de fotografia de Nickolas, e sempre que Frida não se queixava da perna, eles dançavam até ficar tontos, ao som das músicas da época. Frida exultava.

No fim do ano, Frida recebeu em Nova York notícias de Paris. Com o coração batendo de prazer e de angústia, ela chegou ao estúdio de Nickolas com uma carta meio amarrotada nas mãos e manchas de tinta desbotada nos dedos.

– Eu... corri... – ofegava ela – caía... neve derretida...

Respirou fundo, ao mesmo tempo que procurava um lenço na bolsa.

– ... eu lia caminhando..., a tinta desbotou... Nick! Os surrealistas estão me esperando em Paris!

– De sucesso em sucesso, minha bela...

– Mas, Nick adorado, eu não tenho vontade de te deixar...

– Por quanto tempo?

– Um mês, mais ou menos – disse Frida pensativa. – Sabe por quê?

Nickolas a interrogava com o olhar. Frida esfregava devagar sua perna por baixo do vestido, depois de ter tirado as meias molhadas.

– Eles acham que eu sou surrealista, mas eu não sou.

– Não vamos discutir a questão de novo... No fundo, as definições não são tão importantes, Frida. Desde que você conserve a integridade.

– Ser surrealista, o que é isso? – tornou Frida. – Se for retirar os objetos do seu contexto para recolocá-los em outro contexto, a pintura só fez isso o tempo todo... Se for jogar com o absurdo, não entendo mais nada.

– Se você sabe onde se situa, o resto não tem muita importância, eu repito... Sei que você é inatingível.

– O problema com os surrealistas é que eles se levam muito a sério. Isso era evidente com Breton.

– Você tem sorte, as pessoas a impressionam pouco. Você é livre, sem angústia, e sem ficar pretensiosa por isso.

– É porque, no fundo, eu não tenho ambição. Exceto quanto à minha pesquisa pictórica – mas isso nada tem a ver com o sucesso social, portanto com todo o jogo das aparências...

– Existe alguma pessoa que realmente tenha impressionado você?

Frida refletiu e começou a contar nos dedos cobertos de anéis, em silêncio.

– Nem os aristocratas, nem os grandes industriais, nem as celebridades do mundo da arte ou da política... Não, nem Rockefeller, nem Dos Passos, nem Steinbeck, nem Reed... Sim, um homem realmente me impressionou, me pareceu excepcional até o fundo da alma, foi Trotski!

– Quanto a você... você me impressionou pela sua força natural.

– Nick, como eu posso lhe dizer que eu o adoro, que penso em você o tempo todo, em seus olhos, em suas mãos, em seu sorriso, como posso lhe dizer que amo você com todo o meu coração, e que só existe você e eu – além de Diego que tem um lugar especial e imutável, mas isso você sabe... Eu sinto tanto amor por vocês dois que isso transborda de mim, que eu me desdobro... Eu me torno duas Fridas, uma tão cheia de amor quanto a outra.

Mais tarde, ela chorou, porque Paris lhe aparecia como um planeta longínquo, porque nenhum dos seus dois homens estava lá, porque ela não falava francês, porque ia fazer muito frio, sem dúvida... Mas era também seu velho sonho de Europa que se realizava e, dentro da sua alma, tudo se misturava, o acidente de que havia escapado, a angústia, o prazer.

Em Nova York, ela vendera doze quadros de um total de vinte e cinco obras expostas. Fizeram-lhe algumas encomendas, uma delas um autorretrato que ela executou no próprio hotel Barbizon-Plaza, e um retrato de Dorothy Hale para sua amiga Clare Boothe Luce, do jornal *Vanity Fair*.

A história desta última tela teve repercussões. Dorothy Hale, jovem atriz americana, deu muito o que falar em outubro de 1938. Certa manhã, às seis horas, ela vestiu seu mais belo vestido, subiu a uma janela e se atirou do alto do edifício nova-iorquino Hampshire House. Frida, muito impressionada, comunicou a Clare Boothe Luce a sua vontade de pintar uma lembrança da atriz. Clare propôs a Frida comprar-lhe o quadro depois que ela o acabasse, para presentear a mãe da morta. Negócio fechado. Quando, alguns meses depois, o quadro chegou às mãos da compradora, correu uma onda de escândalo: o retrato de Dorothy Hale representava o suicídio de Dorothy Hale.

Estava tudo bem de acordo com Frida: ela pintara o trágico da existência da atriz, cristalizando na tela a angústia que devia ter precedido a decisão do suicídio e a passagem ao próprio ato. Uma fantasia que Frida sem dúvida não ignorava. Mas que, dificilmente, poderia ser do gosto de um comprador de quadro – e que, em sã consciência, não se poderia oferecer a uma mãe sofredora como lembrança da filha.

Frida partiu para a França no mês de janeiro de 1939. Indagava a si mesma se seria conveniente ficar fora da Cidade do México tanto tempo e preocupava-se com a situação política da Europa. Não tinha grandes ilusões quanto à sua exposição.

Sua chegada a Paris ocorreu em péssimas condições. Breton, segundo Frida, não fizera nada para a exposição, os quadros ficaram retidos na alfândega e nenhuma sala tinha sido ainda reservada para os receber. Frida teve vontade de voltar na mesma hora. Telegrafou a Diego, e este lhe aconselhou que ficasse, nem que fosse apenas para se certificar de que seus quadros estavam em segurança. Além de tudo, em Paris estava fazendo um tempo cinzento como ela jamais vira em outro lugar, e as pessoas tinham apartamentos muito pequenos.

Dormiu algum tempo em casa dos Breton, na rue Fontaine, onde ocupou o mesmo quarto da filhinha deles. Ela não se conformava: na Cidade do México, como em Nova York, as pessoas tinham mais espaço para viver! Frida estava de mau humor e vivia praguejando contra "aquele bando de filhos da puta lunáticos que são os surrealistas", segundo suas próprias palavras. Eles não tinham perdão a seus olhos: julgava-os intelectuais demais, inúteis, sujos, sem dinheiro nenhum (e nada trabalhadores), imbuídos de discursos teóricos sem qualquer mérito, perdendo seu tempo jogando conversa fora nos cafés, etc. Perguntava a si mesma o que estava fazendo no meio deles, sobretudo não queria ser confundida com eles...

Frida sentia-se só. Caminhava por uma cidade chuvosa, ameaçada pela história, onde ela não gostava dos que teriam podido ser seus amigos e cuja língua ignorava totalmente. O francês lhe parecia complicado e ela tinha dificuldade para guardar até o nome das ruas... No entanto, sentia quase sem querer que a cidade era bonita e sempre voltava a alguns lugares: a place des Vosges, os cais e Notre-Dame (onde acendeu velas para ela, Diego, seu pai, Nick, Trotski, Cristina e seus filhos, alguns amigos...) e Montparnasse, de que Diego tanto lhe falara. Tentou ir a Montmartre, mas o cansaço não lhe permitiu, e os jardins de Luxemburgo lhe davam saudade dos filhos que ela não tinha tido.

Encontrou, no entanto, pessoas que lhe interessaram: Paul Eluard, Ives Tanguy, Max Ernst, Marcel Duchamp... Adorou o trabalho destes dois últimos e simpatizou com Duchamp, que resolveu ajudá-la. Ele resolveu o problema de alfândega dos quadros e procurou pesquisar a questão da galeria.

Apesar das dificuldades ligadas à organização da exposição, Breton revelou sua ideia: Frida não seria a única expositora; sob o nome "México", reuniriam uma exposição compreendendo seus quadros, decerto, mas também estatuetas pré-colombianas, máscaras, ex-votos, objetos folclóricos, retratos mexicanos do século XIX, fotos do fotógrafo mexicano Manuel Alvarez Bravo...

E Frida ficou doente. Contraiu uma colibacilose renal, com febre alta, sendo obrigada a internar-se no hospital americano de Neuilly. Quando a febre passou e as dores desapareceram, alegrou-se por estar no hospital americano: lá ela podia falar inglês!

A mulher de Duchamp, uma americana chamada Mary Reynolds, veio visitá-la.

– Felizmente você está aqui! – exclamou Frida ao vê-la chegar. – Boas notícias, diga?

– Acho que não.

– Cidade-luz, isto aqui? Cidade desgraça! Diga assim mesmo, estou preparada para o pior.

– A galeria para a exposição foi encontrada: galeria Pierre-Colle, rue de Seine... Mas o sócio de Colle não quer expor todos os seus quadros, tem medo de chocar.

– Pois, então, que vá para o inferno! É só eu sair daqui e faço as minhas malas... Os cocôs surrealistas não têm perigo de chocar, evidentemente, valem tão pouco!

Mary ficou calada um momento antes de dizer:

– Frida, a situação política, também...

– Todos os países têm situações políticas, e menos falsos artistas do que este, pode crer!

– A exposição começa no dia 10 de março...

– E nós estamos somente em fevereiro – observou Frida, fingindo arrancar os cabelos.

– Tenho uma boa notícia, apesar de tudo: vamos levar você para morar conosco, quando você sair daqui.

Frida deu-lhe um beijo.

– Vocês são uns amores, nunca vou conseguir agradecer tudo o que vocês têm feito por mim...

Ela se levantou e olhou pela janela do quarto.

– ... De qualquer modo, sou mesmo obrigada a ficar, Diego quer... e depois, agora, também emprestei duzentos dólares a Breton para restaurar os velhos quadros mexicanos...

Ela tinha pressa de voltar a Nova York e reencontrar Nickolas Muray. Frida lhe escrevera:

"(...) Eu o amo, meu Nick. Estou tão feliz com a ideia de que o amo – de que você está me esperando – de que você me ama. (...)"

"(...) – Meu amante, meu mais belo, meu Nick – minha vida – meu filho, eu adoro você. (...)"

Em fins de fevereiro, ela se instalou na casa dos Duchamp. Mary cuidava dela com dedicação e Frida lhe correspondia. Sentia-se bem.

A exposição não foi nenhum sucesso comercial, a instabilidade política não se prestava a isso, mas foi um sucesso no que tange ao interesse e à estima que lhe demonstraram. Frida foi a estrela. Teve o reconhecimento dos pintores, de Ives Tanguy a Pablo Picasso, que, muito impressionado, escreverá mais tarde a Diego Rivera:

"(...) Nem você, nem Derain e nem eu sabemos pintar rostos como os de Frida Kahlo. (...)"

Mas ela também impressionou outros meios, como o da alta--costura. Elsa Schiaparelli, seduzida pela maneira como Frida se vestia, criou para a alta sociedade parisiense o "vestido Madame Rivera"; na capa da *Vogue* apareceu sua mão toda cheia de anéis...

E o Museu do Louvre adquiriu um quadro.

De uma maneira ou de outra, o reconhecimento lá estava e não vinha através de vozes menores... Frida tinha consciência disso e o apreciava em sua justa medida, sem, no entanto, se vangloriar.

Deixou Paris em direção a Le Havre em fins de março. Não estava chovendo. Partia com o espírito tranquilo. No navio que a levava a Nova York, conseguiu até começar *O suicídio de Dorothy Hale*: no meio da tela, o alto edifício nova-iorquino, sozinho no meio de massas de nuvens; em três tempos, a mulher caindo: bem pequenina quando salta da janela, ao tocar o solo só existe ela, estendida, na parte de baixo do quadro. Dorothy morta jaz numa poça de sangue, e ainda perde sangue, pelos ouvidos, pelo nariz, pela boca. Ele jorra para o canto da moldura. No entanto, a mulher é muito bonita, e olha ainda para fora da sua morte, para fora do quadro...

Certo dia, nos Estados Unidos, Diego declarou: "Não creio em Deus, mas creio em Picasso". Como ele tinha razão! Aquele homenzinho é único. Louise Nevelson também o afirmou, a seu modo: "No berço, Picasso já desenhava como um anjo". Quanto a mim, vou dizer uma banalidade, mas paciência: aqueles olhos dele! Nunca vi olhar igual. Seus olhos pareciam fixar o que o cercava, fixar-nos, por antecipação, na tela. Incrível aquele olhar. Só por ele, o homem já era no mínimo meio pintor.

Lembro-me muito bem. Embora sendo a atração principal da exposição, eu me mantinha um pouco afastada, durante o vernissage. Wassily Kandinsky me felicitou: ele chorava de emoção e seus pequenos óculos estavam muito embaçados. Comunicou-me a sua admiração em um inglês mais ou menos compreensível, misturado com um sotaque maravilhoso, ao mesmo tempo que enxugava as lágrimas com o dorso da mão. A alma russa! Nada era fingido! Joan Miró me deu um abraço, com poucas palavras, mas muita expressão e afeto. Max Ernst, sempre muito frio, mas aparentemente sincero, disse-me que continuasse meu caminho. Picasso também me deu um abraço e não economizou elogios.

O fato de eles reconhecerem meu trabalho me enchia da mais profunda emoção, tanto mais que eu era felicitada por pintores conhecidos como os maiores, que, como se sabe, não esbanjam cumprimentos – e com razão. Pintores de personalidades tão diferentes, cada um tão pessoal, interessando-se pela Friduchita...

Até eu partir de Paris, revi Picasso muitas vezes. Ele se mostrava muito aberto, tão aberto quanto deve ser uma peste quando não gosta de alguém. Passamos bons momentos juntos. Cantávamos muito: uma canção mexicana contra uma espanhola... Um dia, ele me ofereceu um belo par de brincos, que ainda devo ter, se é que não dei a alguém.

Por encontros como esse, por ter encontrado pessoas como os Duchamp, Tanguy, e ter tido o privilégio de conhecer certos lugares da cidade, não lamento ter ido a Paris. Quanto ao resto, os artistas falavam mais do que trabalhavam, particularmente os franceses, e isso me chocava. Sei muito bem que a história estava na antecâmara, prestes a despejar seu veneno, a atmosfera estava pesada, mas seria isso uma desculpa real para um artista que tem necessidade de trabalhar?

Por ocasião de uma das raras noitadas que passei em um café, eu me revoltei: Eluard defendia a pintura de Dalí; quanto a mim, nem sequer lhe concedo o título de pintor. Um fazedor de imagens, só isso... Curiosos, esses franceses. Exaltavam até as nuvens um homenzinho como Renoir, não quero dizer que não valha nada, mas, enfim, não é grande coisa se comparado a Monet, por exemplo. Quanto a Derain, eles o deixam injustamente à margem, considerando sua obra como de menor importância!

Quando eu me sentia muito exasperada com suas afirmações, dizia comigo mesma que o que os franceses tinham de grande eram os seus estrangeiros!

E por falar em estrangeiros... Reunindo as informações colhidas aqui e ali entre camaradas da Quarta Internacional, entre outros, tive a impressão de que a ajuda prestada aos republicanos espanhóis deixava muito a desejar. Escrevi a Diego e fiz o que pude. Cheguei a conseguir que uns quatrocentos refugiados fossem acolhidos no México. Não era muito, não o bastante, mas eu não tinha muito tempo. Aquela guerra foi um dos acontecimentos políticos que mais me marcaram. Cruel, dolorosa.

Eu bebia muito, exceto quando fui hospitalizada com colibacilose. Muito: mas nunca rolei pelo chão e nunca passei da conta. Mas isso naturalmente não quer dizer nada, o álcool marca de maneira diferente os corpos e os espíritos. Sem ser um personagem dostoievskiano, bebi como todo mundo, para esquecer certas coisas, despertar outras tantas dentro de mim, mas sem jamais chegar à violência. Não existe nada pior do que o álcool violento; é imperdoável, porque não é verdade que a gente não se dá conta de nada. Isso é má-fé. Por mais que bebamos, percebemos perfeitamente, com ligeiras alterações e amplificações, o estado em que nos encontramos. Percebemos quando, de repente, começamos a gaguejar, a dar gargalhadas, a andar cambaleantes; percebemos quando chega a hora de parar porque tudo se torna pesado demais, tanto o corpo quanto o que dizemos. Não acredito em quem diz que não bebe e, no entanto, bebe, nem em quem se refugia atrás do álcool para fugir às responsabilidades.

 A bebida talvez seja um bom afrodisíaco, mas é também uma boa máscara. Nesse sentido, nunca a utilizei.

 Muito, sim, mas só posso avaliar em relação a mim, aos meus estados. Assim, o álcool nunca me modificou fundamentalmente, é por isso que não procuro desculpas.

 Em Paris, o conhaque era bom.

 Nunca pintei bem quando bebi demais. Nunca pintei a embriaguez.

As duas Fridas

> Mexicaníssima em todas as suas manifestações, ela continua a causar um grande espanto: sua pintura e sua vida, sua vida e sua pintura, ligadas entre si como as duas Fridas, exatamente como ela as pintou (...).
>
> Elena Poniatowska

Frida tinha pressa de reencontrar Nova York, os seus velhos amigos, Nickolas Muray. Vinte e quatro horas antes de chegar, suas malas já estavam prontas no seu camarote. A que continha seus apetrechos de pintura, uma espécie de maleta quadrada bastante alta, metade madeira metade couro, com seu nome gravado, estava calçada entre duas outras para não ter perigo de cair. De repente, ela sentiu que estava farta de tanto viajar, de estar entre dois países, dois hotéis, sua vida lhe parecia dobrada em quatro dentro da sua bagagem.

Ouviu um zum-zum e subiu para o convés, enquanto a sirene lançava o seu grito penetrante. O céu estava quase branco e um sol tímido parecia deslocar-se nele. Ela piscou os olhos e colocou as mãos acima das sobrancelhas para se proteger da luminosidade do céu. A medida que o navio se aproximava, Manhattan parecia mexer-se, massa de concreto e de aço muda e sorridente, desejando boas-vindas a Frida. Lágrimas correram-lhe pelas faces, o odor do porto revirou sua cabeça.

Nick estava esperando por ela.

Frida deixou as pessoas descerem antes dela, com medo de ser derrubada. Em uma das mãos segurava a maleta de pintura, com a outra levantava a barra da saia. As bagagens seguiam no carrinho de um carregador. O táxi estava lá.

Dentro do carro, Frida se aconchegou em Nickolas. Ele a afastou para vê-la melhor. Sacudiu a cabeça.

– Por que você está dizendo não, meu Nick adorado?... Sim, sim, olhe para mim, eu estou aqui, você está aqui, não existe mais nada no mundo a não ser este momento.

Nickolas sorriu, o cenho fechado, Frida voltou à sua posição anterior e, com a cabeça inclinada, olhou a rua sem dizer nada.

– Frida...

Ela fez sim com o queixo.

– ... Tenho uma notícia, boa, ruim, não sei: vou me casar.

Frida não se mexeu. Contraiu fortemente as pálpebras até só ver tudo preto, só ouvir seu coração bater. Depois endireitou-se reabrindo os olhos. Segurou as mãos de Nickolas nas suas e as beijou com ternura.

– Não diga mais nada por enquanto, meu Nick. Voltaremos a falar nisso mais tarde... Tenha certeza de que eu lhe desejo toda a felicidade do mundo e de que eu o amarei, aconteça o que acontecer.

Não sentia nada além de um vazio imenso. Nem sequer uma lágrima lhe vinha, nenhum pensamento. Seu espírito estava branco como o céu, seu coração já não estava saltando do peito, tudo era calmo em seu corpo. Calmo demais, talvez. Até mesmo as palavras que ela havia dito a Nick, tão depressa, já não lhe pertenciam.

No elevador do hotel, ela não ouviu o empregado lhe falar. Logo que chegou ao seu quarto, correu ao banheiro para vomitar. Em seguida, colocou o rosto debaixo da torneira de água fria antes de se deixar escorregar até o chão e ficar sentada. Ali, dobrada sobre si mesma, soluçou por muito tempo. Perguntava a si mesma se essa relação estava acabando porque ela a levara longe demais ou porque não a levara suficientemente longe. Perguntava se era o seu lado mexicano, excessivo e apaixonado, que tinha aniquilado tudo em sua própria tempestade de vida. Ou se era o seu corpo dilacerado que atraía certos homens tanto quanto, no fundo, os amedrontava. Ou a imagem onipresente de Diego, que todo mundo sabia precisar dela tanto quanto ela precisava dele.

Levantou-se, endireitou as costas impetuosamente.

Andava de um lado para outro no quarto do hotel e chorava constatando que naquilo nada havia de anormal: ela se tinha dado toda por inteiro a Nickolas, era da sua natureza, de qualquer modo, mas nada esperava dele e nunca lhe havia proposto um projeto de vida em comum. Dava muito do seu amor, a cada vez, ficando finalmente inacessível.

Começou a desfazer a bagagem, mas não teve vontade de continuar. Em cima das malas abertas, depôs o retrato ainda inacabado de Dorothy Hale. Observou-o, sentada na beira da cama. "Será preciso que as nuvens transbordem também sobre a moldura, pensava Frida, tudo transborda sempre: o sangue, as lágrimas, as nuvens, a própria vida..." De onde estava sentada, via-se no grande espelho, acima da cômoda. "Droga, a gente sempre é devolvida a si mesma..."

Mais tarde, sentiu necessidade de telefonar para Nickolas, para lhe repetir que por nada no mundo lhe queria mal, que se sentia muito feliz por ele, que o adorava, que era sua amiga para o resto da vida. Fez-lhe também algumas recomendações: pediu-lhe que preservasse os lugares que tinham consagrado o amor deles, os objetos, as fotos que o simbolizavam. Nickolas prometeu e, por sua vez, garantiu-lhe sua amizade.

Frida continuou chorando, mas já não eram lágrimas de amargura, mas, sim, outras, mais doces. A ternura, a amizade, eram um consolo, pois evitavam a perda total. Nelas, a paixão se diluía, esquecendo as dores. Finalmente, ela adormeceu, sem se dar ao trabalho de tirar seus anéis, nem as fitas dos cabelos.

Hesitava em deixar Nova York, temendo problemas com Diego no México, ao mesmo tempo que sentia vontade de voltar para casa, depois de uma viagem tão longa, afinal de contas. Deixou as malas desfeitas, incapaz de se decidir, tentando, pelas ruas de Manhattan, fugir aos seus pensamentos, à lembrança de Nick, às decisões a tomar. Por sorte, os amigos lá estavam e cercavam Frida. Ela acabou se mudando do hotel para ir se instalar na casa de uma amiga, mas ainda hesitava em ficar. Voltou a trabalhar um pouco, desenhos, naturezas-mortas representando frutas tropicais, os últimos retoques do *Suicídio de Dorothy Hale*... Mas sentia um mal-estar, algo que a impedia de tomar a decisão de voltar, talvez a ideia de ficar totalmente afastada de Nickolas ou um pressentimento do que a esperava na Cidade do México.

Certa manhã, deu o passo decisivo.

Na Cidade do México, a situação estava tensa, sob todos os pontos de vista. Atribuíam a Diego muitas aventuras, uma das quais ainda muito importante com uma húngara, pintora. Quanto ao aspecto político, não faltavam confusões.

Trotski estava a ponto de se mudar após um rompimento com Rivera.

— Cá entre nós, Diego, quando recebi em Paris a carta de Trotski pedindo-me para intervir junto a você, só pude tomar a defesa dele... Mas que ideia, quando se tem o nome de Diego Rivera, de querer ser secretário da seção mexicana da Quarta?

— Tenho sido bastante fiel a ele, não acho que tenha desmerecido coisa alguma. Também não sou totalmente irresponsável.

— Mas você é pintor antes de tudo, e não político. Você mesmo disse isso quando quis se demitir da Quarta Internacional há pouco tempo...

— Eu não concordava com os "métodos" do Velho...

— Você disse que daqui por diante só ia se dedicar à pintura.

— São as minhas contradições. Minhas fanfarronadas, se você quiser.

— Imagine só que na cabeça de alguém como Trotski, um homem capaz de se zangar com amigos de uma vida inteira por causa de uma palavra desastrada, isso basta para abalar a confiança... As apostas são grandes... e perigosas.

— Na política, os rompimentos são inevitáveis. Como na vida.

Frida sabia que estaria ao lado de Diego acontecesse o que acontecesse. Mas não podia deixar de se preocupar com Trotski e Natalia, obrigados a se mudar mais uma vez. Foi o próprio Trotski quem comunicou que, levando em conta a degradação de suas relações, eles iam tomar as providências necessárias para deixar a casa azul.

Frida não se sentia nem um pouco à vontade nessa situação, mas nada podia fazer nem dizer. Tanto mais que ficara sabendo que havia chegado aos ouvidos de Diego algo sobre sua relação com Trotski. Apenas um boato, mas muito provável, considerando a agressividade que ele manifestava contra ela e contra Trotski. Teria sido por isso o rompimento entre os dois? Ela não queria saber nem falar disso. Já estava farta dos ciúmes de Diego, tanto quanto da sua infidelidade permanente.

— Eu não amo as outras mulheres – desculpava-se ele. – Só tenho necessidade da minha linda Fridazinha.

– Saber o sentido oculto dos seus sentimentos não altera em nada o problema – respondia-lhe invariavelmente Frida.

Falavam dos amores de Diego com a atriz Paulette Goddard, durante algum tempo no México. Além disso, seus amores com Irene Bohus, a húngara... Frida sentia-se arrasada. Não teriam as coisas ido um pouco longe demais? Não seria tempo de tomar uma decisão radical em sua vida? Não conseguia desfazer-se do laço com Diego e isso a fazia sofrer. E esse sofrimento era acentuado, talvez, pela perda de Nickolas, que a tinha magoado muito, mais do que ela deixava transparecer, mas nada podia falar com Diego.

Com a aproximação do verão, ela resolveu ir morar, mais uma vez, na casa azul.

O lugar era bonito, espaçoso e luminoso, alegre pelas cores de suas paredes – azul, verde, tijolo, amarelo –, pela abundância das plantas do pátio, e era agradável de se viver lá. A casa, por ter muitas partes envidraçadas, parecia ter sido feita para acolher o céu e o sol. No entanto, Frida estava desesperada. Não queria sair nem ver gente, ela andava em círculos. A poucas pessoas podia fazer confidências: a Nickolas, por carta, que respondia garantindo-lhe seu apoio e sua afeição; a Cristina, sempre presente.

Ficava horas em seu ateliê, mesmo sem trabalhar. Se aquela casa era seu mundo, o ateliê era seu coração. Frida sabia que era dali que viria algum consolo. Cristina também lhe dizia:

– Você devia pensar em você e no seu trabalho acima de tudo.

– Sabe que Diego nem vem me ver?

– Mais uma razão, Frida... Além do mais, você mesma resolveu ir embora.

– Porque eu já estava farta... Lupe Marin diz que sou uma idiota porque deixo as outras mulheres tomarem Diego de mim... Não sei

se resolveria a questão se eu fosse uma ditadora... Não sei se tenho razão... Eu sei tudo... Não sei nada...
Frida chorava:
— Esta casa é pequena demais para conter tantas mágoas! — disse ela, rindo, em meio aos soluços.
Cristina sorriu.
— É terrível, sinto-me ao mesmo tempo suficientemente forte e rica interiormente para ser capaz de viver sozinha... e frágil a ponto de um pensamento apenas, já não digo um ato, me despedaçar...
As cadeiras de balanço em que as duas estavam sentadas rangiam a cada movimento. Raios de sol brincavam nas vidraças do ateliê.
— Eu compreendo aquela pobre Dorothy: sentia-se tão despedaçada, que teve necessidade de realizar o que sentia...
— Pinte-o.
— Claro, posso pintá-lo. Uma maneira imaginária de reconstituir um todo quebrado... mesmo se eu o represento quebrado.
— Que força que você tem...
— A minha sobrevivência.
E, ao pronunciar essas palavras, sentiu uma vaga paz a invadir. Enxugou os olhos e parou a cadeira antes de acrescentar:
— Há uma melancia na cozinha para as crianças. Está muito cheirosa.

Frida começou a imaginar um grande quadro que ela chamaria de *As duas Fridas*, cuja origem ela atribuirá mais tarde à amizade imaginária com a menina do fundo do poço[52], que fazia dela, assim, duas Fridas; a sonhada e a real.

---
52 Cf. o capítulo *Infâncias*.

Em tamanho natural ou maior, uma Frida em bom estado faria companhia a uma segunda Frida ferida, perdendo sangue... Uma amada, a outra não.

Mas, de novo, sem que Frida pudesse controlar, as lágrimas vinham embaralhar sua visão, sua imaginação, seus pensamentos, seus desejos. Já não sabia mais se chorava por causa de Diego ou só por causa dela mesma, de onde vinham tantas lágrimas, o que elas drenavam de tristeza, de vida, ou talvez mesmo de alegria. "Como nos esvaziamos do próprio sangue, dizia consigo mesma, estou me esvaziando das minhas lágrimas... Lágrimas, negativo fotográfico do sangue. Mesma coisa, no fundo. Derramamento, fluidificação das palavras, do corpo. Liquefação dos ferimentos que não cicatrizam. Se não nos endurecemos, derretemos..." E ela tornou a pensar no seu quadro, *O que a água me deu*, e no que Breton dissera dele, que ela vagamente compreendia: "O quadro (...) ilustrava sem querer a frase que recolhi ainda há pouco da boca de Nadja: 'Eu sou o pensamento sobre o banho no cômodo sem espelho'".

Minha noite é como um grande coração batendo.
São três e meia da madrugada.
Minha noite é sem lua. Minha noite tem olhos grandes que olham fixamente uma luz cinzenta filtrar-se pelas janelas. Minha noite chora e o travesseiro fica úmido e frio. Minha noite é longa, muito longa, e parece estender-se a um fim incerto. Minha noite me precipita na ausência sua. Eu o procuro, procuro seu corpo imenso a meu lado, sua respiração, seu cheiro. Minha noite me responde: vazio; minha noite me dá frio e solidão. Procuro um ponto de contato: a sua pele. Onde você está? Onde você está? Viro-me para todos os lados, o travesseiro úmido, meu rosto se gruda nele, meus cabelos molhados contra as minhas têmporas. Não é possível que você não esteja aqui. Minha cabeça vaga errante, meus pensamentos vão, vêm e se esfacelam, meu corpo não pode compreender. Meu corpo quer você. Meu corpo, esse azarão mutilado, quer esquecer-se por um momento no seu calor, meu corpo pede algumas horas de serenidade. Minha noite é um coração de estopa. Minha noite sabe que eu gostaria de olhar você, acompanhar com as minhas mãos cada curva do seu corpo, reconhecer seu rosto e acariciá-lo. Minha noite me sufoca

com a falta de você. Minha noite palpita de amor, amor que eu tento represar mas que palpita na penumbra, em cada fibra minha. Minha noite quer chamar você, mas não tem voz. Mesmo assim quer chamá-lo e encontrá-lo e se aconchegar a você por um momento e esquecer esse tempo que martiriza. Meu corpo não pode compreender. Ele tem tanta necessidade de você quanto eu, talvez ele e eu, afinal, formemos um só. Meu corpo tem necessidade de você, muitas vezes você quase me curou. Minha noite se esvazia até não sentir mais a carne, e o sentimento fica mais forte, mais agudo, despido da substância material. Minha noite me incendeia de amor.

São quatro e meia da madrugada.

Minha noite me esgota. Ela sabe muito bem que você me faz falta e toda a escuridão não basta para esconder essa evidência. Essa evidência brilha como uma lâmina no escuro. Minha noite quer ter asas para voar até onde você está, envolvê-lo no seu sono e trazê-lo até onde estou. Em seu sono você me sentiria perto e seus braços me enlaçariam sem você despertar. Minha noite não traz conselhos. Minha noite pensa em você, sonha acordada. Minha noite se entristece e se desencaminha. Minha noite acentua a minha solidão, todas as minhas solidões. O silêncio ouve apenas minhas vozes interiores. Minha noite é longa, muito longa. Minha noite teme que o dia nunca mais apareça, porém, ao mesmo tempo, minha noite teme o seu aparecimento, porque o dia é um dia artificial em que cada hora conta em dobro e, sem você, já não é vivida de verdade. Minha noite pergunta a si mesma se meu dia não se parece com a minha noite. Isso explicaria à minha noite por que razão eu também tenho medo do dia. Minha noite tem vontade de me vestir e me jogar para fora, para ir procurar o meu homem. Mas minha noite sabe que o que se chama loucura, de toda espécie, semente de desordem, é proibido. Minha noite pergunta a si mesma o que não é proibido. Não é proibido unir-se a ela, isso ela sabe, porém, ela não gosta de ver uma carne unir-se a ela por causa da desesperança. A carne não é feita para desposar o nada. Minha noite o ama com toda a sua profundidade e também ressoa com a minha profundidade. Minha noite alimenta-se de ecos imaginários. Ela pode. Mas eu não, eu fracasso. Minha noite me observa. Seu olhar é liso e desliza por todas as coisas. Minha noite quer que você esteja aqui para deslizar em você com ternura. Minha noite o espera. Meu corpo o espera. Minha noite quer que você repouse no meu ombro e que eu repouse no seu. Minha noite quer ser *voyeur* do seu gozo e do meu, ver você e me ver estremecer de prazer. Minha noite quer ver nossos olhares e ter nossos olhares cheios de desejo. Minha noite quer segurar nas mãos cada espasmo. Minha noite se faria suave. Minha noite geme em silêncio a solidão ao se lembrar de você. Minha noite é longa, muito longa. Perde a cabeça, mas não pode afastar de mim a sua imagem, não pode fazer desaparecer o meu desejo. Ela morre por saber que você não está aqui, e me mata. Minha noite o procura sem cessar. Meu corpo não consegue conceber que algumas ruas ou uma geografia qualquer nos separem. Meu corpo enlouquece de dor por não poder reconhecer no meio da minha noite a sua silhueta ou a sua sombra. Meu corpo gostaria de beijá-lo em seu sono. Meu corpo gostaria em plena noite de dormir e, nessas trevas, ser despertado com os seus beijos. Minha noite não conhece hoje sonho mais belo e mais cruel do que esse. Minha noite berra e rasga os seus véus, minha noite se choca contra o próprio silêncio, mas seu corpo continua impossível de ser encontrado. Você me faz tanta falta, tanta. E suas palavras. E sua cor.

Logo o dia vai raiar.

(Carta a Diego ausente, Cidade do México, 12 de setembro de 1939. Não enviada.)

O apego

A pintura preencheu minha vida. Perdi três filhos e uma outra série de coisas que poderiam ter preenchido minha horrível vida. Tudo isso foi substituído pela pintura. Creio que não existe nada melhor do que o trabalho.

FRIDA KAHLO

O verão de 1939 transcorreu na desordem. Diego levava sua vida na casa de San Angel e raramente visitava Frida. Esta, apesar da dor profunda, tentava reagir: não queria receber nenhuma ajuda material do marido, nem, dizia ela, de qualquer outro homem, pelo resto dos seus dias.

Um engenheiro americano, Sigmund Firestone, encomendou-lhe um retrato e, por intermédio de amigos, ela conseguiu vender alguns outros quadros nos Estados Unidos. Mas não era o suficiente. Várias pessoas, entre as quais Nickolas Muray, decidiram enviar-lhe dinheiro todos os meses, para suprir suas necessidades cotidianas e médicas. Amparada ela estava, no sentido de que não fora abandonada por aqueles que a amavam. Fiéis, eles a ajudavam na medida do possível.

Mas Frida se isolava, recusava-se a ver os amigos que encontravam Diego, não porque lhes solicitava que tomassem partido, mas sim porque bastaria a presença deles para aguçar a ausência do marido. Prudência inútil, afinal, pois, apesar de tão segregada do mundo, a lembrança de Diego a invadia incessantemente e com ela as ondas de dor.

Mais do que o confinamento na casa, o refúgio, sua tábua de salvação era, indubitavelmente, a pintura.

As duas Fridas começou a tomar forma. Diante do céu cinzento de nuvens carregadas, duas Fridas estão sentadas olhando para o espectador: uma, vestida com sua blusa e sua saia de tehuana[53], tem na mão uma foto em medalhão de Diego criança; a outra, com um vestido branco de gola alta rendada, como uma noiva do século passado, tenta com uma pinça médica deter a hemorragia que sai do seu coração aberto. Mas o mal está feito, deixa traços: a pinça não consegue estancar o sangue que vai se esvaindo do corpo de Frida, o vestido branco está manchado.

Quando Nickolas Muray chegou para uma temporada no México, o quadro estava bastante adiantado. O fato de Frida representar cenas da sua vida interior não surpreendia Nickolas, que conhecia sua pintura, mas ele ficou impressionado com as dimensões da tela: mais de um metro e setenta de cada lado.

– Fiz grande porque era preciso – disse Frida.

– É impressionante.

– Há sempre um momento na vida de um pintor em que ele sonha com dimensões grandes... e com um ateliê grande.

– Você tinha o ateliê...

– Precisava de um quadro de grandes dimensões... Desta vez não dava para eu concentrar o que tinha dentro de mim.

Nickolas olhava a tela de boa distância. A luz em que se banhava o ateliê era perfeita, o sol já não tinha a violência do rigor do verão.

– Esse coração que você começou a pintar na Frida tehuana...

– Um coração inteiro, como o outro que está aberto... Quando tenho Diego em minhas mãos, estou completa... A vida da outra Frida está destroçada, seu coração está sangrando...

---
53 Natural da cidade de Tehuantepec, no estado de Oaxaca. (N.E.)

Virou-se para Nickolas e acrescentou, rindo:

– É de uma simplicidade espantosa!... Posso dizer ainda que uma artéria ligará os dois corações, o todo ligado à foto de Diego, a minha fonte, o meu arrebatamento vital...

Seu olhar se entristeceu com o sol desaparecendo por trás de um dos muros do pátio.

– Há sempre uma coisa a que se ligar. Tudo está ligado, tudo se segura, a gente e a gente, a gente e seu dublê, a gente e o outro, a gente e a terra... – ela começou a rir. – E o senhor, o que é que está vendo neste quadro?

– Uma Frida, duas Fridas, Frida em tamanho natural. Vejo esse céu pesado de tempestade que atrai você mas em que você não se precipita apesar do magnetismo dele... No sangue que corre, seu desespero está definido; no céu, ele está inteiro, movente, perigoso, entregue a si mesmo... Suas sobrancelhas-pássaro não se arriscam nele.

– Ou antes, se elas pudessem fugiriam do quadro!

Ela se aproximou da tela.

– Ainda preciso trabalhar a renda do vestido. Eu gostaria que ela fosse mais rígida, contrastando com o escorrer do sangue.

Tornou a dar uma gargalhada:

– Vai acabar parecendo um colete de gesso!... Talvez seja isso que eu estou procurando!... Diego, a inspiração, já imaginou, Nick? Mau marido, mas...

Nickolas sorria. Frida se aproximou, colocou um indicador sobre a sua boca, e o outro sobre a de Nick, assumindo um ar divertido, quase infantil.

– Você vai ver uma coisa – segredou –, uma pequena felicidade que me foi oferecida, uma maravilha viva.

E levou o amigo para fora, onde, perto de uma árvore da casa, estava deitado um cabritinho.

— Um sonho de criança, Nick! Um de meus filhos adotivos: o pequeno cervo Granizo.

— A família Kahlo: cervo, macacos, pombas-rolas, papagaios, periquitos, cachorros... *My darling* e seu pequeno zoológico...

— É a vida que é um zoológico; quanto aos animais... almas esquecidas se apossaram deles... E são meus filhinhos, também.

Pouco tempo depois, Frida escrevia a Nickolas, que voltara para Nova York, que ela ia de mal a pior e compreendia que talvez não pudesse salvar mais nada da relação com Diego. Ele a esquecia, ou tentava simplesmente desligar-se de Frida; o fato é que não vinha mais vê-la. Se ele não tinha mais necessidade dela, pensava Frida, o jeito era aceitar o rompimento: não adiantava prender um homem que afirmava só ter amor por ela, mas que manifestava interesse por todas as mulheres, menos por ela.

Fim de setembro, Diego e Frida pediram o divórcio por mútuo consentimento. No fim do ano de 1939, o casamento Kahlo-Rivera estava dissolvido. À imprensa responderam que a oficialização de sua separação era uma simples formalidade; Diego declarou que não se tinham divorciado por motivos sentimentais, nem por motivos artísticos; Frida, mais reservada, declarou que as razões de seu divórcio eram pessoais e que ela não era obrigada a declará-las em público.

Meus quadros são bem pintados, não com leviandade, mas com paciência. Minha pintura carrega em si a mensagem da dor. Creio que ela interessa pelo menos a algumas pessoas.

Frida Kahlo

Amargurada por uma separação inevitável, mas que, no fundo, ela não suportava, Frida, enfraquecida, estava mal demais para que sua saúde não se ressentisse. Suas costas a faziam sofrer tanto, que pensaram em imobilizar sua coluna vertebral por meio de um aparelho que pesava vinte quilos.

Apesar de tudo, ela pintava com obstinação. O inverno 1939--1940 revela-se um período fértil. Lutando para exorcizar, de certa forma, as feridas sentimentais e físicas, os quadros se sucediam: *As duas Fridas*; *Autorretrato com macaco*; *Autorretrato com os cavalos castrados*; *Autorretrato com colar de espinhos e colibri*...

Em janeiro de 1940 teve lugar na Cidade do México, na Galeria de Arte Mexicana, a "Exposição Internacional do Surrealismo", na qual Frida participou com *As duas Fridas* e um outro quadro, *A mesa ferida*. Organizada por André Breton, César Moro e Wolfgang Paalen, a exposição reunia uma multidão de nomes famosos, entre os quais Alberto Giacometti, Raoul Ubac, Yves Tanguy, Man Ray, Giorgio De Chirico, Pablo Picasso, Paul Delvaux, Meret Oppenheim, Matta Echaurren, Wassily Kandinsky, Paul Klee, André Masson, Henry Moore, René Magritte, Manuel Alvarez Bravo, Hans Arp, Kurt Seligman, Humphrey Jennings, Salvador Dali, Denise Bellon, Hans Bellmer, Diego Rivera... A manifestação pretendia ser ambiciosa e as obras expostas davam prova de ecletismo, tanto pela diversidade das técnicas artísticas representadas quanto pelo conteúdo, mas ficou aquém das expectativas.

O vernissage, a 17 de janeiro, tinha todo o aspecto de uma festa burguesa e dentro da ordem estabelecida, apesar do esperado "aparecimento da Grande Esfinge da noite" prometido para as 23 horas.

Os grupos de artistas tagarelavam e riam amavelmente, com um copo numa das mãos e um cigarro na outra. As senhoras estavam muito bonitas, com vestidos muito coloridos e lançando sobre as obras penduradas nas paredes o brilho de suas múltiplas joias. Já iam longe as grandes loucuras surrealistas, o movimento tinha sido integrado e fazia parte do quadro de vida de cada um.

Aqui e ali alguns comentários mais profundos, mas, de modo geral, todos estavam mais dispostos às conversas leves, aos mexericos circunstanciais.

– O surrealismo já não escandaliza...
– É porque está morto.
– Morto, talvez não, mas tornou-se um velhote barrigudo e aburguesado.
– O que você acha da Grande Esfinge da noite?
– Eu, eu acho que é uma adorável bobagem.
– A seu ver, o que faz Picasso dentro disso tudo?
– Tenta dourar de novo o brasão de gente que nada tem a ver com ele.

Frida achara uma poltrona para se sentar, não muito longe de *As duas Fridas*. Tinha bebido muito e seus olhos brilhavam – difícil era perceber se de alegria ou de ansiedade. Mostrava-se exuberante, embora fisicamente estivesse abatida.

– Afinal de contas, e apesar de tudo, há surpresas nesta exposição – disse-lhe alguém –, quase só se vê o seu quadro. Você não nos tinha acostumado a isso.

– A idade nos faz amadurecer... – disse Frida, sorrindo. – É um conceito filosófico... Porque, no fundo, a idade nos encolhe como a uma uva passa.

– É uma princesa em pleno desabrochar quem diz isso!
– Frida, você não tem saído muito.
– A Cidade do México não é uma cidade para passeios... ou é de poucos passeios. O país é de uma beleza extrema, mas não estou em

condições de percorrê-lo... Pinto muito, sem interrupção: essa é a minha viagem... para o interior das terras...

No canto de uma das salas da exposição, Diego era atração, cercado de mulheres, entre as quais suas ex, suas atuais e talvez algumas das suas futuras. Sua cabeça se destacava do grupo; respondia a um jornalista que lhe fazia perguntas sobre o seu divórcio.

– Você tem a intenção de se casar de novo?

– Olhe aqui, enquanto eu viver tenho a intenção de ter noites de núpcias.

– E Frida Kahlo?

– Eu a amo mais do que tudo no mundo, mas ela se aborrecia porque eu nunca punha nada em ordem. E ela me chateava porque estava sempre pondo tudo em ordem.

– E isso é um motivo válido de divórcio?

– É brincadeira; mas são as coisas pouco sérias que fazem a vida... Não se preocupem com Frida. Ela é bela, jovem, inteligente e está entre os maiores pintores contemporâneos. Eu sei o que digo.

– Você se considera um pintor surrealista?

– Eu sou um comunista. Digo e repito.

Diego virou-se para uma das mulheres presentes e a indicou com o queixo ao jornalista.

– Veja aquela mulher – acrescentou –, é tão bonita. Seria perfeita se fosse comunista...

– Está querendo dar a entender que você é perfeito?

– Não perfeito, não, ah! ah! inacabado, se preferir, mas comunista, torno a dizer.

– E seus amigos trotskistas?

Diego apalpou o revólver por baixo do paletó.

– Não concordo mais com seus métodos... e não tenho a menor intenção de fazer agora um discurso sobre essa questão.

Tarde da noite, no carro que a levava para casa, as lágrimas corriam pelas faces de Frida, deixando nelas um rastro colorido. Tinha bebido tanto a noite inteira, que já não sentia angústia, que não saberia dizer por que estava chorando.

Acendeu uma a uma as luzes da casa azul e sentou-se sozinha no meio do seu ateliê. Sobre o cavalete, o *Autorretrato com colar de espinhos e colibri* olhava para ela, inacabado. Seu pescoço sangrando, ligeiramente, por causa dos espinhos cravados nele, e o colibri pendendo dos pequenos ramos, morto. Frida sentia-se só. Ao observar a tela, pensava que seria preciso acrescentar algum animal vivo, para sentir-se acompanhada, alvo de afeição. Um macaco, um gato preto, cujo pelo lhe seria simbolicamente quente. Borboletas, para o sonho, uma libélula, para significar essa fragilidade extrema da vida.

A cabeça girava um pouco, o corpo estava pesado. Levantou-se para examinar a fundo os outros quadros apoiados contra a parede. Ela os dispôs em volta do cavalete e voltou a sentar. Um outro autorretrato a representava com o pescoço ferido por uma coroa de espinhos. À direita dele, sobre uma cadeira, estava *O sonho*, onde ela repousa em seu leito de baldaquim, no cimo do qual um esqueleto maior do que ela, com os ossos da perna arranjados grosseiramente, também repousa. O autorretrato para Sigmund Firestone estava quase pronto; nele, Frida usa uma rede nos cabelos, como as viúvas espanholas de antigamente, e um colar de pérolas cujas formas lembram um cadeado.

Os olhos de Frida iam de um quadro a outro. Um sentimento de mal-estar, pesado, estranho, a invadia. Era seu próprio trabalho, mas de repente dava-lhe medo. Ela descobria em cada pincelada um traço do seu sofrimento, nas nuvens que serviam de fundo, aqui e ali, a opacidade, a densidade das suas angústias, presentes também quando ela pintava uma vegetação luxuriante, sinal de vida mas também de sufocação. E a morte, tão próxima a cada passo, onipresente. Ela teria querido se livrar desse medo de morrer a cada dia, mas era mais forte do que ela.

Achava inquietante o seu mundo. Perguntava a si mesma se as pessoas notavam isso ou se viam apenas o seu lado exótico, mesmo quando havia sangue.

Tornou a colocar os quadros contra a parede e pôs sobre o cavalete *O sonho*. Neste conjunto cinza-branco, sentiu vontade de uma mancha amarela, amarela de verdade, e pôs-se a pintar o cobertor que envolvia seu corpo adormecido. Sabia de cor estrofes de um poema de Emily Dickinson que lera nos Estados Unidos:

> *Ample make this Bed –*
> *Make this Bed with Awe –*
> *In it wait till Judgment break*
> *Excellent and Fair.*
> *Be its Mattress straight*
> *Be its Pillow round –*
> *Let no Sunrise' yellow noise*
> *Interrupt this Ground*[54].

Logo raiaria o dia, mas Frida não estava com sono. Talvez fosse por causa de toda aquela tequila que bebera. Como a sensação de embriaguez se esfumava, ao contato com a pintura, com a essência de terebentina, uma coceira de que ela sofria na mão direita se manifestou. Ela tirou todos os anéis: a pele estava vermelha, apresentando placas quase em carne viva. Disseram que era uma dermatose, mas nenhum

---

54 "Que amplo seja o leito – / Com reverência prepara-o – / É preciso que nele continues justa e perfeita / Até o dia do Juízo. / Que seu colchão seja firme / Que seja grande o seu travesseiro – / Não deixes que nenhum estrondo de aurora dourada / Venha perturbar este chão."

creme a conseguia curar, depois de meses. Frida pensava sempre o pior: tinha medo que sua mão seguisse a mesma lenta desagregação do seu pé direito, impedindo-a de trabalhar... Mas não, era apenas uma fantasia, não devia se deixar enveredar por esse caminho.

Há pouco tempo Frida vinha fazendo um diário. Um modo de estar menos só, de se dirigir a Diego em silêncio, de clarear suas ideias, de formular seus sentimentos, de existir mais.

Limpou seus pincéis, apagou as luzes do ateliê, caminhou lentamente até o quarto, acendeu um candelabro, descalçou as botinas chinesas de sininhos e sentou-se na cama, com o caderno do diário aberto. E escreveu nele:

O Verde: luz tépida e boa.
Escarlate: asteca TLAPALI. Velho sangue de figo-da-índia. O mais vivo e antigo.
Café: cor de mole[55], de folha que cai. Terra.
Amarelo: loucura, doença, medo. Parte do sol e da alegria.
Azul-cobalto: eletricidade e pureza. Amor.
Preto: nada é preto, realmente nada.
Verde-folha: folhas, tristeza, ciência. *A Alemanha é toda dessa cor.*
Amarelo-verde: mais loucura e mistério. Todos os fantasmas usam roupas dessa cor... ou pelo menos a roupa de baixo.
Verde-escuro: cor de mau agouro e de bons negócios.
Azul-marinho: distância. A ternura também pode ser dessa cor.
Magenta: sangue? Pois bem, quem sabe!

De repente ela perguntou a si mesma se seus quadros de agora não traziam também, além da marca da sua dor física ou pessoal, os traços de suas raízes europeias feridas pela guerra. Se o que ela apresentara

---

[55] Prato tradicional mexicano à base de cacau, amendoim e pimenta.

desde a época da Escola Preparatória Nacional eram suas origens mexicanas, o que vinha agora à sua memória eram suas origens judia e alemã. Pensava nelas muitas vezes nesta guerra. Uma corda vibrava nela, sentia-se implicada e sabia que não era somente devido à sua consciência política, mas a uma causa mais secreta, que a atingia em pleno coração.

Tinha vontade de escrever a Diego, para lhe falar disso, de sua preocupação, dizer-lhe que estava esperando o pior com essa guerra, que não podia deixar de tremer, que pensava muito em seu pai, que não sabia o que fazer para agir, que duvidava de todos os seus engajamentos e, por outro lado, até do seu talento, que seus próprios quadros acabavam lhe causando mal-estar, que tudo lhe fazia mal. Rabiscou algumas linhas para dizer a Diego que sentia falta dele, mas riscou e escreveu embaixo que se sentia forte. Nas margens, desenhou um coração apunhalado, seu rosto chorando; em uma lágrima um pouco maior, esboçou o perfil de Diego. Depois, arrancou e rasgou a página.

Frida estava novamente às voltas com seus pesadelos. Muitas vezes, sonhava que a arrancavam de Diego, que era envolvida na tormenta da guerra, na Europa, e estava mutilada, lutando entre a vida e a morte, que morria de frio em uma cidade sitiada, no meio de rostos cinzentos. Ou, então, que, de repente, seus quadros se punham a viver, que as Fridas saíam de suas molduras e a perseguiam, que todo o sangue pintado começava a gotejar na terra e cavava sulcos no chão, submergindo pouco a pouco a casa azul. Que sua cama virava um caixão de defunto sobre o qual Diego se debruçava, com o rosto incrivelmente triste, sem poder pronunciar uma palavra. Que seu corpo, todo desmantelado, inútil, era atirado em uma ravina. Que ela deixara de viver por ocasião de um acidente, que o que parecia viver era apenas um fantasma disforme da primeira Frida. Que ela gritava no deserto a sua dor e que não havia ninguém, que o sol a queimava até a morte, e que via calcinarem-se, a seus pés, seus animaizinhos, cervo, papagaios, macacos, cachorrinhos.

No mês de maio, um atentado, obra dos grupos estalinistas mexicanos, ordenado pelo muralista David Alfaro Siqueiros, quase custou a vida de Leon e Natalia Trotski. Por causa das suas declarações antitrotskistas permanentes, Diego foi logo visado pela polícia. Por um concurso de circunstâncias favoráveis, graças a Paulette Goddard, ele conseguiu esconder-se e depois partir, com Irene Bohus, para São Francisco.

Em 21 de agosto, a imprensa noticiava em manchetes o assassinato de Trotski, morto na casa dele por um "camarada". Frida desmoronou: Ramón Mercader, o assassino, tinha conseguido, alguns meses antes, obter a confiança dela.

Uns trinta policiais desembarcaram em sua casa e procederam a uma longa investigação, virando do avesso a casa azul. Frida e Cristina foram interrogadas e postas sob vigilância.

De volta para casa, Frida teve uma crise de raiva. Maldizia Diego por ter feito Trotski vir para a Cidade do México, odiava o mundo inteiro com suas histórias políticas, odiava a si mesma por ter sido ludibriada por um assassino e sentia-se muito triste, também, pela morte do amigo.

– Tudo isso, por culpa de Diego! – soluçava ela. – Que necessidade ele tinha de acolher Trotski neste país!... Como, diabos, ninguém foi capaz de evitar essa catástrofe! Ninguém detectou a traição... Ninguém, Cristina, está ouvindo? Meu Deus! Eu me odeio, como eu me odeio!

Andava a passos largos pela casa toda, como um leão enjaulado, uma fúria.

– Tudo isso é uma putaria... Horror, que horror! Agora, o Velho está morto por culpa nossa, de todos nós... Nunca vou me perdoar por isso... Mas agora tudo é inútil. Minha culpabilidade é um teatrinho ao lado do drama desta vida. É isso que faz viver a história: seus crimes!... E ainda se fartam... E um é mais demagógico que o outro...

Frida jogou-se na cama, continuou a chorar batendo com a cabeça no travesseiro. Seu corpo inteiro tremia, já sacudido por soluços. Cristina aproximou-se, mas Frida a evitou, debatendo-se.

– Você tem que se acalmar, Frida.

– Ah, fique quieta, por favor. Na verdade, somos menos que nada. Odeio todo o mundo, odeio Diego por causa das suas contradições, tenho ódio de mim mesma... – repetia. – Como é possível aguentar uma vida tão selvagem! A matança permanente... a GPU... nós mesmos.

Encontrei no ônibus o pequeno Siova – o neto de Leon Trotski (...). Ele vive debruçado sobre o túmulo de Coyoacán com Natalia (...). Sua mãe, Zina Lvovna, suicidou-se em Berlim; seu pai desapareceu nas prisões; ele foi ferido por ocasião do atentado de Siqueiros contra Trotski, em maio de 1940; viu matarem seu avô e conheceu o assassino como um camarada (...).

Victor Serge (2 de março de 1944)

Ao tomar conhecimento do estado psicológico e físico em que se encontrava Frida, Diego, de repente, se preocupou. E, embora dificilmente o confessasse, sentia falta dela. Convencida pelo dr. Eloesser a se tratar nos Estados Unidos, Frida partiu para São Francisco.

– A inquietude e o amor estão ligados? – perguntou a Diego ao desembarcar no aeroporto.

Diego olhou para ela e disse:

– Você emagreceu. Está com um aspecto ruim, dragãozinho.

– Volto a perguntar: a inquietude é um componente essencial do amor?

– O que você está querendo dizer?

– Seu apego a mim chegará à apoteose quando eu estiver no capítulo da morte?

– Apego, somente; o resto da frase é inútil. Esta separação não é boa nem para você nem para mim.

– Como o senhor está se adiantando, senhor Rivera!

Diego perguntava a si mesmo se ela estava sendo mesmo irônica ou se aquele gracejo era ternura mal dissimulada.

De repente, ela se pôs na ponta dos pés e o abraçou. Ele falou:

– Disseram-me que você tem trabalhado muito ultimamente. A separação rendeu seus frutos.

– Atribuo meus frutos à maturidade!... E não tente torcer a história a seu favor. Tudo nos leva pelo caminho da morte, mais ou menos violentamente, a cada instante, ao mesmo tempo que esta porcaria de mundo é enriquecedor. É um debate sem solução.

– Você está jogando com as palavras, Frida.

– Estou jogando com a vida. Com o fogo da vida. Minha viagem é testemunha disso. Em algum lugar entre a vida e a morte, na corda do equilibrista, corro todos os riscos.

Diego a tomou pelo braço para conduzi-la para fora do aeroporto. O verão estava chegando ao fim.

– Ainda passei três meses de cama, quase permanentemente. Estou farta, Diego – disse ela, parando de caminhar. – Preferia morrer.

– Aqui você vai ser melhor tratada.

– Não quero mais sentir dor... Claro que o fato de ver você já é um começo de alívio.

– Vamos festejar os reencontros.

Meu Deus! Dizer que é em mim que a dor se enraíza. Em mim que ela cresce. Que ela grita. Até que ponto meu cérebro comanda todo esse desaparelhamento? Minha vida, qual é sua parcela de responsabilidade? Às vezes chego a duvidar de que tenham existido a pólio e o acidente, a pensar que meu corpo inventou tudo, que tudo teve origem nele e só nele, desregulou-se por ele mesmo, por um obscuro desejo de destruição.

    Um corpo é um todo, não é? Uma harmonia. Se um de seus elementos é arrancado – mesmo que o seja ao preço de uma cirurgia estética –, sempre lhe faltará alguma coisa. Uma parte do corpo que se transforma, que se amputa, é o começo de uma lenta mutilação. Outras coisas se seguirão para lhe serem retiradas, até que nada mais reste. É isso o que penso. E minha vida tem sido esse processo.

    Alguns ingênuos – ou seriam irônicos? – ainda têm a ousadia de me perguntar por que eu me represento sempre tão séria nos meus quadros. Olho-os sem me alterar e sem responder. Afinal não posso me representar em uma gargalhada permanente. Não é que eu não passe de bom grado pela vida de cada dia – mesmo agora –, mas, quando me acho sozinha diante de mim mesma – e é o que acontece quando pinto, sem alternativa possível –, não, de fato, não tenho nenhuma vontade de rir. Minha vida é uma história muito séria. E atrevo-me a dizer que pintar também o é.

Oh! meu Deus! Estirar o corpo. Não sei como isso acontece. Tenho a sensação de que a minha coluna vertebral não é a única a querer a dor que se instala nas minhas costas. É como se os nervos a ela ligados se eriçassem. Como se os músculos que a sustentam, que tentam sustentá-la, trabalhassem tanto, até endurecer, se encher de dor eles próprios, para aguentar. Da nuca à curva dos rins, é uma dor só, compacta e surda, e a impressão de uma fragilidade extrema. Não sei o que é que sustenta o quê. Tudo se bloqueia ou tudo vai se soltar. Oh! meu Deus! Estirar o corpo.

Quantos coletes e outros aparelhos ortopédicos já usei na minha vida? No mínimo uns trinta. Que eu enfeitei: com a pintura, com tiras de pano ou de papéis colados, penas coloridas, cacos de espelhos...

No entanto, apesar desse corpo martirizado, ornamentado com esses pedaços de gesso e de ferro nada estéticos, devo reconhecer que tenho sido "amada loucamente", segundo a expressão de Breton.

Tlazolteotl, deusa do Amor, deve ter estado sempre comigo.

Fui amada, amada, amada – não o bastante, ainda, porque nunca se ama o bastante, porque uma vida não é suficiente. E eu amei sem cessar. Com amor, com amizade. Homens, mulheres.

Certo dia um homem me disse que eu fazia amor como uma lésbica. Morri de rir. Perguntei-lhe se era um elogio. Ele me respondeu que sim. Então eu disse que, a meu ver, uma mulher goza com todo o corpo, e que esse era o privilégio do amor entre mulheres. Um conhecimento mais profundo do corpo da outra, sua semelhante, um prazer mais total. O reconhecimento de uma aliada. Apesar da aventura muito superficial a que eu tinha sido levada na adolescência, não tenho certeza de que, se eu não tivesse tido o acidente, o amor com uma outra mulher teria se repetido.

O acidente determinou tantas coisas, parece-me, desde o elemento pintura até minha maneira de amar. Uma tamanha vontade de sobreviver implicava uma grande exigência da vida. Esperei muito dela, consciente a cada passo do que eu quase perdera. Não havia meias medidas, só podia ser tudo ou nada. Da vida, do amor, tenho uma sede inesgotável. E, depois, quanto mais meu corpo estava ferido, mais necessidade eu sentia de confiá-lo às mulheres: elas o compreendem melhor. Espera tácita, doçura imediata. (No entanto, prefiro os homens, na verdade, mesmo que Diego goste de afirmar o contrário, lembrando, diante de um monte de gente, como eu flertava com Georgia O'Keefe, em Nova York!)

"A sua sexualidade é confusa, isso se vê nos seus quadros", disseram-me algumas vezes. Acho que fazem alusão aos quadros onde o meu rosto tem traços mais masculinos. Ou a detalhes; em tal quadro, olha só, há um caracol, um símbolo de hermafroditismo... Ah, sim, e o meu eterno "bigode"! A este respeito, vou confessar: foi um caso com Diego. Certa vez, resolvi depilá-lo, ele ficou com uma raiva louca. Diego gosta do meu bigode, este sinal de distinção, no século XIX, das mulheres da burguesia mexicana que, com isso, apregoavam suas origens espanholas (o índio, como se sabe, é imberbe).

Creio que somos múltiplos: acho que o homem traz o sinal da feminilidade, que a mulher traz o elemento homem, que os dois trazem neles a criança.

Existiria erotismo na minha pintura? Ele se mantém no limite. É precisamente esse limite que revela, a meu ver, a força do erotismo. Ao descobrir sua totalidade, a tensão cairia, e com ela a sensualidade contida num olhar, na postura de uma mão, numa prega de roupa, na matéria de uma planta, uma sombra, uma cor.

Existiria masoquismo, perversidade, na representação desse corpo esfolado? Deixo a quem de direito o cuidado de analisar um tal destino, marcado na carne.

Em compensação, não dou a ninguém o direito de julgar meus ferimentos, reais ou simbólicos. Minha vida foi marcada por eles com ferro em brasa, meu invólucro era transparente. Ela se apoderou de mim completamente, possuindo-me a cada instante. Em troca, apesar de um preço tão alto, eu a senti bem de perto. Ninguém tem o direito de julgar uma vida tão densa, nem a sua força traduzida em pintura. Acaso? Fatalidade? Não há resposta para uma dor como esta.

Diego sempre

> Era um homem adorável que não sabia enfrentar nada em sua vida particular, mas que, em sua vida pública, era um lutador. Podia muito bem se levantar em público e demolir, digamos, os Rockefeller em dois minutos.
>
> Louise Nevelson

Diego o prevenira, era uma premonição: ele iria amar a mulher que ia ver. Quando Heinz Berggruen, jovem colecionador de arte, atravessou a porta do quarto de hospital de Frida, ficou impressionado. Aquela mulher, que lhe haviam descrito tão doente e acabada, era extremamente bela. Desde o primeiro olhar, sentiu-se irresistivelmente atraído. Conhecia alguns dos seus quadros, mas Frida era mais bela pessoalmente: era realmente viva, alegre, calorosa.

Embora o ambiente de hospital praticamente não se prestasse a isso, Heinz e Frida imediatamente enveredaram pelos caminhos do amor. Heinz vinha visitá-la todos os dias, procurando evitar Diego. Apesar dos novos reencontros com este, Frida não hesitou em seguir Heinz.

Depois de um mês no hospital, durante o qual ela foi superalimentada, rigorosamente privada de bebidas alcoólicas, em que foi submetida a eletroterapia, calcioterapia e punção de líquido céfalorraquidiano, Frida partiu com Heinz para Nova York.

Ficaram no hotel Barbizon-Plaza, hotel preferido de Frida, que vira desfilarem alguns de seus amores. Os escrúpulos que ela pudesse sentir contavam menos do que seu prazer de reencontrar um lugar que lhe era familiar, onde era reconhecida e tratada com deferência.

Feliz por tornar a encontrar seus amigos, levava Heinz aos jantares, às noitadas mundanas, às festas menos convencionais com artistas. Como sempre, ela chocava, alegrava, fascinava. Heinz estava sob encantamento e Frida divertia-se com isso. Ele estava francamente apaixonado por ela, e ela se esquivava, brincando de gato e rato. Frida, levando pela primeira vez o amor na brincadeira, era irreconhecível, não era do seu feitio. Mas Diego, embora estando a uns cinco mil quilômetros de Manhattan, perturbava o jogo. Ele escrevia, telefonava a Frida para propor um novo casamento.

Frida não sabia o que fazer. Por um lado, ao sair desse longo ano de depressão, tinha vontade de se divertir, e o fazia sem deixar de manifestar uma certa arrogância em sua alegria. Por outro lado, a ideia de tornar a viver com Diego, se lhe dava segurança, ao mesmo tempo lhe dava angústia, por medo de recair nos problemas que ambos já tinham vivido. Como era a primeira vez que Diego estava inteiramente suplicante, ela sentia, sem dúvida, um certo prazer em fazê-lo esperar.

Heinz preocupava-se com a situação, mas Frida procurava tranquilizá-lo, sem saber ainda qual seria sua decisão final. Tinha em mente divertir-se bastante, viver sem pensar no amanhã, com a sensação de merecer essa regalia.

Começava a fazer frio. Nas alamedas do Central Park, o vento levantava as folhas mortas aos punhados, que caíam e voltavam a rolar no chão a vários metros de distância. As pessoas começavam a se agasalhar e, quando um raio de sol aparecia, os rostos ficavam mais sorridentes, quase por obrigação. Como pano de fundo, havia a guerra na

Europa e ninguém podia esquecê-la. Buscavam-se as informações no rádio, as notícias nos jornais. Nada cor-de-rosa: essa guerra começava mal e temia-se o pior. Por certo, os Estados Unidos estavam longe das zonas de conflito, mas quem não tinha familiares ou amigos do outro lado do Atlântico?

Frida marcara encontro com Heinz no café Figaro, em Greenwich Village. Ela estava sentada a uma mesa, na frente de um *cappuccino* cremoso, perto da janela baixa que dava para a rua. Era o fim da tarde e a sala estava mergulhada na penumbra. Mal se distinguiam os quadros pendurados nas paredes, discernindo-se apenas os contornos das silhuetas.

Eles se beijaram.

– Como provavelmente nunca irei à Itália, tomo *cappuccino* aqui – disse Frida, rindo. E um pouco mais adiante eu como espaguetes... E há *mammas* pela rua toda. Só faltam as Galerias Uffizi de Florença e a Casa dos Mistérios de Pompeia...

– E o Castello Sant'Angelo com uma verdadeira Tosca lá dentro.

– Isso, para falar a verdade, não me aborrece muito. Sempre preferi os mariachis da praça Garibaldi, na Cidade do México, à música clássica.

Ela bebeu alguns goles e pediu outro *cappuccino*.

– Heinz, você é o homem mais adorável do mundo... E Diego é um monstro, eu sei... Ele me telefonou hoje: acho que vou me casar de novo com ele.

Heinz refletiu dois minutos e disse:

– Depois de tudo o que você me contou, é loucura fazer uma coisa dessas... Mas, na verdade, não me espanta.

– Você é jovem, e eu sou doente demais para você.

– A questão não é essa. Eu não sou nada importante, sempre soube disso... mas você me traz muita coisa.

Frida estendeu a mão por cima da mesa, mas Heinz retirou a sua.
– Seremos os melhores amigos do mundo...
– Nunca poderei ser. Eu amo você demais...
– Eu também o amo...
– Você ama muita gente, Frida... Nunca poderei ser seu amigo. Nunca. Porque não é isso que eu quero.
– Mas não quero que você leve as coisas dessa maneira!
– Eu as levo como posso... Não compreendo essa relação com Diego. Talvez só você compreenda alguma coisa.
Frida tinha lágrimas nos olhos, Heinz também.
– Beba, disse Frida, vai esfriar.
Heinz girou a colherinha dentro da xícara, mas não bebeu.
– Eu não lhe prometi nada, Heinz. Também disse a você que nunca seria fiel.
– É engraçado, na vida você é tão sensata, tão alegre... Por que voltar a uma relação que a tornava triste, que é completamente louca?
– Porque tenho necessidade dela, suponho.
– Você tem necessidade das fanfarronadas de Diego, dos sofrimentos que lhe causa... Você lhe perdoaria tudo, porque ele é um artista...
– Não sei. Eu o amo. Fiquei muito mal, você sabe, quando não estávamos juntos. Não sei qual dos dois males é o pior.
– Você precisa até de todas as mulheres dele... Apesar do ciúme...
– Ou talvez por causa desse ciúme. É verdade que as mulheres dele se tornam sempre minhas melhores amigas... Lupe, Irene, Paulette... e as que me esperam! Elas me farão sofrer, eu acabo por amá-las e vice-versa. Uma maneira de desviar o ciúme, de conjurar a má sorte...
– E ele também é ciumento.

– Mas claro...

Frida soltou uma gargalhada que, por um instante, fez baixarem as vozes no café.

– ... então ele me empurra para os braços das mulheres. Ele prefere, é menos perigoso para nós.

Frida continuava a rir sozinha.

– Você é tão bonita – disse Heinz. – Não, nunca poderei ser seu amigo, eu teria a impressão de estar perdendo demais na troca.

E ele se levantou, preparando-se para ir embora. Chamou o garçom, pagou a conta e disse a Frida:

– É melhor eu voltar para casa sozinho. Será menos difícil.

– Mas nós nos veremos?

– Acho que não. Talvez nunca mais.

Frida o viu sorrir. Era tão triste, ela teve vontade de ir buscá-lo, apertá-lo em seus braços. Mas não fez nada disso. Mandou vir um marsala ao ovo. E, enquanto tomava, repetia: Diego, Diego, Diego... Talvez para se convencer, porque, ao mesmo tempo que era invadida pela alegria com a ideia de reencontrá-lo, o medo a assaltava com pontadas no coração.

No dia seguinte, ao meio-dia, depois de ter passado a manhã a se questionar, resolveu enviar um telegrama a Diego anunciando-lhe que chegaria a São Francisco no fim do mês em curso, novembro. Heinz tinha deixado o hotel pagando todas as contas, mas sem deixar qualquer recado. Frida pensava que talvez fosse melhor assim, pois se evitariam remorsos suplementares.

Foi até seus amigos de Greenwich Village para anunciar a novidade, que não surpreendeu ninguém. Mas foi um bom motivo para festas que não deixavam de ser bem-vindas nessa época de preocupação política.

— E quando é que você se casa de novo?
— A data ainda não está marcada. Acho que o dia do aniversário de Diego, 8 de dezembro, seria uma boa data. Vocês não acham que eu sou um belo presente? Manca como o diabo, a coluna vertebral cada vez mais avariada, a mão direita comida por vermelhidões estranhas, chorona, risonha (até as lágrimas!), tatuada de cicatrizes, amante de homens e de mulheres, geralmente em agonia, hermafrodita, pintora honesta, nada bonita, como dizia meu pai... Vocês sabem o que diziam meus pais do nosso primeiro casamento? Que era o casamento de um elefante com uma pomba... Ah! ah! ah! E agora vai começar tudo de novo! O que é que vocês acham, hein? Escutem só, vou cantar o corrido de uma mulher que bebe, abandonada pelo marido:

> *Si te cuentan que me vieron muy borracha*
> *Orgullosamente diles que es por ti*
> *Porque yo tendré el valor de no negarlo*
> *Gritaré que por tu amor me estoy matando*
> *Y sabran que por tus besos me perdí*[56]...

Com um cigarro na mão, os olhos fechados, Frida cantava, e sentia-se que o fazia com todo o coração. De repente, parou:
— Na verdade, acho que é por isso que tenho vontade de me casar de novo com Diego: porque juntos cantamos o tempo todo!
No dia 8 de dezembro, Frida e Diego casaram-se pela segunda vez, na intimidade. Ela impôs a Diego algumas condições, que ele aceitou, sendo a mais importante que não tivessem relações sexuais, porque lhe era insuportável que ele andasse com outras mulheres. Sua cumplicidade devia ajudá-los a encontrar um novo *modus vivendi*

---

[56] "Se te contarem que me viram muito bêbada, / Dize-lhes orgulhosamente que é por ti / Pois terei a força de não negá-lo / Gritarei que por teu amor estou me matando / E que por teus beijos me perdi..."

impregnado de tolerância um para com o outro, de uma boa dose de independência, de amizade. De volta à Cidade do México, os dois se instalaram na casa azul, onde um quarto foi cuidadosamente preparado por Frida para Diego. E a vida retomou seus passos em torno da pintura, das tarefas cotidianas, dos amigos, das preocupações políticas, dos animais domésticos. O pacto no qual se assentava o novo casamento funcionava bastante bem. Apoio recíproco, respeito mútuo: o casal Rivera procurava jogar com esses elementos da melhor maneira possível para evitar os conflitos.

Se Frida não podia viver da pintura, sua reputação, no entanto, já se fizera. Da Cidade do México a Paris, passando por Filadélfia, São Francisco, Nova York, Londres – onde ela teria podido expor em 1939, se a guerra não estivesse surgindo no horizonte –, era reconhecida por aficcionados de arte tão célebres quanto Peggy Guggenheim, que a expôs e a elogiou muito. Quanto a Diego, chegou a dizer alto e bom som o que os outros pensavam baixinho: que Frida era melhor pintora do que ele. E, incessantemente, a estimulava, preocupava-se em torná-la conhecida, colocava-a sempre no alto. A pintura era um domínio onde não havia rivalidade entre eles. Cada um seguia o seu próprio caminho e admiravam-se um ao outro sem reservas.

Frida trabalhava, tanto quanto a vida com Diego e seu corpo sofredor lhe permitissem. Produzira muito mais quadros durante a fase em que se vira só, muito mais angustiada, porém isenta das preocupações domésticas de que agora tinha de dar conta. Diferentemente de Diego, cuja energia, segundo Frida, "quebrava relógios e calendários", ela trabalhava poucas horas por dia. Mas sempre com o mesmo cuidado: nenhuma camada de cor era posta levianamente, o mais insignificante pelo de macaco era pintado com extrema minúcia. Pouco lhe importava que um quadro ficasse vários meses no cavalete; sua pintura não era uma corrida contra o relógio, e como tal Frida a defendia.

Em 1942, uma escola de um gênero um tanto particular foi inaugurada na Cidade do México. Escola de arte com pedagogia popular e liberal, onde o material era fornecido pelo Estado, a Esmeralda – nome da rua onde estava localizada – conquistou logo um franco sucesso.

Entre os pintores e escultores que formavam seu corpo pedagógico encontravam-se Diego e Frida. Artistas, mais que professores, seus ensinamentos estariam impregnados de suas próprias personalidades.

A iniciativa era mais ambiciosa do que o lugar disponível: assim, tinham aulas extramuros, o que, além de tudo, correspondia à vocação popular e dinâmica que a escola abraçara. A saúde de Frida logo a obrigou a dar aulas em sua casa. Seus alunos, que ela imediatamente seduzira, aceitaram o jogo. Os dias do mês em que o pequeno grupo era esperado na casa azul eram dias de festa. Desde a manhã, Frida empenhava-se em preparar alimentos e bebidas geladas. Ela queria que seus alunos trabalhassem com prazer.

Cada um circulava livremente pela casa durante algumas horas, Frida os incitava a pintarem o que viam, a não recorrerem aos artifícios; evitava a crítica fácil, porque achava que, além de alguns rudimentos técnicos, não havia regras para aprender a pintar, a não ser desenvolver ao máximo a própria sensibilidade. Ela procurava compreender cada personalidade com que lidava e estimulava o potencial que sentia nela.

Frida prevenira os que poderiam ficar chocados com os seus métodos: não era professora mas, sim, pintora, e era essa experiência que desejava fazer os alunos aproveitarem. Estes estavam encantados: entravam em cheio no mundo artístico, observavam-no à vontade, impregnavam-se dele, e isso com uma mestra de sonho, bela, humana, calorosa, afetuosa, doce.

Ela formou discípulos que figuram hoje entre os elementos mais notáveis da geração de artistas mexicanos. Sempre incentivou neles a preservação e o desenvolvimento da personalidade em seu trabalho, ao mesmo tempo que a preocupação com a clareza social e política das ideias.

Diego Rivera

"Hoje, sábado, 19 de junho de 1943, às onze horas da manhã, grande vernissage das pinturas decorativas da grande *pulqueria*[57] La Rosita."

Assim estava redigido o folheto distribuído entre os habitantes do bairro de Coyoacán, com grande acompanhamento de foguetes, confetes e música... Sob a direção de Frida, seus alunos, os "Fridos", tinham realizado o seu primeiro mural a poucos passos da casa azul. Uma iniciativa de arte popular que teria prosseguimento quando, depois das pulquerias – cuja tradição decorativa se perdera nessa época –, grupos de pintores iriam decorar com pinturas murais os lavatórios municipais.

O dia inteiro, o bairro de Frida esteve em festa. E, entre La Rosita e sua casa, assistiu-se a um desfile em que se misturavam as pessoas do bairro e grandes nomes da arte e da política. O pulque corria em quantidade, um grupo de mariachis que Frida fora procurar na praça Garibaldi entoava melodias conhecidas, ao som das quais todo

---

[57] Estabelecimento onde se bebe pulque (cf. nota 37).

mundo dançava. Frida estava feliz. Um de seus alunos, Guillermo Monroy, cantou um corrido que ele tinha composto para a ocasião:

> *Para pintar La Rosita*
> *foi preciso trabalhar duro.*
> *As pessoas já esqueceram*
> *a arte da pulqueria.*
>
> *Doña Frida de Rivera,*
> *nossa cara mestra,*
> *nos disse: Venham, garotos,*
> *vou lhes mostrar a vida.*
>
> *Amigos de Coyoacán,*
> *se vocês quiserem alegria*
> *La Rosita lhes agradará,*
> *vejam como ela é bela!*
>
> *Não quero me embebedar,*
> *ver tudo turvo e duplicado,*
> *quero apenas alegrar-me*
> *pois esse é o prazer do pobre!*

Todos aplaudiram e cantaram em coro as coplas. Convidaram Frida para dançar. A noite caía por trás das casas de Coyoacán.

– Não posso – disse ela –, daqui a pouco.

Alguns minutos depois, ela havia desaparecido na casa azul. "Odeio esta porcaria de colete", dizia consigo mesma entrando em seu quarto, "quero que a dor se dane, mas não o aguento mais..."

Com a ajuda de uma amiga, ela o tirou e o jogou na parte de baixo de um armário.

– Vou dançar também. Acho que tenho direito, não é?
E dançou sem parar com os vizinhos, os amigos, os alunos. Frida falou para um homem, sentado a um canto:
– Recite um poema pra mim. Isso me dará muito prazer.
O homem, intimidado, levantou-se e disse:
– Vai ser em francês...
– Como quiser, é claro!
– *Mon avion en flammes mon chateau inondé de vin du Rhin*
mon ghetto d'iris noirs mon oreille de cristal
mon rocher dévalant la falaise pour écraser le garde champêtre
mon escargot d'opale mon moustique d'air
mon édredon de paradisiers ma chevelure d'écume noire
mon tombeau éclaté ma pluie de sauterelles rouges
mon île volante mon raisin de turquoise[58]...

– Não gosto muito dos poemas declamados... e, depois, não sei tudo de cor...
– No México, tudo é permitido!
– Será que o francês aí sabe de onde vem a palavra *mariachi*?
– Não – respondeu, interessado.
– Pois bem, do francês! De "mariage". Músicos que, antigamente, tocavam nos casamentos.
A música recomeçara. Diego aproximou-se do homem e o convidou, debaixo de risadas, a dançar um *zapateado*[59].
– Escuta aqui, amigo, eu não sei dançar o zapateado.

---

58 "Meu avião em chamas meu castelo inundado de vinho do Reno / meu gueto de pupilas negras minha orelha de cristal / meu rochedo descendo a falésia para esmagar o guarda florestal / meu caracol de opala meu mosquito de ar / meu colchão de aves-do-paraíso minha cabeleira de negra espuma / minha tumba explodida minha chuva de gafanhotos vermelhos / minha ilha voadora minha uva de turquesa..." (N. T.)
59 Toda dança cuja cadência é marcada com os pés.

– Excelente razão para aprendê-lo.
– Não, não posso.
– Não?
Diego puxou o revólver, os riscos redobraram.
– Não?
O homem levantou-se sacudindo a cabeça, sorrindo, Diego deu-lhe um tapa nas costas e a dança começou, os olhos do francês colados nos pés de seu parceiro, para tentar acompanhar os passos.
– Quem é?
– Benjamin Péret, poeta francês, professor na Esmeralda.

O sangue. Muito, sim.
Sangue-vida.
Sangue-mulher.
Sangue-dor.
Sangue-paixão.
Sangue-coração.
"Gotas de sangue gotas d'água da mais antiga joia das mulheres", escreveu Péret.
Sangue-sacrifício asteca, dádiva ao Chac, deus que reclama sua dívida de sangue para que a Terra, o Sol, o Universo continuem a existir.
Há sangue na minha pintura, há morte, há eu, mulher ferida? Sim.
Há quase sempre minha assinatura vermelho-sangue, fitas carmesins, cordões no meu penteado como se fossem veias púrpuras? Sim.
Há tudo isso. Mas do que temos medo, precisamente? Do que não podemos olhar de frente sem repugnância, sem desmaio. O que faz parte da nossa vida, mas que procuramos esconder com vergonha,

horror e tabu. Mas o que tentamos enterrar desse jeito é a representação viva da nossa própria vida: o sangue que corre em nossas veias, que nos irriga como a água irriga as plantas; a morte, que não é talvez a antítese da vida, pois uma outra vida se apossa dela, a vida da terra, e nós com ela misturados, repletos dela, de suas raízes, de sua seiva, de seu ferro, de seu calcário, dos grãos de areia, da pulverização das pedras, do húmus das folhas mortas, da chuva filtrando-se pelos estratos. E as flores que crescem sobre nossas cabeças, nascendo em nossos cabelos. A vida está aí, também, falta só a nossa consciência. E mesmo disso não sabemos nada, não sabemos como é.

Quanto sangue! Quanto sangue! exclamam. Ah! eu os vejo, os que desviam o rosto ao verem meus quadros, a aversão estampada nos lábios amuados, remoendo as palavras ao implorar misericórdia, ou, ao contrário, lançando suas palavras como uma cuspida, uma arma, uma libertação.

O sangue derramado nas guerras, esses rios de injustiça, o vermelho da vergonha da humanidade – é curioso que desse sangue as pessoas não se desviem tanto, não o evitem. Sentem-se "superiores". Mas o desenho de um feto, de um coração aberto e, no entanto, é disso que somos feitos, trata-se do nosso próprio conhecimento, isso invoca a nossa representação inconsciente, a nossa realidade, no fundo, uma memória de nós mesmos de que fugimos; pois bem, nós temos medo disso: nossas fraquezas humanas, nossa incapacidade de uma coerência do corpo, são reveladas com a visão daquilo que nós somos.

É que gostaríamos de ter de nós mesmos uma imagem idealizada, continuamente idealizada. É que gostaríamos de ser deuses. Mas não somos! Somos simplesmente esse amálgama de carne e de sangue. Só isso? Somos essa maravilha. Um corpo surpreendente onde se inscrevem todas as feridas, mas onde somente as feridas morais nos parecem dignas de interesse, exaltadas porque podem ser sondadas, imaginadas, mas são impalpáveis. Sublimamos o que não é perceptível a olho nu. Gostaríamos tanto de ser deuses, de estar onde não conhecemos, isto é, na imortalidade.

Quando Rembrandt pintou *A lição de anatomia*, reduziu-nos ao que somos, e nós não suportamos isso. Uma tal veracidade fere o olhar. Ultraja-o.

Quanto a mim, digo que Frida Kahlo, como ser humano, teve de tomar consciência, pelos fatos da vida, da existência plena do seu corpo. Digo que Frida Kahlo, como mulher, abriu seu corpo e expressou o que sentia nele. O que ela sentia foi tão violento que, se não tivesse procurado isolá-lo, identificá-lo, ordená-lo em seguida, digo que poderia ter ficado louca, submersa por coisas e dores que não teria compreendido e de maneira alguma dominado. Quanto a mim, digo que emparedar o sofrimento é arriscar-se a se deixar devorar por ele, por dentro, e por caminhos confusos e insensatos. Que a força do que não se exprime é implosiva, devastadora, autodestruidora. Que expressar é começar a se libertar.

Frida, por Diego

"(...) é a primeira vez na história da arte que uma mulher expressou com uma sinceridade total, despojada e, poder-se-ia dizer, tranquilamente feroz, esses fatos gerais e particulares que dizem respeito exclusivamente às mulheres. Sua sinceridade, que se poderia qualificar também como muito terna e cruel, levou-a a dar de certos fatos o testemunho mais indiscutível e certo; foi por isso que ela pintou seu próprio nascimento, sua alimentação no seio, seu crescimento na família e seus sofrimentos terríveis e de toda ordem, sem jamais cometer o menor exagero ou desvio dos fatos precisos, permanecendo realista, profunda, como sempre é o povo mexicano em sua arte, mesmo nos casos em que generaliza fatos e sentimentos, chegando à sua expressão cosmogônica. (...)

Frida Kahlo é, na verdade, um ser maravilhoso, dotado de uma força vital e de um poder de resistência à dor muito superiores ao normal. A este poder acrescenta-se, naturalmente, uma sensibilidade superior, de uma finura e de uma suscetibilidade incríveis. Em consonância com esse temperamento nervoso, seus olhos também têm uma retina excepcional. A microfotografia dessa retina mostra uma carência de pupilas, tendo como consequência o fato de que os olhos de

Frida olham como a lente de um microscópio. Ela enxerga, no infinitamente pequeno, muito mais do que nós, e isso se acrescenta ao seu poder de penetração implacável das ideias, intenções ou sentimentos dos outros. Se seus olhos têm a potência de um microscópio, seu cérebro tem a potência de um aparelho de raio X que inscreveria em transparência a criatura do ser sensitivo-intelectual que ela observa. (...)

Embora sua pintura não se estenda sobre as grandes superfícies dos nossos murais, pelo seu conteúdo, tanto em intensidade quanto em profundidade, melhor do que o equivalente da nossa quantidade e qualidade, Frida Kahlo é o maior dos pintores mexicanos (...). É um dos documentos plásticos melhores e maiores e um dos documentos humanos verdadeiros mais intensos do nosso tempo. Será de um valor inestimável para o mundo do futuro.

Um tal conteúdo não poderia deixar, pelo menos, de influenciar o continente e, por sua vez, ser influenciado pelas características dele. É por isso que Frida Kahlo é uma mulher extraordinariamente bela, não de uma beleza comum nem vulgar, mas tão excepcional e característica quanto o que ela produz. (...)"

Árvore da esperança, seja firme

Frida estava no hospital (...). Ela era extraordinária, acho que ela sabia que ia morrer, mas, aparentemente, isso não a incomodava; era gentil e alegre, ria e se fazia de louca. Ela morreu pouco tempo depois.

LOUISE NEVELSON

Frida estava em seu ateliê, pintando, quando Diego apareceu, furioso, com uma folha com um desenho desbotado na mão, um machado na outra.

– Frida, prenda o seu cachorro, se eu o pego arranco-lhe o couro.
– Calma! – exclamou Frida, rindo. (Diego com raiva sempre lhe parecera um personagem cômico.)
– Ele mijou nas minhas aquarelas.

Frida estourou numa gargalhada irreprimível. Pôs a mão na frente da boca, tentando conter-se. Mas as lágrimas lhe vinham aos olhos, o riso a sacudia toda.

O cachorrinho entrou apressado, viu Diego e abaixou a cabeça, tratou de ir se acomodar aos pés de Frida. Ela largou o pincel que segurava na mão direita, pôs o animalzinho nos joelhos:
– Senhor Xolotl... – começou a dizer.

Diego aproximou-se depois de ter largado o desenho molhado e o machado, e subitamente amansado pegou o cachorrinho com as duas mãos, levantou-o acima da sua cabeça.

– Senhor Xolotl – disse ele –, o senhor é o melhor crítico de arte que existe.

– ... Que tem a audácia de levantar a pata para a obra do grande mestre Rivera – interrompeu Frida. – É isso aí, toda obra tem seus pontos fracos e o senhor Xolotl é um fino conhecedor.

E começou a rir tão alto, que o cachorrinho ficou com medo e fugiu das mãos de Diego... Tão alto, que as pontadas ao longo das costas começaram. Ela fez uma careta, tentou se endireitar levantando-se, sentou-se de novo.

A saúde de Frida piorava com o passar dos anos. Aos coletes de gesso ou de couro sucedeu-se, pela primeira vez em 1944, um colete de aço. Ela sentia as costas sustentadas, mas não havia nenhum alívio para as dores. E ela emagrecia a olhos vistos. O que implicava regularmente períodos de superalimentação forçada, e até a necessidade, em certas ocasiões, de transfusões de sangue.

Em 1945, pela primeira vez, confeccionaram para o seu pé direito um calçado ortopédico de sola compensada. E voltaram a lhe colocar um colete de gesso, tão apertado que ela não conseguiu suportá-lo: causava-lhe dores terríveis não somente nas próprias costas, mas também na nuca, na cabeça e no tórax. Tiveram de tirá-lo. Radiografias, punções lombares, injeções diversas, analgésicos, reconstituintes... períodos de cama obrigatórios e prolongados: era a sina de Frida.

Em 1946, foi estabelecido, a partir da opinião dos médicos, que era indispensável uma operação da coluna vertebral. Tomadas as informações necessárias, ela seria feita em Nova York, no Hospital for Special Surgery.

No mês de maio, Frida, acompanhada de Cristina, partiu para Nova York. A operação foi realizada em junho. Tratava-se de soldar quatro vértebras lombares com um pedaço de osso pélvico e uma chapa metálica de quinze centímetros.

Pouco depois da operação, ela escreveu a Alejandro, o amigo de sempre:

"O *big* momento operatório passou. Faz três *weeks* que eles procederam aos cortes e mais cortes dos ossos. E este médico é tão maravilhoso, e o meu *body* tão cheio de vitalidade, que hoje me fizeram ficar de pé sobre os meus *puer feet* durante dois minutos, mas eu mesma não o *believo*. As duas *first* semanas foram de sofrimento e lágrimas, não desejo essas dores a *nobody* – elas são *buten* violentas e perniciosas, mas esta semana a choradeira parou e com a ajuda de *comprimidamentos* sobrevivi mais ou menos bem. Tenho duas grandes cicatrizes sobre *the* costas, com *this* forma [desenho]. (...)"

Ela passou sua convalescença em Nova York, com a proibição de pintar – que ela transgrediu, ainda enquanto hospitalizada.

De volta ao México no outono, colocaram-lhe um colete de aço, que ela teve de conservar durante uns oito meses. Após uma melhora passageira, voltaram as dores nas costas, piores ainda, só aliviadas com fortes doses de morfina – que ela tolerava mal. Os médicos mexicanos chegaram a se perguntar se não houvera erro na fusão das vértebras praticada nos Estados Unidos. Um ano depois, por ocasião de uma operação semelhante, os receios quanto à operação anterior foram confirmados.

Cada vez menos Frida poderia ter esperança de escapar à sua má saúde. Os médicos faziam promessas, coletes e mais coletes se sucediam, a atrofia da perna direita piorava, a dermatose da mão direita desaparecia por momentos e depois voltava, o moral, apesar da ajuda fictícia dos medicamentos ou do álcool, tocava as raias do desespero. A única tábua de salvação para todos esses males parecia ainda ser a pintura, à qual ela se entregava durante longas horas por dia.

Os quadros se sucedem até os anos cinquenta, belos, dolorosos.

Assim, *Pensando na morte*, autorretrato em que a imagem da morte está inscrita na fronte de Frida; *Autorretrato com Diego no meu pensamento*, quadro de um extraordinário refinamento pictórico, em que é a imagem de Diego que se inscreve na fronte dela, um Diego nunca suficientemente presente, sempre longe demais, mas cujo pensamento vira obsessão.

Em 1944, é *A coluna quebrada*, onde Frida chora, busto desnudo e cabelos soltos; de colete, no entanto, seu corpo se abre, mostrando no vermelho da carne uma coluna grega toda quebrada; e, sobre a totalidade do corpo visível, pregos estão cravados nos pontos de dor.

É também 1944 o ano de *Duplo retrato (Diego e Frida)*, quadro miniatura comemorando quinze anos de união entre eles, formando, em um relicário, um rosto inteiro com a metade do rosto de cada um. Assim como também *A noiva que se amedronta vendo a vida aberta*, natureza-morta com frutas tropicais abertas, mostrando seu coração como Frida.

Em 1945, houve um quadro aterrador, *Sem esperança*, em que Frida, acamada, chorando, vomita tudo: um leitão, um peixe, uma cabeça de morto, a própria vida...

Pouco antes da operação de Nova York, houve *O cervo ferido*, autorretrato em que seu corpo toma a forma de um cervo, ferido por flechas nas costas e em pleno coração, eternos lugares dos ferimentos reais e simbólicos de Frida.

Destinado a seus amigos Lina e Arcady Boitler, *O cervo ferido* lhes foi entregue com estes versos:

*Deixo-lhes aí meu retrato
para que me tenham presente
todos os dias e todas as noites
em que estarei longe de vocês.*

*A tristeza se reflete
em toda a minha pintura
mas essa é a minha condição,
não tenho mais saída.*

*Em compensação meu coração
se enche de alegria
com a ideia de que Arcady e Lina
me amam como sou.*

*Queiram aceitar este pequeno quadro
pintado com a minha ternura
em troca do afeto de vocês
e da sua imensa doçura.*

Pouco depois da intervenção cirúrgica, houve a *Árvore da esperança*, em que Frida, estendida numa maca, exibe os ferimentos que acabam de ser feitos em suas costas; uma outra Frida, vestida de vermelho, séria e bela, está sentada diante da primeira, segurando em uma das mãos um colete e na outra um pequeno estandarte que diz: "Árvore da esperança, seja firme". O sol ilumina a Frida operada, a noite está sobre a outra; a seus pés, uma ravina.

Cristina estava sentada havia algum tempo no quarto da irmã, sem dizer uma palavra.

– Por que você está calada? perguntou Frida.
– Eu estava pensando que o seu quarto parece uma caverna de tesouros. Tantos objetos, tantos brinquedos, tanto fetichismo!
– É o meu mundo. Minhas lembranças, meus amuletos, minhas cores, o México, meu presente. Só tenho isso.
– Poderíamos arrumar todos esses medicamentos: esses frascos, essas seringas...
– Também são o meu mundo, Cristi. Preciso dessas coisas a todo instante.
– Eu trouxe o jornal. Ele diz que Diego vai se divorciar de você e vai se casar com Maria Félix, nossa atriz nacional.
– Não posso impedi-lo de andar com mulheres.
– Mas você chora a cada vez como se fosse a primeira.
– Não posso fazer nada. Isso dói.
– O jornal diz também que você propôs a Maria Félix dar-lhe um presente: Diego.
– Desespero de causa! É preciso ter generosidade e bom humor... Só tenho pena de não ter filhos... curiosa família, afinal, das quatro filhas, você é a única que pôde ter bebês.
– Você precisa de alguma coisa? Eu vou sair.
– Preciso sim: pintar.

Antes de ir embora, Cristina lançou um olhar para o alto de uma parede onde estava escrito, com letras vermelhas: "Casa de Irene Bohus, Quarto de Maria Félix, Frida Kahlo e Diego Rivera, Elena (Vázquez Gómez) e Teresita (Proenza), Coyoacán 1953, Casa de Machila Aramida". Em seguida ela voltou, beijou Frida e saiu sorrindo.

Frida abriu seu caderno-diário. Ao folheá-lo, a angústia apertou-lhe a garganta. Seus tormentos ali estavam confiados, de maneira mais brutal do que em seus quadros, sem o filtro plástico, a nu: pedaços de frases ou longos textos, poemas, tudo entrecortado de desenhos mostrando sua perna atrofiada e até mesmo amputada, reminiscências do seu acidente, a lenta desintegração, segundo a própria expressão de Frida, do seu corpo, dos lampejos de vida. E todos os apelos a Diego, e seu amor por ele.

Ela tinha vontade de jogar fora esse caderno: esses fragmentos de vida que ele continha e, sobretudo, todas essas feridas, isso seria sadio? Depois do acidente, tivera tanto medo de morrer. Em seguida, tivera esperança e, com todas as suas forças, lutara. Vivia os seus quarenta anos como um fardo, não tendo mais sequer vontade de amar, não esperando mais nada.

Por várias vezes, os médicos tinham dado a entender que ela psicossomatizara uma parte dos seus sofrimentos físicos. As sequelas da poliomielite eram certas, assim como as do acidente, porém encontravam em Frida um eco anormal. Ela tentava compreender. O que teria ela amplificado? Por quê? Sentia, indistintamente, como seu estado podia ser uma pressão afetiva diante dos outros. Quanto, no começo, ela o vivera de modo alarmante, chegando a ponto de se convencer de uma fatalidade de que nunca mais pudera libertar-se. Essas dores, essa angústia permanente, tinham contribuído, estranhamente, para que ela se sentisse sempre viva. Não sentir nada, depois de haver beirado a morte, teria sido o mesmo que morrer.

Até 1950, lentamente, o processo iniciado prosseguiu. Sempre a mesma degradação da saúde e do moral, sem rupturas espetaculares, mas também sem qualquer melhora.

A alegria aparente, a tristeza profunda e a pintura tentando aprofundar o sentido das coisas e preencher as falhas, era assim a vida de Frida às vésperas dessa metade de século. Muito gasta, seu tempo estava contado.

Conversa imaginária de testemunhas reais

– Em épocas movimentadas, protagonistas movimentados.
– Dizer que passaram anos fazendo reuniões para brigarem entre eles três: Orozco, Siqueiros e Rivera.
– Não faltava pimenta, mas era ridículo.
– E viviam como príncipes, sem um tostão!
– Eles eram solenes demais.
– Acabavam ficando completamente à margem do México real, agarrando-se às ideias do comunismo...
– Quase às do fascismo.
– Isso é um pouco de exagero!
– Achavam que tinham razão porque viviam apegados ao "indígena", ao natural.
– Exatamente como na época vitoriana, quando houve um súbito entusiasmo pela Idade Média.
– Eles inventavam o "rosa mexicano", o "azul mexicano".
– Frida, por exemplo, parecia uma personagem da época de Napoleão III!
– Ela era muito bonita. Lembro-me dela muito bem maquilada, na sua cama. Brincava de índia; era uma *composição* encantadora!

Mas não parecia nem um pouco com uma índia de verdade, aquelas que vêm de uma aldeia zapoteca ou mixteca.

– Não convencia mesmo, todo aquele espalhafato.

– Seu modo de falar era muito exuberante... Bem ao contrário do caráter indígena.

– Na verdade, muito mexicana, no sentido "citadino-mestiço".

– Sim, mexicana.

– Com Diego, formava um casal esquisito. Só Deus sabe o que se passava entre eles. Suas regras de vida comum eram absolutamente incompreensíveis, para quem via de fora.

– Diego era muito importante para Frida.

– Se bem que, aliás, exatamente como ele, no fundo, ela não devia amar ninguém.

– Diego era uma proteção moral. Certamente não material. Ele gastava dinheiro a torto e a direito.

– Não era simpático do ponto de vista humano.

– Ele não podia ajudar a Frida. Ele desaparecia durante meses.

– Ele pegaria todas as mulheres que se encontrassem no seu caminho.

– As norte-americanas o cortejavam muito.

– Era um velho patriarcal.

– E sempre armado.

– Frida, em compensação, era muito simpática.

– Oh, sim!

– Uma pessoa completamente adorável.

– Todo mundo gostava dela, e ela dava muita atenção às pessoas.

– As pessoas do bairro iam procurá-la quando tinham problemas.

– Sempre dava o que tinha aos mendigos, quando estava passeando.

– Isso é verdade.

— E tinha sempre tempo de falar com os outros.
— Com todos: príncipes ou mendigos. Era uma mulher muito humana, muito afável.
— Mesmo no mais profundo desespero; era capaz de levantar o moral dos outros!
— Intelectualmente, era mais honesta do que Diego.
— E tinha mais talento do que ele.
— Muito mais.
— Quer dizer, tinha talento, um talento louco! Mas brincava demais de ser artista. E então, perdia...
— Frida tinha uma pintura muito mais pessoal.
— É como se ela tivesse escrito versos.
— Ela devia viver um narcisismo muito doloroso.
— Esquartejada, ela estava.
— É indescritível.
— Sua vida foi um longo calvário. Mas também uma verdadeira vida.
— A vontade de viver ficava exacerbada, com todo aquele sofrimento. De fato, ela viveu muito mais plenamente do que muita gente.
— É preciso dizer que tinha uma presença indubitável.
— Sim. E isso nada tem a ver com seus adornos.
— Mas era mal acompanhada.
— Tinha uma corte em torno dela. Mas gente inferior, que nada fazia o tempo todo, parasitas. As pessoas realmente de bem trabalhavam e dispunham de pouco tempo.
— De fato os que a cercavam não a ajudavam muito.
— Ela vivia colada ao telefone... Muito afetuosa, além de tudo.
— De qualquer modo, era muito amada.
— No fundo, os dois eram muito amados.

– Era um casal incrível. Difícil encontrar outro igual.
– Incrível é pouco.
– Devia haver cada tempestade entre os dois!
– Ô! É mesmo!

Sonhos. Estranhos sonhos. Desnorteando a vida a que nos agarramos, inventando o impossível. Eles me escapam, me voltam, colam-se à minha pele, alguns dias. Fragmentos da minha memória enfurnada entre álcool, morfina e tempo que passa, entre mil pensamentos concretos, eu os reconheço, vocês fazem parte de mim, do mais íntimo de mim.

Na noite passada vocês a povoaram.

Meu pai, morto, punha a mão no meu ombro e dizia-me com um franco sorriso: "Não morri de uma crise cardíaca. Isso foi o que vocês pensaram. Parti para visitar sua mãe. Todo esse tempo sozinha, entende...". Disse-lhe que, de fato, fora longa a ausência. E eu suspirava tanto que tinha a impressão de que um peso enorme deixava o meu corpo, expirado. Ele pegou o meu pincel, embebeu-o de amarelo-canário e sobre uma tela fez o cálculo, com um traçado desajeitado: "1954-1941 = 13 anos". Eu olhava os algarismos e não compreendia nada. Ria. Ria, mas não era riso, era medo: eu não estava compreendendo nada. Os números não me diziam nada, pareciam-me absurdos e estranhos. Mas eu estava com medo. O que eles significavam? Eu não reconhecia nada. Em seguida, ele me disse: "Eu queria ver você. Você está mal demais. Só demais". Eu me dava conta de que seus cabelos não tinham embranquecido como eu guardava na lembrança. Ele era jovem. Em seguida, falou-me em alemão palavras incompreensíveis, para depois cantar com uma voz grave esta melodia muito lenta:

> *Der Tod, das ist die Kühle Nacht,*
> *das Leben ist der schwüle Tag.*
> *Es dunkelt schon, mich schläfert,*
> *der Tag hat mich müdgemacht.*
> *Uber mein Bett erhebt sich ein Baum,*
> *drin singt die junge Nachtigall;*
> *sie singt von lauter Liebe, von lauter Liebe,*
> *Ich höres, ich höres sogar im Traum*[60]...

Então eu me punha a chorar com o rosto entre as mãos, como uma criança.

Eu o via através das lágrimas. Seus olhos se tornaram grandes lágrimas, grossas, redondas e transparentes como bolas de gude. Ele sacudiu a cabeça: "Crise cardíaca para vocês; de cabeça, para mim". Tudo me escapava: do que ele estava falando? "Acho que vou levar você comigo. Daqui a pouco. Onde eu estou é bom. É ultramarino o tempo todo. A gente se deixa levar. Vou levar você comigo. Daqui a pouco. A noite está caindo sobre você, minha filhinha. Uma noite com grandes asas. Vou me informar."

Ele disse essas palavras curiosas: "Vou me informar".

---

60 "A morte é a noite fresca, / A vida é o dia opressivo. / A noite já está caindo, estou com sono, / Estou cansado do meu dia. / Meu leito está à sombra de uma árvore, / Onde canta um jovem rouxinol; / Ele canta o amor, perdidamente, / Eu o ouço até nos meus sonhos."
(Poema de Heinrich Heine, musicado por Johannes Brahms)

Meu pai, morto na primavera de 1941. Minhas irmãs me comunicaram. Foi brutal, inadmissível. Eu o amava tanto. Ele me havia ensinado tanto: o sofrimento humano, o sofrimento físico, a observação, a leitura, a honestidade.

Tristeza demais. Nunca pude falar disso.

Frágil e forte, eu o guardo em mim, com suas valsas, sua epilepsia, Schopenhauer, a Alemanha que ele conhecera, esta outra Alemanha nazista e suas chagas. Ele lia os jornais em silêncio. Incapaz de comentá-los. Sentia-se tão machucado. Talvez tenha sido disso que ele morreu, dessa Alemanha enlouquecida.

Meu pai e suas aquarelas, sua tristeza legendária, suas máquinas fotográficas com correias de couro velho gasto, seus arquivos de fotos, seus tesouros. Seu sotaque, seus dominós, suas partituras amareladas em edições alemãs, sua Baden-Baden obsoleta. Meu pai que acreditou tanto em mim. Devo-lhe esse bem precioso para vencer: sua confiança.

Papai. Pai. Senhor Wilhelm Kahlo. Não o traí. Fiz o possível. O retrato que fiz de você está ao meu lado. Esperei muito tempo para fazê-lo. Está aqui, agora.

Eu o amo e penso em você.

Esse outro sonho. Eu estava dentro dos meus quadros. Um, de moldura larga nacarada, cuja borda invadia a superfície pintada, já tão pequena, aniquilando-me. Eu lamentava tê-lo feito num formato tão pequeno, mas era tarde demais. Em uma outra tela, meu rosto se achava no meio de uma flor, bela, luxuriante, amarela e violeta. De repente as pétalas abertas começaram a se fechar em cima de mim, sufocando-me. Mas, como eu estava no quadro, estava muda e não podia gritar. Então, gotículas coloridas correram dos meus olhos. E o quadro, pouco a pouco, perdeu a cor. Eu repetia comigo mesma: "Apanhada pela sua própria armadilha".

Li livros de Sigmund Freud. Cheguei mesmo a pintar um quadro segundo o seu livro sobre Moisés. Mas não sei interpretar meus sonhos. Sei apenas o que senti nesses sonhos: que a minha vida estava se apagando.

Talvez seja para daqui a pouco.

É isso mesmo: "Daqui a pouco", dizia meu pai. "Vou me informar."

Informe-se depressa, paizinho, a noite está caindo em cima de mim.

Informe-se depressa, que eu me deixo levar pelo ultramarino.

Eu lhe darei a mão.

A noite cai em cima de mim.

À beira do abismo

Senti sobre o meu corpo, antes de adormecer, o peso dos meus punhos na ponta dos meus braços leves.

FRANZ KAFKA

Ela tinha um rosto bonito, animalesco, olhos que diziam tudo. E braços bastante fortes para uma mulher; na extremidade deles, duas mãos surpreendentes, mãos de trabalhadora braçal, musculosas, um pouco pesadas, nada a ver com as mãos que ela pintava nas telas, mãos finas, lisas como porcelana. A parte de baixo do seu corpo era mais miúda que a de cima. As costas cheias de cicatrizes e de marcas deixadas pelos coletes. A perna direita cada vez mais atrofiada. A ponta do pé, preta. Má circulação? Flebite? Começo de gangrena? A solução encarada pelos médicos foi radical: amputação.

Mas ainda se esperaria um pouco. Havia coisa mais grave: a coluna vertebral.

No ano de 1950, o estado de Frida era dos piores. Ela escreveu em seu diário:

1950-51
Fiquei doente um ano. Sete operações na coluna vertebral. (...)

Ela foi internada no Hospital Inglês e logo foi operada: tratava-se novamente de soldar vértebras.

Mas, em consequência da intervenção, a abertura praticada nas costas infeccionou sob o colete. Por mais que tratassem desse primeiro abscesso, não havia meio de a ferida cicatrizar e a infecção voltava incessantemente. E se a infecção fosse mais profunda? Operaram de novo. E a ferida continuava sem fechar... Além de tudo, as defesas de Frida estavam esgotadas. Alimentada às vezes à força, era submetida também a transfusões de sangue e a enchiam de vitaminas. Os resultados eram sempre negativos. Passavam-se os meses. O quarto de Frida, no hospital, começou a se encher de livros, de objetos, de fotografias, de desenhos e de coisas de pintura.

Diego resolveu arranjar um quarto no hospital para poder ficar junto da mulher algumas noites. A não ser nos momentos verdadeiramente críticos, a estada prolongada de Frida no hospital talvez não fosse realmente necessária. Mas é de se pensar que vinha a calhar para Diego: uma solução fácil para ele, permitindo-lhe maior liberdade de ação em sua vida cotidiana. Tanto mais que Frida doente, imobilizada, redobrava suas suspeitas em relação a Diego e, portanto, os ciúmes.

O quarto de hospital de Frida não se esvaziava. Lá se comiam com delícia os pratinhos trazidos por uma de suas irmãs, ria-se muito, brigava-se também, às vezes. As irmãs Kahlo, os amigos e até o pessoal do hospital, que dispensava a Frida atenções especiais – reconhecidas por ela –, muita gente cercava a doente para quem, todavia, os meses pareciam séculos. Era difícil para ela suportar a inatividade desse descanso forçado, impacientava-se. No fundo, sua verdadeira companhia, seu verdadeiro apoio era a pintura, à qual os médicos finalmente lhe permitiram voltar. Era como se sentir já salva pela metade. Mesmo num leito de hospital.

De volta para casa, ao fim de um ano, enfraquecida depois de tantas operações, ela escrevia com uma espécie de otimismo arrebatado:

O dr. Farill me salvou. Devolveu-me a alegria de viver. Estou ainda numa cadeira de rodas e não sei se tornarei a andar logo. Uso um colete de gesso, um *medonho fardo* que, apesar de tudo, ajuda a aliviar minhas costas. Não sinto dores. Estou somente embriagada de... fadiga, e, como é normal, muitas vezes desesperada. Um desespero que nenhuma palavra pode descrever. Em compensação, tenho vontade de viver. Recomecei a pintar, o pequeno quadro que vou oferecer ao dr. Farill e que estou fazendo com toda a minha afeição por ele. Estou muito inquieta acerca da minha pintura. Como transformá-la para que ela se torne útil ao movimento revolucionário comunista, porque até hoje só pintei a expressão honesta de mim mesma, mas absolutamente distanciada de uma pintura que pudesse servir ao partido. Devo lutar, com todo o meu ser, para que o pouco de forças que me deixa minha saúde seja destinado a auxiliar a revolução, a única verdadeira razão de viver

Frida Kahlo

Apesar das palavras ditas ou escritas, apesar do aparente bom humor manifestado por Frida, o coração não sentia nada disso. Sentia-se condenada a um fim breve, constatava que os anos só a tinham consumido. Odiava a vida, às vezes odiava os outros por seu próprio sofrimento, demonstrava nas suas relações uma agressividade que nunca manifestara antes.

Uma enfermeira cuidava dela permanentemente, Cristina vinha vê-la todos os dias. Frida queixava-se:

– Tornei-me desastrada. Derrubo tudo. Estou o tempo todo coberta de manchas de tinta... como se eu não soubesse mais pintar.

– É só porque você está irritada.

– Mas não é normal estar irascível desse jeito.

– Você está precisando de repouso.

– Se dependesse das pessoas que me cercam, todo o repouso do mundo não me seria suficiente!

– Há momentos na vida em que é assim, Frida, em que sempre se está precisando de descanso.

– Eu não me suporto... Não suporto mais nada. Nem mesmo as crianças. Oh! Cristina, não tenho mais vontade de nada.

– Há um tempo para tudo, mesmo para sarar.

– É verdade... e há também um tempo para morrer.

– Frida, o que é isso, ora vamos...

– E nunca houve tempo suficiente para estar completamente bem, nem tempo para ver os templos maias de Yucatán, nem tempo para ver as maravilhas de Florença. Meu corpo sempre se atravessou no meu caminho.

– Você não tem o direito de falar assim.

– Não há mais sequer tempo para amar. Não há mais corpo para amar!

Sentada na cadeira de rodas, Frida pintava o retrato que tinha prometido ao doutor Farill: longe da abundância de cores de certos quadros, ela pintou uma tela sóbria, onde representa o retrato do doutor Farill sobre o cavalete e ela, Frida, na frente, na cadeira de rodas, tendo na mão sua paleta, em forma de coração, e na outra mão vários pincéis que sangram. Quadro despojado, o *Autorretrato com o doutor Farill* inspira um sentimento de profunda solidão, irremediável.

"Eles não sabem o quanto sou eu", pensava Frida olhando para o quadro acabado, "esta única imagem em preto e branco com um coração grande demais, tão vermelho de vida, batendo ainda."

Por diversas vezes, encontraram-na meio inanimada. "Um tempo para morrer": era para lá que Frida se dirigia. Para fugir aos sofrimentos, às dores, a Diego, à vida, a si mesma. Ela bebia demais, conhaque, brandy, tequila, *kahlua*⁶¹, ou tudo misturado! Bem sabia o quanto estava se prejudicando, mas seu desespero era grande demais, ela não queria fazer parar a engrenagem. Às misturas fortes de álcool, ela acrescentava os comprimidos, todos os remédios de que dispunha. Não era sem querer: ela preferia acabar logo com tudo a continuar assim.

As tentativas de suicídio a deixavam meio morta, incapaz de articular uma palavra, o corpo pesado com tudo o que havia engolido. Mas ela não sabia qual era a dose fatal. Certa vez, quase se queimou viva. Sobrevivia. Vivia.

Os momentos em que tentava acreditar ainda na vida eram luminosos, reencontrava-se aquela Frida que tantas vezes tinha expressado a sua paixão:

> Eu gostaria de poder fazer aquilo que me agrada – por trás da máscara da *"loucura"*. Assim: eu passaria o dia inteiro fazendo buquês, pintaria a dor, o amor e a ternura, riria de todo o coração da *estupidez* dos outros, que exclamariam: coitada!, ela é louca (eu riria, sobretudo, da *minha estupidez*). Construiria um mundo que, enquanto eu vivesse, estaria = *de acordo* = com *todos os mundos*. O dia ou a hora ou o minuto que eu *vivesse* seria *meu* e de *todos*. Minha loucura não seria uma escapatória ao *"trabalho"*, portanto, por que os *outros* me *sustentariam* com o seu *labor*?
>
> A *revolução* é a *harmonia* da *forma* e da *cor* e tudo existe e evolui respondendo a uma única *lei* = a vida = Ninguém está *isolado* de ninguém. Ninguém luta por si só.
>
> Tudo é *tudo* e *um*. A angústia e a dor, o *Prazer* e a morte não são mais do que um *processo* para *existir*. A luta revolucionária é nesse processo uma porta aberta para a inteligência.

---

61 Licor de café.

9 de novembro – 1951. Criança – amor. Ciência exata. Vontade de resistir vivendo, alegria sadia, gratidão infinita. Olhos nas mãos e tato no olhar. Pureza e ternura matriz. Enorme coluna vertebral que serve de base a toda estrutura humana. Veremos, aprenderemos. Há sempre novidades. Sempre ligadas às antigas que estão vivas. Alado – meu Diego, meu amor de milhares de anos. Sadj. Irineia Frida.

DIEGO

Frida Kahlo

Diego sempre. Diego, o ausente, que desaparecia por não poder, conforme dizia, suportar o sofrimento da mulher. Dizia também que, se tivesse coragem, a mataria, para acabar com aquela lenta agonia que ela não queria mais viver.

E, de repente, Frida dava uma gargalhada e gritava:

– Quarenta e cinco anos? Mas isso não é nada, ora essa! Tenho a vida pela frente... Por toda essa compaixão eu sou tão grata a vocês. Não, não chorem. Um dia vou surpreendê-los. Tornar-me-ei uma velhinha com grandes tranças brancas às costas, terei mandado para o diabo todos os coletes e esta maldita cadeira de rodas, terei apenas uma bengalinha de bambu, e vou ter de cuidar de vocês, pois estarão todos piores das pernas do que eu, palavra!

Seus olhos cresciam, mas todo o seu rosto gritava a aflição. Suas sobrancelhas jamais alçariam voo como as asas de uma andorinha; olhando-as pensaríamos no colibri morto que ela pintara em volta do seu pescoço, ou mesmo naquele que ela desenhara em uma folha de papel com lápis preto, este sim, encalhado entre seus dois olhos.

Outro dia, uma jovem chegou à minha casa, vinha da parte de uma das minhas ex-alunas. Vestida com muita sobriedade, longos cabelos castanhos colocados para trás, seu rosto refletia uma extrema doçura, uma certa serenidade. Seus olhos pareciam os de meu pai, grandes, transparentes.

Perguntei-lhe, ironicamente, se devia ver em seu rosto o reflexo de uma pesquisa mística. Ela sorriu e respondeu-me com um fio de voz:

– Eu me chamo Carmo.

– A Virgem do Carmo ou a boêmia?

Ela não respondeu. Dei uma gargalhada.

– Rostos de anjo podem esconder talentos de feiticeiro. Rostos de jovens diabos podem esconder corações de anjo.

– Certamente.

– Então?

– A senhora é alguém muito intuitiva, madame Kahlo, não tenho nada para lhe ensinar.

– Um demoniozinho, então, ou uma pequena adivinha?

– Eu me interesso pelos astros... se é nisso que a senhora vê em mim um potencial de magia negra ou dons divinatórios... É sua interpretação.

Ela não desistia, eu estava um pouco embaraçada. Ri de novo.

— Bobagens! — exclamei.

— Por quê? Por que melindrar-se quanto aos astros?

— Minha vida não precisa de referências dessa espécie. Graças a Deus! Eu sou marxista.

— Os astros não são uma referência. Não mesmo. Sinais, apenas. A senhora é marxista, mas não os desprezou, chegou até a pregar uma volta às origens... a origens carregadas de uma relação permanente com os astros. Não quero dissertar sobre contradições, pois a vida é cheia de seus próprios paradoxos.

— Onde você quer chegar?

— A lugar nenhum, madame Kahlo. Não sou eu quem vai encerrá-la em dogmas. Trago meu grão de areia para o areal, como qualquer um. Permita-me.

Levantou-se para pegar suas coisas largadas a um canto do quarto. Retornou ao seu lugar e tirou de uma pasta uma série de folhas de papel.

Achei que eu estava sonhando. Ela parecia ter fugido de um sonho. Uma dessas personagens estranhas, intemporais, surgidas não se sabe de onde, com que topamos sem as ter visto chegar no mundo onírico. Mas, talvez, afinal, eu dê essa mesma impressão.

— Fiz o seu mapa astral. Talvez isso a faça rir, ou a console, ou a deixe indiferente. Pouco importa. Confesso-lhe que eu não sabia nada a seu respeito até agora. Meu meio é muito diferente do seu e não sou uma artista. Foi por amizade a G., que me pediu — a condição era que ela também não me dissesse nada a respeito da senhora, a não ser a hora e o dia do seu nascimento —, que eu fiz esse trabalho para a senhora. Era honesto da minha parte que eu lhe trouxesse — e também um prazer para mim. Esforcei-me para ser clara.

Registrei por escrito os dados e os resultados da minha pesquisa. Só a senhora tem condições de julgar a veracidade desse procedimento. Saiba que é despretensioso. Não vou demorar, a senhora não precisa de mim para ler estas páginas e nelas encontrar o que deseja. Vou deixar tudo aqui.

– Seu negócio diz aí que iam me cortar essa maldita perna? Que talvez eu morra disso, porque não aguento mais?

– Não. Eu fiz um exercício de abordagem de uma personalidade com meus meios. Não um exercício de vidência.

– Você não quer beber alguma coisa? – perguntei.

– Não, obrigada. Estou feliz por tê-la encontrado... Eu a admiro, a senhora tem sofrido muito e tem uma força fantástica. Não é todo dia que se encontram seres como a senhora.

E ela se foi como viera. Na ponta dos pés. Sem o menor farfalhar de asas – portanto, não era um anjo. Nem um diabo. Uma aparição.

Eis o que ela me deu:

"Sujeito feminino, nascido a 6 de julho de 1907 às 8h30, na Cidade do México, no México.

Sujeito Câncer ascendente Leão (Sol em Câncer, primeira Casa no Signo em Leão).

Primeira Casa: Os planetas estão no alto do céu: uma pessoa voltada para o mundo psíquico, pouco materialista, quase desprendida dos problemas materiais, a não ser em amor, paixão.

Casa V: *Ponto de ancoragem Capricórnio, Marte e Urano em conjunção.*

Sedução, paixão, porém, distância possível em amor quanto a Capricórnio.

Lua em Casa X em Touro: Pessoa levada a um conhecimento público, mulher que consegue um status social (feminista).

Plutão cúspide Casa XI em Gêmeos: Pessoa que conhece muita gente, que tem muitos amigos e vive com eles tudo ou nada (indivíduo íntegro, total).

Netuno Sol em conjunção em Câncer na Casa XI: Muito intuitiva. Todos os seus poderes de percepção orientados para as pessoas, não para uma só pessoa.

Casa IV em Escorpião: Deve à própria mãe todos os seus poderes de interiorização da energia. Seu poder criativo – Lua e Vênus em Casa X – traduz o papel do pai em sua carreira.

Saturno em Peixes em Casa VIII: Vida sexual reduzida, pelo menos, limitada.

Mestre da Casa V em Casa VIII (Saturno): Possessividade, ciúmes. Tendência a fugir; efeito de sublimação (aquilo que essa pessoa não vive fisicamente, ela vive na paixão).

Mercúrio em Leão em Casa VIII: Pessoa com dificuldade para escrever, mas talvez tenha escrito cartas, por exemplo, se esteve no hospital.
Problemas nervosos, quer na coluna vertebral, quer no coração.

Júpiter em Câncer em Casa XI: Os amigos dessa pessoa ajudaram-na socialmente.

Mestre da Casa IX em Capricórnio: Não fez muitas viagens. Se as fez, foi por capricho.

Mestre da Casa VII em Casa V: Se não for casada, essa pessoa fará um casamento de amor mais tarde, em consequência da oposição Urano-Sol-Netuno.

Mestre da Casa II em Casa XII: Financeiramente, perdulária, embora bastante pobre.
Necessidade de se isolar para refletir.

Mestre da Casa V em Casa VIII: Ação violenta sofrida (acidente? ferimento? corte?...) comprometendo ossos (bacia? coluna vertebral? – se é ela a atingida, e não o coração, como disse mais acima).
Grandes dificuldades para ter filhos.
Em nome da relação que existe entre os Mestres da Casa IV, essa mesma impossibilidade de ter filhos (devida a uma ação violenta, repito) leva essa pessoa a ser conhecida socialmente. Pessoa cujo trabalho, cuja criação, decorreram de seus problemas de saúde (no ventre, na bacia...).

Sextil Plutão Júpiter (Casas X e XI): Uma certa dificuldade para aceitar as normas morais, sociais.
Revolta.

Na espiral evolutiva da sua vida, os momentos importantes:

Uma história de amor muito forte aos 16 anos.

Período muito difícil entre 18 e 19 anos (segunda parte da Casa III em Escorpião). Casamento possível, exatamente depois.

Entre 27 e 28 anos, a vida começa verdadeiramente para ela.

Aos 31 anos: tomada de consciência importante de si mesma.

Começa a ser conhecida com 34 anos.

Entre 47 e 48 anos, grande depressão (quadratura Plutão Saturno em Casa VIII).

Suas cores: Amarelo, alaranjado, azul, vermelho-escuro, preto. Cores vibratórias.

Eu diria da personalidade de base dessa pessoa que os dois pontos que se destacam são o calor interior e a qualidade do trabalho.

Importância do Eu como centro de um sistema.

Três elementos muito importantes, pela ordem:

— a morte;

— o sexo;

— o amor.

Uma pessoa que trabalha muito (ou que já trabalhou) e cujo trabalho é conduzido por suas forças inconscientes, subterrâneas. Ela joga com essas forças."

"Esperarei um pouco mais"

> Mas parece-me que foi a representação da Morte que melhor e mais estranhamente marcou a arte asteca. Não é a Morte juvenil e franzina dos vasos etruscos, mas, sim, uma morte colossal, a que os índios do México chamam também a Domadora.
>
> Paul Morand

Era o que se chama de uma "homenagem"; uma exposição retrospectiva da obra de Frida Kahlo. Apresentada na bela galeria da fotógrafa Lola Alvarez Bravo, na rua Amberes, nº 12, o vernissage teve lugar a 13 de abril de 1953.

O cartão-convite tinha sido escrito por Frida:

Com amizade e afeto
saídos diretamente do coração
tenho o prazer de te convidar
à minha humilde exposição

Às oito horas da noite
– afinal de contas sempre existe a hora –
eu te espero
na galeria
desta Lola Alvarez Bravo

É no 12 da rua Amberes
e as portas dão para a rua
de modo que não te perdes
porque aqui termina a descrição.

Desejo somente que me dês
tua opinião boa e sincera.
Tu és culto
teus conhecimentos são preciosos.

Foi com minhas próprias mãos
que pintei esses quadros de pintura
e pendurados às paredes eles esperam
agradar aos meus irmãos.

Bem, caro camarada
com uma real amizade
até o fundo da alma te é grata
Frida Kahlo de Rivera

Esperavam a artista. Viria? Não viria? As notícias sobre sua saúde eram alarmantes. Havia uma multidão. Amontoavam-se, acotovelavam-se. As pessoas estavam impacientes, umas aguardavam na calçada a chegada de algum carro. Estavam quase mais interessadas em ver Frida meio moribunda do que em ver seus quadros.

Lola Alvarez Bravo, sentindo que se aproximava o fim de Frida, resolvera oferecer-lhe essa exposição enquanto ainda era tempo. A atmosfera era pesada. Telefonavam para a casa azul, chegavam à galeria telefonemas de vários países do mundo, corriam boatos: Frida estava imobilizada em casa; Frida não podia andar; Frida estava a caminho...

E de repente, quando não a esperavam mais, as sirenes de uma ambulância anunciaram sua chegada. Já prevendo a sua vinda, tinham transportado, naquela mesma manhã, a cama de baldaquim que havia muito tempo imperava no quarto de dormir de Frida, e da qual pendiam objetos de toda espécie, berloques...
Tiraram Frida da ambulância na maca e transportaram-na até seu leito, bem ou mal, pedindo para a multidão abrir passagem.
Depois, foi um momento estranho. Frida belamente vestida e penteada estava completamente estendida na cama. Suas feições estavam abatidas, sentia-se que o menor movimento exigia dela um esforço sobre-humano. Seus olhos não olhavam, mas agarravam-se às pessoas com todas as forças, com toda a intensidade, únicos elementos móveis daquele corpo martirizado. Coladas umas às outras, num cortejo improvisado, as pessoas desfilavam perto do leito para felicitá-la, encorajá-la, beijá-la.
– Você vai sair dessa.
– Você vai melhorar.
– Você vai ficar boa, tenha confiança.
– Ficar boa! – exclamou Frida. – Mas eu não estou doente! Não, não, não estou doente. Estou quebrada. Não é a mesma coisa, vocês compreendem?
Ela não sorria, seus olhos lançavam apelos de aflição. Por várias vezes, transportaram-na até os fundos da galeria. Ela sofria demais, precisava de uma injeção. O público esperava, sem ousar falar muito alto, como se estivesse assistindo a uma cerimônia religiosa.
– Parece que a estão sepultando – murmurou alguém.
– Isso é o que se pode chamar de um espetáculo macabro.
– É insuportável. Vou-me embora.
– Ela podia morrer aqui mesmo, que as pessoas achariam normal. Faria parte do jogo.

– Talvez estejam procurando exatamente isso... A atração do sofrimento... A atração da morte.

– Eu me pergunto se Frida precisava mesmo desse suplício.

– É isso, sim. É uma supliciada que estão exibindo.

Fazia calor e havia muita gente.

A um amigo que a cumprimentava, Frida perguntou:

– Gostou das naturezas-mortas? E você, diga a verdade, está trabalhando direito?

Ela fazia esforço para falar, era como se as palavras estivessem coladas na sua língua e tivessem dificuldade para se desprender.

O amigo sentou-se na beira do leito. Não podia dizer nada.

– Frida...

Frida pousou a mão no braço de Juan.

– A única coisa que eu sei é que quero pintar, pintar. E mais uma vez e sempre: pintar.

Apertava aquele braço com todas as suas forças, e enfiava-lhe as unhas, mas não se dava conta. Seus olhos brilhavam, ela sentia a pressão da multidão contra as guardas da cama que tremiam, mas retinha o amigo. Suas unhas se enterravam naquele braço, deixando nele as marcas do seu desespero, da sua ternura.

Mas ela não se dava conta.

Implorou a uma enfermeira que lhe desse mais uma injeção. Pediu para sair dali: estava esgotada.

Colocaram-na novamente na maca, e ela desapareceu na ambulância que, com todas as luzes acesas, levou-a noite adentro para Coyoacán.

Entupida de remédios, ela adormeceu pouco tempo depois em outra cama, pois a sua tinha ficado na galeria.

A primavera passou sem trazer nenhuma melhora. Diego tinha uma nova amiga da qual Frida não queria ouvir falar: as aventuras de Diego não a divertiam mais de jeito nenhum. Ela se forçava a pintar, mas sua mão tremia, seu traçado tornava-se incerto, brutal. As dores a tinham deixado gasta e ela destruía o que lhe restava de vida com o álcool e os remédios. Não dava mais ouvidos às recomendações que lhe faziam, não tinha mais vontade de lutar.

No começo do verão, os médicos deram o sinal de alerta. As operações feitas nas suas costas não tinham dado nenhum resultado efetivo, sua perna ia de mal a pior: uma perna que não parecia mais perna, que não passava de uma coisa magra, disforme, com a pele murcha estragada, cujo pé só tinha três dedos, violáceos. O sangue não circulava mais, a perna estava quase morta. O veredito foi lançado e, desta vez, em definitivo: amputação.

– Nunca, não, nunca! – gritou Frida. – Não vou suportar.

– É preciso, Frida – disse o dr. Farill. – Não há mais nada a fazer.

– Mais nada?

– Nada. Não se pode mais deixar um membro num estado desses. Ele vai fazer apodrecer o corpo todo.

– De qualquer modo, não há mais corpo.

O estado de Frida era grave. Em torno dela todos estavam calados.

– Então, façam o que quiserem! Mas me deixem só... Vão embora! Todo mundo fora!

A enfermeira ficara por perto à espreita, vigiando Frida. Deitada, Frida chorava, sem dizer uma palavra. Depois, com uma voz quase imperceptível, entrecortada de soluços, começou a cantar, marcando o compasso com a ponta dos dedos.

Por una mujer ladina
Perdí la tranquilidad...

Diego entrou no quarto e caminhou na direção do leito. Frida fez que não com a cabeça, ele recuou, sentou-se num tamborete perto da cômoda. Ela o fitou em silêncio e continuou a canção:

> *Por una mujer ladina*
> *Perdí la tranquilidad*
> *Ella me clavó una espina*
> *Que no puedo arrancar*[62]...

Sua voz tremia, mas ela se esforçava para lhe dar modulação. Interrompeu-se novamente, sempre fitando Diego. Ele tinha um ar tão abatido. Estava despenteado, com a roupa amassada, as costas arqueadas, as mãos cruzadas sobre os joelhos. O que ele poderia lhe dizer se achava que, desta vez, era o fim? Não acreditava que Frida sobrevivesse a uma operação como aquela.

De repente, ela exclamou em tom de desafio:

– Pois é, então eles que me cortem esta perna! Afinal, não estou nem ligando para esta perna!... Porcaria de perna, que só fez me envenenar. Tanto melhor, toma!, assim fico livre dela. Até que enfim!

Diego continuava sem dizer nada.

– Está ouvindo, Diego? Até que enfim! Até que enfim! Até que enfim! Por que não pensaram nisso antes! Suportei esse calvário à toa! À toa! À toa! Eles deviam saber que não havia nada a aproveitar desta perna! Só sofrimento! Ah, isso é que é! Ela nunca foi capaz de me fazer andar direito; só de me fazer sofrer...

Fechou os olhos, respirou profundamente. Uma de suas mãos empunhava o lençol. Ela ainda falou, baixinho desta vez, como se fosse consigo mesma:

---

62 "Por causa de uma mulher terrível
   Perdi a tranquilidade
   Ela me cravou um espinho
   Que não posso arrancar..."

— "Frida perna de pau!" Finalmente, posso usar meu apelido... As crianças sempre falam a verdade. As crianças sabem tudo. "Frida perna de pau!"...

Frida fez 46 anos um mês antes da última operação, a que lhe amputaria a perna. De dia, ela tentava gracejar, mas, às vezes, tornava-se agressiva. O que ela manifestava não era alegria; seu desespero se expressava em um humor cáustico. De noite, toda a casa azul ecoava seus soluços, seus gritos. Diego não suportava mais, enterrava-se em San Angel. Falava pouco, não queria fazer comentários. Sentia-se impotente, incapaz de reagir de maneira benéfica para Frida. Ele envelheceu de repente.

Fazia muito calor naquela manhã, mas os ventiladores refrescavam a atmosfera do Hospital Inglês.

Frida estava tranquila.

— Que libertação vai ser! — exclamou ela pouco antes de entrar na sala de operação. — Portanto, não se preocupem comigo!

Uma longa anestesia.

Lentamente, ela voltou a si. Olhou ao seu redor, a família, os amigos estavam lá à sua cabeceira, esperando. Tornou a fechar os olhos.

Um pouco depois, falou murmurando:

— Vão embora... todos.

Frida não falava. O quarto do hospital estava vazio e claro. Não havia nada: era como o fim do mundo. Frida não queria saber de nada. Para ela, tudo chegara ao fim.

A enfermeira controlava sua respiração: ia tudo bem. Frida calada. Ou respondia com um sim, ou com um não. Nada parecia interessar-lhe, era como se ela preferisse não despertar.

— Eu não quero — resmungou ela.

A enfermeira se aproximou.
– Como? O que foi que a senhora disse?
– Nada.
Passavam-se os dias. Frida continuava prostrada. Imóvel. Muda. Às vezes, pronunciava algumas palavras, que pareciam ter-lhe escapado.
– O deserto.
– Como?
– Este quarto... eu... o deserto... Por que haveria eu de querer pés para andar, se tenho asas para voar!...
Foi preciso tempo para que ela recobrasse algo parecido com o gosto pela vida. Levada para a casa azul, passava dias inteiros em silêncio, inativa, chorando interminavelmente. Depois, pouco a pouco, recomeçou a falar com os outros, a manifestar vontades, desejos, a dar sua opinião. Mas estava-se longe daquela Frida brilhante, bela, espirituosa, coquete e vivaz que ela era. Todo o seu ser refletia a angústia, o medo, a extrema aflição.
Procurava, ainda, apegar-se à vida.
Alguns meses depois da operação, a famosa perna de pau se fez realidade. No começo, Frida afastou a ideia de uma prótese. Depois deixou-se convencer. Iria poder caminhar um pouco.

11 de fevereiro de 1954
Amputaram-me a perna há 6 meses, que foram séculos de tortura e, por momentos, acreditei que ia perder a razão. Continuo a ter vontade de me suicidar. É Diego que me impede, porque, por vaidade, acredito que ele pode precisar de mim. Ele me disse e eu acredito. Mas nunca sofri tanto em minha vida. Esperarei ainda um pouco...

Frida Kahlo

Mas ela era incapaz de trabalhar, e isso agravava o seu mal. De tempos em tempos, alguém a levava para passear de carro; o restante do tempo, ela ficava fechada no quarto, olhando os raios de sol se deslocarem pelas paredes, a chuva cair por trás das janelas. Suportava mal as visitas, não tinha apetite, tudo levava a crer que não esperava mais nada. Com uma complicação: uma pneumonia.

Novamente, era o verão.

– Você se lembra das tempestades de verão, quando nós éramos pequenas? – perguntou Cristina.

– Lembro... era bom.

– Escute, Frida, o trovão.

– Ajude-me, vamos sair para o pátio. Que a chuva absolva as minhas dores, todas as minhas dores!

– Não no estado em que você está.

– Sua Majestade, a manca da perna de pau, pode caminhar mancando, minha cara.

– Mas a sua pneumonia não está curada. É preciso ser prudente.

Frida enfiou o rosto entre as mãos.

– Então abra todas as janelas!

Cristina abriu as janelas. O forte cheiro de terra e de pedra molhadas invadiu o quarto.

– O que importa... diga... o que importa, no fundo, que eu também perca os pulmões? Já perdi o amor, uma perna, vértebras, e quase a vida...

Ficou pensativa por um momento. A chuva entrava no quarto em rajadas.

– Eu gostaria que a chuva me levasse até um rio, que o rio me levasse até um estuário e de lá... fugir. Não viajei o suficiente, Cristina.

– Ainda está em tempo.

– Talvez sim, talvez não... Também não dancei o suficiente. Não amei o suficiente! Não pintei o suficiente! Oh! meu Deus!

– Não chore, Frida.

– Não, porque, se eu chorar, vou me sufocar.

Mas nada a deteve quando quis participar em uma manifestação comunista, no dia 2 de julho. Chovia. Diego empurrava a cadeira de rodas. De Frida só restava o fantasma dela mesma, triste, esgotado. Eram só dois imensos olhos negros em um rosto destroçado.

Não era prudente para a sua pneumonia, decerto, mas isso lhe era indiferente. O que tinha a temer? A morte? Nem isso mais. Só Diego havia ainda, como um sinal ao longe, aquele Diego que ela não queria perder, de quem ela dizia repetidamente, depois de quase vinte e cinco anos de casamento, que era:

"Diego *começo*
Diego *construtor*
Diego *minha criança*
Diego *meu noivo*
Diego *pintor*
Diego *meu amante*
Diego *'meu esposo'*
Diego *meu amigo*
Diego *minha mãe*
Diego *meu pai*
Diego *meu filho*
Diego = eu =
Diego *Universo*
Diversidade na *unidade*
Porque eu o chamo *meu* Diego?

Ele nunca foi e nem será meu.
Ele pertence a si mesmo.
correndo
até perder o fôlego..."

Pela primeira vez na vida, enrolei um lenço de seda na cabeça sem ver que estava todo amarrotado.

Eu podia sentir com precisão meu rosto sulcado pela dor, com a chuva daquele dia cinzento insinuando-se pelos sulcos. Nenhuma maquilagem. Para quê? Não tenho ânimo de bancar a coquete. De qualquer modo, não teria seduzido ninguém no estado em que estou. Já não tenho ânimo para nada, nem mesmo para sofrer.

Diego empurrava minha cadeira de rodas.

Eu quis ainda acreditar que há causas mais importantes do que a minha invalidez, os meus tormentos. Causas superiores ao lado das quais meus males não são grande coisa. De qualquer modo, olhando bem, em tal ruína meu corpo não é mais digno de interesse.

É preciso sacrificar o individual à grandeza de causas mais universais. Duvidar disso seria um crime para com a humanidade. Acredito.

Olho a foto que tiraram de mim durante a manifestação.

O que pareço? O desolamento ambulante. Meu rosto só traduz tristeza.

No quadro, já não há nada além de sombras.

Dramatis personae.

Vou rasgar essa foto. Não. Não tenho força para isso.

A última palavra

Ela já não tinha forças.

Seu quadragésimo sétimo aniversário significou apenas um dia a menos naquela vida que se acabava. Frida estava consciente disso.

Já não tinha forças. Absolutamente.

"Embolia pulmonar." Foi o último diagnóstico dos médicos quando, na madrugada de 13 de julho de 1954, encontraram Frida morta em seu leito.

Seu último quadro? Belas melancias abertas, apetitosas: uma natureza-morta intitulada *Viva a vida!*

Suas últimas palavras? Uma frase em seu diário:

"Espero que a saída seja feliz e espero não voltar nunca mais.

Repito, grito, apelo: velho Mictlantecuhtli, deus, liberta-me.

Sim, bebo muito. Para que minha cabeça flutue um pouco, e os pensamentos por cima dela. O resto do meu corpo se impregna de todos os medicamentos possíveis para sentir-se menos fatigado.

Não param de me fazer lembrar que esse tipo de coquetel é muito perigoso. Dizem também, do modo mais didático possível, que minha cabeça e meu corpo são uma coisa só. Sei disso bem demais, por experiência própria. Mas, ao mesmo tempo, persisto: ouso acreditar numa dicotomia. Se a minha cabeça estivesse no mesmo estado do meu corpo, há muito tempo eu estaria, não estendida na cama, mas amarrada a ela com correias, como uma demente.

Por sorte, minha cabeça – insisto – escapou à lenta e total fragmentação dos meus outros membros. Caso contrário, ela teria há muito tempo rolado por terra. Ela sempre esteve perfeitamente bem colocada sobre os meus ombros. Sei o que estou dizendo. Nada tenho da Medusa das Górgonas. Minha cabeça nunca foi guarnecida por serpentes. Alguns pássaros de mau agouro às vezes pairaram sobre ela, mas foi só.

Pouca gente sabe o quanto um corpo que se desagrega dia após dia é algo devastador a nível de uma existência. Ninguém ao meu redor, certamente, está em condições de compreender isso.

Só me ligo à vida, hoje, porque o fio do meu pensamento ainda me liga a ela. Apta apenas ao sofrimento físico – que escapa, ai de mim, a toda análise –, o resto não continua mais.

Então, o que importa, a esta altura, que um copo, um comprimido, ou a mistura dos dois sejam demais? A gota d'água que faria transbordar o vaso? Pelo menos deixarei o benefício da dúvida: desafio qualquer um, se eu morrer nessas condições, a dizer se a cicuta era voluntária ou não.

Tenho o direito de possuir um último segredo.

Boa noite sol, lua, terra, Diego e amor. *Buenas noches*, Frida!

Post-scriptum

Frida Kahlo teve direito, após sua morte, a uma cerimônia oficial. Em volta do féretro aberto, viam-se as grandes figuras do mundo artístico, responsáveis políticos de alto nível, representantes da alta burguesia, uma multidão de amigos, a família. E o próprio presidente da República, Lázaro Cárdenas.

O corpo fora preparado, os cabelos estavam penteados, muito bem ornados com fitas, suas mãos cruzadas conservaram os anéis, e o corpo estava vestido com belos tecidos. Pela última vez. Num dado momento, Diego jogou sobre o caixão uma grande bandeira do Partido Comunista Mexicano, gravada com a foice e o martelo. Falaram em escândalo, e as polêmicas foram longe. O diretor do Palácio Nacional de Belas-Artes – onde tivera lugar a cerimônia –, Andrés Iduarte, foi logo depois demitido das suas funções por ter autorizado um semelhante ato.

No crematório civil de Dolores, o corpo de Frida foi incinerado.
Diego tirou do bolso uma caderneta e um lápis e ali, com a cabeça baixa, chorando, as pálpebras semicerradas, gravou no papel aqueles últimos instantes: Frida, a flamejante, levada pelas chamas.

Anexo
Frida Kahlo
vista por André Breton

Lá onde se abre o coração do mundo, aliviado da opressiva sensação de que a natureza, sempre a mesma por toda parte, carece de arrebatamento, de que, apesar de toda a questão de raças, o ser humano, bem moldado, é condenado a só realizar o que lhe permitem as grandes leis econômicas das sociedades modernas, onde a criação foi pródiga em acidentes do solo, em essências vegetais, superou a si mesma em sucessão de estações e em arquitetura de nuvens; onde há um século não para de crepitar sob um gigantesco fole de forja a palavra INDEPENDÊNCIA, que, como nenhuma outra, lança estrelas ao longe, foi lá que, com muito atraso, *experimentei* a concepção que construí para meu uso da arte tal como ela deve ser em nossa época: sacrificando deliberadamente o modelo exterior ao modelo interior, dando resolutamente o passo para a representação sobre a percepção.

Essa concepção teria força para resistir ao clima mental do México? Lá, todos os olhos das crianças da Europa, entre as quais a que eu fui, precediam-me com mil brilhos sedutores. Eu via, com o mesmo olhar que lanço sobre os sítios imaginários, desdobrar-se com a velocidade de um cavalo a galope a prodigiosa sierra que desaba na beira dos louros palmeirais, queimar as haciendas feudais no perfume de cabeleiras e de jasmim da China de uma noite do sul, perfilar-se mais alta, mais imperiosa do que em qualquer outro lugar, sob os pesados ornamentos de feltro, de metal e de couro, a silhueta específica do aventureiro, que é o irmão do poeta. E, no entanto, esses fragmentos de imagens, arrebatadas ao tesouro da infância, por mais que permanecesse o seu poder mágico, não deixavam de me tornar sensíveis certas lacunas. Eu não ouvira os cânticos inalteráveis dos músicos zapotecas, meus olhos fechavam-se à extrema nobreza e à extrema aflição do povo índio, tal como ele se imobiliza ao sol nas feiras, eu não imaginava que o mundo das frutas pudesse estender-se a uma maravilha tal como a *pitahya* de polpa cinzenta e de gosto de beijo de amor e de desejo. Eu não tinha segurado na minha mão um torrão dessa terra vermelha de onde saíram, idealmente maquiladas, as estatuetas de Colima, que têm algo de mulher e de cigarra. Não me havia aparecido, enfim, tão semelhante a estas últimas pelo porte e também ornamentada como uma princesa de lenda, com encantos nas pontas dos dedos, no traço de luz do pássaro *quetzal,* que deixa ao alçar voo opalas no flanco das pedras, Frida Kahlo de Rivera.

    Lá estava ela, naquele 20 de abril de 1938, contida em um dos dois cubos – não sei mais se era o azul ou o cor-de-rosa – da sua casa transparente cujo jardim, repleto de ídolos e de cactos de gaforinha branca como tantos bustos de Heráclito, cerca-se apenas de um debrum de "círios" verdes no intervalo dos quais deslizam da manhã à noite os olhares de curiosos vindos de toda a América, e se insinuam as máquinas fotográficas que esperam surpreender o pensamento revolucionário como a águia, no pouso, em seu ninho. É que, de fato, dizem que Diego Rivera conduz diariamente, de cômodo em cômodo, pelo jardim parando para acariciar seus macacos, pelo terraço onde se eleva uma escada lançada sem proteção sobre o espaço vazio, sua bela andadura gingada e sua estatura física e moral de grande lutador – ele encarna, aos olhos de todo um continente, a luta gloriosa contra todas as forças de submissão, tudo o que pode haver de mais valioso no mundo – e, no entanto, não conheço nada equivalente em qualidade humana à sua mansidão ante o pensamento e os modos de sua mulher, e nem em prestígio ao que envolve para ele a personalidade feérica de Frida.

Na parede do gabinete de trabalho de Trotski admirei demoradamente um retrato de Frida Kahlo, feito por ela mesma. Com um vestido de asas douradas de borboletas, é realmente sob esse aspecto que ela entreabre a cortina mental. É-nos dado assistir, como nos mais belos dias do romantismo alemão, à entrada de uma jovem mulher dotada de todos os dons de sedução, que tem o hábito de evoluir entre os homens de gênio. Do seu espírito, pode-se esperar, do mesmo modo, que seja um território geométrico: nele acontecem, para encontrar sua solução vital, uma série de conflitos do tipo daqueles que afetaram em sua época Bettina Brentano ou Caroline Schlegel. Frida Kahlo de Rivera situa-se preciosamente no ponto de interseção da linha política (filosófica) e da linha artística, a partir do qual *esperamos que elas se unifiquem em uma mesma consciência revolucionária sem que para isso sejam obrigadas a se confundirem as forças motrizes de essências diferentes que as percorrem.* Como essa solução é aqui procurada no plano plástico, a contribuição de Frida Kahlo para a arte da nossa época é chamada a assumir, entre as diversas tendências pictóricas que surgem, um valor decisivo todo especial.

Quais não foram minha surpresa e minha alegria ao descobrir, chegando à Cidade do México, que sua obra, concebida em completa ignorância das razões que puderam fazer agir meus amigos e eu, florescia com suas últimas telas em pleno surrealismo. Na fase atual do desenvolvimento da pintura mexicana, que é, desde o começo do século XIX, a mais isenta de qualquer influência estrangeira, a mais apaixonada por seus recursos próprios, eu encontrava nos confins da terra essa mesma interrogação, a jorrar espontânea: a que leis irracionais obedecemos, que sinais subjetivos nos permitem a cada instante nos dirigirmos, que símbolos, que mitos estão potencialmente em tal amálgama de objetos, em tal trama de acontecimentos, que sentido atribuir a esse dispositivo do olho que torna capaz de passar do poder visual ao poder visionário? O quadro que Frida Kahlo estava então concluindo – "*O que a água me dá*" – ilustrava, sem que ela soubesse, a frase que recolhi recentemente da boca de Nadja: "Sou o pensamento sobre o banho no cômodo sem espelho".

Não falta sequer a gota de crueldade e de humor a essa arte capaz de ligar as raras forças afetivas que entram em composição para formar o filtro, cujo segredo o México possui. As vertigens da puberdade, os mistérios da geração, alimentam aqui a inspiração que, longe como em outras latitudes de os considerar como lugares reservados do espírito, neste se pavoneia, ao contrário, com um misto de candura e de impertinência.

Fui levado a dizer, no México, que não havia no tempo nem no espaço pintura que me parecesse melhor *situada* do que esta. Acrescento que também não existe outra mais exclusivamente feminina, no sentido de que, por ser a mais tentadora, ela prazerosamente consente em se fazer alternadamente a mais pura e a mais perniciosa.

A arte de Frida Kahlo de Rivera é um laço de fita em torno de uma bomba.

1938
Extraído de *Le surréalisme et la peinture*
[O surrealismo e a pintura]
© Editions Gallimard, 1965.

Principais obras consultadas

André Breton, *Le surréalisme et la peinture*, Gallimard, Paris, 1965.

Jean van Heijenoort, *Sept ans auprès de Léon Trotski*, Les Lettres nouvelles/ Maurice Nadeau, Paris, 1978.

Hayden Herrera, *A Biography of Frida Kahlo*, Harper and Row, Nova York, 1983.

Jack London, *Le Mexique puni*, 10/18, Paris, 1984.

Louise Nevelson, *Aubes et crépuscules* (conversations avec Diana McKown), Des Femmes, Paris, 1984.

José Clemente Orozco, *Autobiografia*, Era, México, 1970.

Elena Poniatowska, *Cher Diego, Quiela t'embrasse*, Actes Sud, Arles, 1984.

John Reed, *Le Mexique insurgé*, François Maspero, Paris, 1975.

Raquel Tibol, *Frida Kahlo, cronica, testimonios y aproximaciones*, ECP, México, 1977.

Raquel Tibol, *Frida Kahlo, una vida abierta*, Biblioteca de las decisiones, México, 1983.

Leon Trotski, *Ma vie*, Gallimard, Paris, 1965.

Leon e Natalia Trotski, *Correspondance, 1933-1938*, Gallimard, Paris, 1980.

Bertram D. Wolfe, *The Fabulous life of Diego Rivera*, Stein and Day, Nova York, 1963.